Gabriele Kreis

»Was man glaubt, gibt es«

Gabriele Kreis

»Was man glaubt, gibt es«

Das Leben der Irmgard Keun

Arche

Umschlagfoto: Irmgard Keun, um 1933

Gestaltung: Max Bartholl
Satz: Uhl + Massopust, Aalen
Druck und Bindung: Wilhelm Röck, Weinsberg
Printed in Germany
ISBN 3-7160-2120-2

Inhalt

»Was man glaubt, gibt es«

Oben und Vorderseite:
Irmgard Keun in den letzten Lebensjahren

Frag mich, was du willst«, sagt sie mit einer Stimme wie aus stumpfen Rasierklingen und verschlissenem Satin. »Du kannst mich alles fragen, irgendwie. Aber erst mal laß mich was zu trinken holen.«

Sie steht auf und geht zum Balkon. Sie geht unsicher wie eine, die lange gelegen hat, aber die Hand, die den Riegel löst und die Türflügel weit aufstößt, zittert nicht. Aus dem Blumenkasten wachsen Flaschen. Weinflaschen, Schnapsflaschen, Sekt. Sie pflückt den gläsernen Strauß und winkt mir damit zu, dann lacht sie und läßt los. Auf dem Hinterhofpflaster zerbirst ihre Beute; und ich erwache von einem harten, scheppernden Geräusch.

Ein Fenster, das zugeschlagen wurde.

Nein, das gibt es nicht. Sie ist gestorben, am 5. Mai 1982 in Köln. Es stand in der Zeitung. Ich habe ein Foto von ihrem Grab gesehen, eine Kranzschleife: Wenn wir alle gut wären . . ., Dein Wilhelm. In meinen Ohren klingen die Trauerreden: Wir sind zusammengekommen, weil wir Abschied nehmen müssen, Abschied von der Schriftstellerin Irmgard Keun . . .

»Du«, sagt sie, »jetzt hör mir mal zu. Ich sag dir was, irgendwie.« Irgendwie? Immer irgendwie. Sie spricht, als kaute sie die Worte, mit breitem, schwerem Mund. »Ich sage dir: Gibt-es-nicht gibt es nicht. Was man glaubt, gibt es.«

»Ich durfte auf keinen Kirschbaum klettern«
Ein Mädchen, ein Montagskind

Vorderseite: Berlin, Anhalterbahnhof, 1910

Ihr Vater sprach neun Sprachen, und ihre Mutter war eine Dame und sie das einzige Kind.

So hätte sie es gewollt.

Und der Bruder, fünf Jahre jünger? Den wollte sie nicht.

Ich möchte sterben. Wir haben ein neues Kind bekommen. Mein Vater hat gerufen: »Gott sei Dank, endlich ein Junge!« Und er hat gesagt, er hätte sich ja schon immer einen Jungen gewünscht. Warum haben sie denn nur erst mich angeschafft, wenn sie lieber einen Jungen haben, und ich bin ein Mädchen?

Ein Mädchen mit blonden Locken und hellen, ernsten Augen, denen wenig entgeht. Es sitzt schwer im Gras, hingesetzt, die Beine steif abgewinkelt, und hält eine kleine Margerite in der rechten Hand und lächelt nicht. Ein Rüschenkleid bauscht sich unbequem um den Körper, die Haare sind mit einer großen Seidenschleife aus der Stirn gebunden.

Daneben steht der dreijährige Gerd im dunklen Strickanzug und strahlt.

»Ein Ausstellungskind. Alle haben die Keuns um ihn beneidet. Um Irmgard – niemand.«

»Woher wissen Sie das?« frage ich die frühere Verlobte des Bruders.

»Von der Mutter.«

»Und was hat Ihnen Gerd erzählt?«

»Er hat eine Art, über seine Schwester zu schweigen, der man anmerken konnte, wie traurig er war.«

»Traurig, der Bruder einer bekannten Schriftstellerin zu sein . . .?«

»Gerd hatte auch ein großes Talent zum Schreiben!«

Ich gebe das Foto, das Irmgard Keun als Schwester zeigt, zurück und versuche, mir vorzustellen, wie diese Jugend war – und wie sie sie sich wünschte.

Kaufmannstochter, Fabrikantentochter. Reiche Tochter.

Geburtsort: eine Beletage in Berlin-Charlottenburg, ein Bürgerhaus in der Meinekestraße, die Nummer 6, noch heute eines der schönsten Häuser des Viertels. Ein Entree aus gelbem Marmor, Gußeisen und Stuck, an der Wand eine Ritterszene in Öl, Handläufe aus Messing, frisch poliert. Die Häuser in der Nachbarschaft haben solche aus dunklem Holz. Die sind billiger. Irmgard Keun liebte den Luxus.
Den Luxus eines Hauses, über dessen Portal in Stein gehauen die Jahreszahl 1898 steht.
Vier Etagen, auf jeder Etage zwei Parteien. Fünf Zimmer, Wirtschaftsräume, Küche, Bad. Vor den hohen Fenstern Samtportieren in mattem Grün, mit Seidenkordeln zur Seite gebunden, hinter dem schweren Schreibtisch im Herrenzimmer der Bücher lesende Vater. Oder studiert er gerade den Wirtschaftsteil im ›Berliner Lokal-Anzeiger‹?
»Stimmungsbild der heutigen Börse. Mannigfaltige ungünstige Einwirkungen, die heute an die Börse herantraten, bewirkten anfangs eine schwächere Haltung auf einer Reihe maßgebender Marktgebiete. Der die Börse gegenwärtig am meisten interessierende Gegenstand, nämlich die Streikverhältnisse auf den in- und ausländischen Kohlewerken, hat über Sonntag keine befriedigende Gestalt gewonnen; höchstens wäre die auf der schlesischen Königin-Luise-Grube erfolgte Wiederaufnahme der Arbeit als freundliches Anzeichen zu erwähnen.«
Eduard Keun sieht sorgenvoll aus: Keine guten Zeiten für einen, der erwägt, sich selbständig zu machen. Einzig die Deutsche-Petroleum-Aktiengesellschaft macht Gewinn. Vielleicht hat sein Chef, Rudolf Kroseberg, doch recht gehabt, als er im vergangenen Jahr seine chemische Fabrik in ein Benzinwerk umwandelte. Destillierblasen und Kühler waren immerhin bereits vorhanden gewesen . . . Er sollte dort einsteigen.

Das Angebot steht. Er hat Geld gespart. Aber ein Risiko ist es natürlich... Andererseits: Wenn er an das Gedränge bei der Internationalen Automobilausstellung denkt, an die Menschentraube vor dem Stand der Berliner Motorwagen-Fabrik Tempelhof... Unglaublich, dieser Militärdepeschen-Selbstfahrer! Ganz neuartiger Vorderradantrieb.
»System Hellmann« hatte auf der Schautafel neben dem Fahrzeug gestanden, und prompt hatte ihn Elsa gefragt: »Hellmann? Ob der was zu tun hat mit dem Hellmann aus dem Vorderhaus?« Elsa, hochschwanger auf seinen Arm gestützt, und ihre durchdringende, die Aufmerksamkeit aller Umstehenden auf sich ziehende Stimme hatte ihn mindestens ebenso geniert wie ihr Zustand.
»Bitte, Elsa, das tut doch nichts zur Sache.«
Die Sache: ein Wagen; ein Wagen, so schmal und niedrig, daß er überall durchkommt, nur ein Meter Spurbreite. Fahrer und Offizier sitzen hintereinander. Enorm! Sogar der Kronprinz hatte sich beeindruckt gezeigt, und Prinz Heinrich, der Schirmherr der Ausstellung, soll mit dem Gedanken spielen, sich ein Automobil für private Ausfahrten anzuschaffen.
Ein Automobil, betrieben mit Benzin. Eine Benzinfabrik, deren Teilhaber Eduard Keun ist.
Der Benzinfabrik-Teilhaber Eduard Keun am Steuer eines Automobils, neben ihm Frau Elsa, auf dem Rücksitz der Sohn. Ein Traum.
Eduard Keun ist ein vorsichtiger Mann. Was er tut, tut er nach reiflicher Überlegung, lieber zu spät als zu früh, lieber spät als nie. Das gilt fürs Geschäft, und fürs Private sowieso.
Spät verliebt, spät verlobt, spät verheiratet, spät das erste Kind. Ein Wunschkind.
Der Vater: Eduard Ferdinand Keun, Kaufmann, 37 Jahre alt, geboren in Essen-Werden. Die Mutter: Elsa Charlotte

Keun, geborene Haese, Hausfrau, 33 Jahre alt, Berlinerin. Das Wunschkind: ein Sohnkind.
Soeben geboren, am 6. Februar 1905 um zwanzig Uhr fünfzehn. Eduard Keun hört den Schrei und schreckt auf. Jemand durchquert schnell das Berliner Zimmer, Türen werden geöffnet und geschlossen, im Bad oder in der Küche läuft der Wasserhahn, im hinteren Flur leise Stimmen, die er nicht versteht, noch einmal klappt eine Tür, dann ist es wieder still. Vielleicht braucht Elsa ihn?
Nein. Lieber nicht.
Kurz darauf klopft es; die Hebamme.
»Ich gratuliere«, sagt sie, »ein Mädchen, ein gesundes Mädchen. Möchten Sie nicht kommen, Herr Keun? Ihre Frau erwartet Sie.«
Eduard Keun erhebt sich. Er faltet sorgfältig die Zeitung zusammen – sie sähe ungelesen aus, läge nicht zuoberst die Seite 2: Nachrichten vom Hofe und aus der Gesellschaft, Nachrichten aus der Welt des Theaters und der Musik; für Elsa, für später. Er schließt sein Jackett auf allen Knöpfen, rückt Uhrkette und hohen Kragen zurecht und verläßt gemessenen Schrittes den Raum.
»Komm, Eduard«, sagt die Frau im Bett *mit einer Stimme wie ein weiches Kissen*, und ihr Gesicht ist *weiß und fröhlich wie Schnee*. Aber der Mann bleibt am dunklen Ende des Bettes stehen.
Ein Mädchen!
Wie begrüßt ein Vater seine Tochter, wenn er sie zum erstenmal sieht? Küßt er der Mutter die Hand? Wirft er einen Blick auf das greinende Kind im Steckkissen?
Aus ihrer Couchecke blitzt mich die Tochter an: »Wir brauchten nie miteinander zu sprechen, mein Vater und ich, ja! Wir verstanden uns so.« An nichts habe es ihr gefehlt, »irgend-

wie«. Sie sei mit Kindermädchen aufgewachsen und mit privaten Sprachlehrerinnen.
»Und mit einem Bruder ...«
»Den hätte ich am liebsten umgebracht.«

1943 fiel der Bruder in Rußland. Die Nachricht erreichte Eltern und Schwester in einem kleinen Hotel in Hönningen am Rhein. Gerd Keuns Verlobte überbrachte sie. »Ein Schrei gellte durch die Halle, ein Todesschrei. Das war die Mutter. Der Vater erstarrte. Irmgard stand ganz still bei den verzweifelten Eltern, und die Tränen liefen ihr über das Gesicht.«
»Da nahm mich mein Vater in die Arme, was er sonst nie getan hatte, und sagte: Kind, wir haben dich.«
Ein Mädchen, das an einem Montag zur Welt kam.
Ein Montagskind. Irmgard Charlotte Keun.
Fünf Tage später läßt der Vater die Geburt der Tochter auf dem Standesamt in Berlin-Charlottenburg registrieren. Es ist ein Samstag.
Der Standesbeamte heißt Claudius und arbeitet in Vertretung. Mit ernstem Gesicht tunkt er die Stahlfeder tief in die schwarze Tinte und streicht, was der Flüssigkeit zuviel ist und klecksen könnte, behutsam am Rande des gläsernen Fäßchens ab.
»Ihr Familienstammbuch, bitte.«
Zuerst die Nummer. Ein Blick ins Hauptregister. Nummer 108. Die Feder kratzt über das Papier: Vor dem unterzeichneten Standesbeamten erschien heute, der Persönlichkeit nach auf Grund des Familienstammbuchs anerkannt, der Kaufmann Eduard Ferdinand Keun ...
Nachnamen und Ortsnamen schreibt der Beamte Claudius in lateinischer, alles übrige in deutscher Schrift; das hat Stil. Und gibt es eine Linie zu ziehen, so zieht er sie an einem Lineal

entlang. Er arbeitet in dem Bewußtsein, für die Ewigkeit zu arbeiten, und getragen von dem Wunsch, das nicht bis in alle Ewigkeit nur in Vertretung zu tun. Sorgfältig vergleicht er die Eintragungen in Haupt- und Nebenregister, sauber setzt er seine Unterschrift auf den Geburtsschein und macht damit für allezeit aktenkundig, worum Irmgard Keun ihr Leben lang ein Geheimnis spann: den Tag ihrer Geburt.

Selbst in ihrer Todesanzeige im ›Kölner Stadtanzeiger‹ steht: 6. Februar 1910. Und noch mit über siebzig Jahren notiert sie in einem privaten Journal:

Geboren in Berlin. Meinekestraße 6. 1910. Tochter des Ehepaares Elsa und Eduard Keun. Erster Schulbesuch mit fünf Jahren, da ich durch die Ankunft meines einzigen Bruders Gerd aufsässig und wütend wurde. Keine Schulschwierigkeiten. Geltungssucht. Erzählte vor versammelter Klasse samt Lehrerin, ich sei allein mit dem Zeppelin durch beziehungsweise über die Welt gefahren, aber leider immer an die Riesenhälse von Giraffen gestoßen. Zoo-Besuche weckten in mir eine Leidenschaft zu Giraffen. Sie fraßen mühelos von den höchsten Bäumen, wozu sie Lust hatten. Ich durfte auf keinen Kirschbaum klettern.

Das Heft, in das sie schreibt, hat einen Einband aus dunklem Karton. Ein billiger China-Import. Sie liebt diese Kladden, auch die bunten, und an keinem Papierwarenladen kommt sie vorbei, ohne nicht den Erwerb eines weiteren Exemplars wenigstens zu erwägen. Immer nur die ersten Seiten beschreibt sie: Beobachtungen, Gedanken, Telefonnummern. Dann beginnt sie ein neues Heft.

Die Magie des unbeschriebenen Blattes. Einmal notiert sie:

Meine Bücher! Ich möchte einmal ein Buch schreiben, das ich selbst gut finde.

Sie hält das Heft auf den Knien, einen Schreibtisch hat sie

nicht, und schreibt einen Lebenslauf. Warum? Sie weiß es selber nicht. Niemand hat sie darum gebeten. Die Perücke sitzt schief. Der Aschenbecher auf dem niedrigen Couchtisch quillt über. Krallenhände halten den Kugelschreiber, die Schrift zerfließt, das Handgelenk beginnt zu schmerzen. Früher schrieb sie Seite um Seite, ohne zu ermüden!
Früher war alles so leicht!
Sie zeigt mir die Innenflächen ihrer Hände.
»Siehst du die Narbe? Da wollte ich mich umbringen!«
Ich sehe die Narbe und sage: »Selbstmörder schneiden längs, nicht quer.«
Sie hört es nicht.
»Und hier! Schief angewachsen. Das war 1940, im Exil, in Amsterdam. Ich wollte vom Bett aus nach einer auf dem Boden liegenden Streichholzschachtel greifen, verlor das Gleichgewicht und stürzte auf meine rechte Hand. Seitdem . . .«
»Ja?«
Sie hört es nicht. Sie schweigt.
Die Rekonstruktion ihres Lebens fällt schwer. Nur ein Datum scheint festzustehen: geboren 1910. Dem ordnet sie die anderen unter, mit gebotener Konsequenz. Zunächst den Umzug der Familie nach Köln im Jahre 1913.
Mit sieben Jahren Umsiedelung nach Köln. Immer noch Krieg. Normalzustand für mich. Freude an klappernden Holzschuhen legitimer Lärm für mich. Mein Vater hatte die Cölner Benzin-Raffinerie übernommen. Ein röchelndes Unternehmen. Weite Felder, in denen meine Mutter Gemüse anpflanzte. Stundenlang. Und ich mußte mitmachen.
»Halt, Irmgard! Nicht so schnell! Du bist doch eben erst geboren . . .«

Zurück nach Berlin. Der Vater verläßt das Standesamt. Wohin? In die Zimmerstraße. Zum Verlagsgebäude des ›Berliner Lokalanzeigers‹. Er hat etwas zu annoncieren: Die glückliche Geburt einer prächtigen Tochter zeigen hocherfreut an . . .

Es ist ein warmer Tag, viel zu warm für die Jahreszeit, und es hat endlich aufgehört zu regnen. Als Irmgard zur Welt kam, goß es in Strömen.

Eduard Keun riecht den Frühling; eine Droschke fährt vor, zweispännig, und Eduard Keun steigt ein. »Ins Presseviertel, bitte! August-Scherl-Verlag.«

Er ist spendabel heute mit sich, denn dies ist ein besonderer Tag und ein besonderer Weg, da kommen Pferdebahn und Fußmarsch nicht in Frage.

Der Kutscher schnalzt und zieht die Zügel an, die Reise beginnt mit einem interessanten Ruck, und Eduard Keun beschließt, sie zu genießen und nicht an ihren Preis zu denken. Kurfürstendamm, Tauentzien- und Kleiststraße Richtung Anhalter Bahnhof.

Soviel Leben! Es rast an ihm vorüber. Andere Kutschen kreuzen, überholen, bleiben zurück, seine mittendrin.

»Was meinen Sie«, fragt er den Mann auf dem Bock, »Sie sind doch vom Fach: Hat das Automobil eine Chance?«

Der Mann meint nein, mehr nicht. Er ist Kutscher, nicht Causeur; er hat zwei Pferde zu versorgen und zu bewegen; er ist vierundsechzig Jahre alt, die Zukunft interessiert ihn nicht, nur noch der kürzeste Weg. Vielleicht hätte er doch den anderen nehmen sollen, den schöneren? Über die Schillerstraße den Landwehrkanal entlang, unter blattlosen Bäumen vorbei an Flaneuren.

Soviel Müßiggang!

Woher nehmen die Leute nur ihre Zeit? Eduard Keun ist in

Eile, er hat eine Nachricht zu überbringen, eine Familiennachricht. »Ist es noch weit bis zur Zimmerstraße?«
Das zweite Nein. Die Droschke hält.

Hielte sie heute an, hielte sie dort, wo bis gestern die Mauer stand. Vom legendären Presseviertel Berlin-Mitte kaum eine Spur, nur das hohe Verlagsgebäude in der Kochstraße mit dem repräsentativen Blick in den Osten der Stadt und dem Ullstein-Archiv im Erdgeschoß. Ein Blick in Tasche und Paß, ein Passierschein wird ausgestellt: meine Fahrkarte für die Reise in die Vergangenheit.
Ist es noch weit bis zur Meinekestraße 6?
Sie sind schon da.

Der Salon am Sonntag. Auf dem Sofa Elsa Keun, in feiertäglicher Seide, klein getupft, im Lehnstuhl Eduard, die Weste geschlossen, aber ohne Jackett. Sie lesen Zeitung. Börsennachrichten konkurrieren mit Gesellschaftsklatsch.
»Ewige Liebe. Eine ihres Geistes und ihrer fesselnden Erscheinung wegen in Wien bekannte Schriftstellerin fand einen glühenden Verehrer in einem ebenfalls sehr bekannten und sogar gefeierten Bildhauer. Mehrmals hatte er der Dame seines Herzens bereits angedeutet, daß er ohne ein Ideal, ohne eine Muse nicht schaffen könne . . . Eduard, wie findest du das?«
Elsa läßt das Blatt sinken. »Hörst du mir eigentlich zu?«
Ihr Mann nickt zerstreut: »Gewiß. Aber das hier ist auch interessant. Ein Bericht vom Ball der Automobilisten.«
Elsa seufzt: »Und? Was steht da?«
»Im ganzen eine glänzende Veranstaltung von annähernd 600 Personen, die sich gestern bis zum vierten Gang gedulden mußte, ehe die erste Ansprache, die Rede des Prinzen Heinrich, durch den Saal ging. Der Prinz, der anläßlich der Flora-

Ausstellung der Automobilisten das beherzigenswerte Wort ausrief: ›Liebe deinen Nächsten wie dich selbst!‹, sprach diesmal weniger programmatisch etwa folgendes: Als uns vor zwei Jahren eine ähnliche Veranstaltung hier zusammenrief, machte das Automobil noch seine ersten schüchternen Versuche. Aber seitdem ist es, nicht zuletzt durch die Pionierarbeit unseres Klubs, mehr und mehr in den Vordergrund getreten. Dieses wunderbare Erzeugnis menschlichen Genies steht jetzt anders da als früher. Und wem haben wir das zu verdanken . . .?«

Erwartungsvoll sieht Eduard Keun seine Frau an. Die zuckt mit den Achseln: »Ist das denn so wichtig?«

»Natürlich ist das wichtig. Alles, was in der Zeitung steht, ist wichtig.«

Elsa gähnt ein weiteres Mal.

Ihre Tochter ebenfalls.

»Hauptsache Zeitunglesen. Da bin ich wie mein Vater . . .« Sie stockt, zieht die Stirn kraus und lächelt. »Bevor ich angefangen hab zu arbeiten, hab ich immer erst sämtliche Zeitungen gelesen, die ich kriegen konnte.«

»Warum?«

»Um schreiben zu können.«

»Wie bitte?«

»Um schreiben zu können, mußte ich sehr viel Triviales lesen, und am liebsten hatte ich die Illustriertenromane.«

»Welche?«

Sie hört mir nicht zu.

»Und Kreuzworträtsel habe ich gelöst! Meine Güte, habe ich Kreuzworträtsel gelöst . . .« Sie gähnt schon wieder.

Überall lagern Stöße von Zeitungen. Auf dem Boden, auf den Tischen und Stühlen, sogar auf dem Bett. Auf den Stößen

überquellende Aschenbecher und leere Kaffeetassen mit eingetrocknetem braunen Bodensatz.
Sie folgt meinem Blick: »Früher waren auch die Wände mit Zeitungen tapeziert.«

Zurück in die Kochstraße. Berlin-Kreuzberg. Ein langgestreckter, heller Raum, rechts Regale voller Folianten, die Jahrgangsbände, links zu lesen an hölzernen Pulten gleich kleinen Abteilen, pro Band für 5 Mark.
Reiselektüre. Steigen Sie ein. Hier können Sie in alten Zeiten blättern.
Die Schaffnerin kommt. Ich nenne das Ziel und zücke das Geld. Vergebens. Die Zeitungen der Jahre 1905 bis 1913, der Berliner Jahre Irmgard Keuns, sind nicht oder nur unvollständig vorhanden. Im Krieg sei viel zerstört worden.
Die Schaffnerin bedauert. Sie schickt mich an ein Lesegerät im Berliner Landesarchiv. Dort bekomme ich Mikrofilme und vier Stunden Zeit.
Ich ziehe einen Hebel nach rechts, und ›Berliner Tagblatt‹, ›Vossische Zeitung‹ und ›Lokal-Anzeiger‹ gleiten Seite um Seite auf dem Bildschirm an mir vorbei. Nachrichten schieben sich in- und übereinander, grauschwarz und gleichförmig.
Monate werden zu Minuten. Als ich stoppe, schreiben wir den 6. Februar 1905.
Tatsächlich, es war warm und regnerisch an diesem Tag, so um die sieben Grad Celsius, und unter Tage wurde gestreikt und über Tage vom Automobilismus geträumt. Es weilte der Kronprinz in Berlin, und in Wien warb ein Bildhauer um eine Schriftstellerin. (Übrigens vergeblich.) Im Wintergarten trat die Königin der Tänzerinnen auf, die reizende Madame Saharet, im Opernhaus wurden ›Die Meistersinger von Nürnberg‹ gegeben, und bei N. Israel kostete die Reformschürze Theo-

dora nur 1,75 Mark. Ein kleidlanges Gebilde, weit über die Hüften der Hausfrau zu binden, nicht zu vergleichen mit der weißgestärkten Tracht des Personals im Hause Keun.
Wenn auch viel praktischer, überlegt Frau Elsa, wenigstens für die groben Arbeiten. Sie liegt noch im Bett und blättert in Journalen. Neben ihr in der Wiege schläft Irmgard. Wo Eduard nur bleibt? Er müßte längst zurück sein. Das Standesamt ist doch keine zehn Minuten zu Fuß entfernt. Merkwürdig. Oder hat er sich doch noch entschieden, die Geburt im ›Berliner Lokal-Anzeiger‹ zu annoncieren? Stammhalterin oder Stammhalter, was macht das für einen Unterschied? Keinen. Fast hätte sie sich mit Eduard gestritten. So eine Anzeige gehört doch dazu! Hellmanns hatten nach der Geburt ihres Hänschens auch eine aufgegeben . . . Hänschen ist ein Junge! Dieser Ton. So kannte sie ihren Eduard gar nicht. Was für ein Unsinn! Und nun geht er doch zum ›Lokal-Anzeiger‹ . . .
Sie lächelt. Sie wünscht sich die Anzeige so sehr, den Namen Irmgard fettgedruckt, und darunter: Die glückliche Geburt einer prächtigen Tochter zeigen hocherfreut an . . .
Doch alles Wünschen hat nichts geholfen: Eduard Keun hat keine Anzeige aufgegeben. Er ist nicht zum ›Lokal-Anzeiger‹ gefahren und auch nicht zur ›Vossischen‹ und nicht zum ›Berliner Tagblatt‹. Zeitungsseite folgt auf Zeitungsseite, Familiennachricht auf Familiennachricht, von Irmgard Keun keine Spur.
Hat sie es gewußt? Was gibt es, was gibt es nicht, was soll ich glauben?
»Die Adreßbücher bitte. Die Berliner Adreßbücher von 1905 bis 1913.«
Ich lege den ersten Film ein und lasse ihn vorlaufen bis zum Buchstaben K. Immerhin, die Familie Keun ist registriert.

Da steht es, auf Seite 968: Keun, Eduard, Kaufm., W 15, Meinekestr. 6, GH I.
GH?
GH heißt Gartenhaus. In Gartenhäusern gibt es keine Beletage, und Gartenhäuser liegen nicht in Gärten, jedenfalls nicht in der Innenstadt von Berlin. Gartenhäuser sind bessere Hinterhäuser.
Ein Hof!
Er ist hell, aber nicht weit. Ich bin durchs Vorderhaus gekommen, an Messingglanz und Marmor vorbei, und gehe nun über schnurgerade verlegte Steinplatten, die Haupt- und Nebengebäude miteinander verbinden, auf das Gartenhaus zu. Ich komme auf dem kurzen Weg an einem Stück Jägerzaun vorbei und an einem alten Mann im Unterhemd, der für Ordnung in den Rabatten sorgt. Vor mir und hinter mir, rechts und links: cremefarbene glatte Fronten, stadtsaniert.
Das Entree ist bescheiden, ein enges Treppenhaus, schmucklos, kein roter Kokosläufer, und die Handläufe sind aus dunklem Holz. Wie in den Häusern der Nachbarschaft.
Vier-Zimmer-Wohnungen, vier Räume, ordentlich aneinandergereiht, Nordseite, aus überraschend großen Fenstern der Blick in den Schattenhof.
Der Mann im Unterhemd ist mir gefolgt. Auf meinen fragenden Blick hin sagt er: »Einer muß sich ja um alles kümmern.«

»Mama, ich fliege!«
Kindheit
in Berlin

Vorderseite: Irmgard Keun, um 1908

Kein standesbewußtes Mädchen, das öffnet. Kein weiches Fauteuil in der Diele neben dem Tischchen mit dem Telefon. Kein »Bitte warten Sie. Gnädige Frau sind gleich zu sprechen.« In der ersten Etage im Gartenhaus wird nicht empfangen, in der ersten Etage im Gartenhaus wird gewohnt.

Das Zimmer der Tochter. *Weißlackierte Bettstelle, weißer Wäscheschrank, ein Tisch, zwei Stühle, friedvolle Blümchentapete und ein harmlos umrahmtes Genrebildchen, das – blaß und reizlos wie ein verlassenes Mädchen – endgültig verzichtet hat, aufzufallen. Man hätte ihn längst entfernen sollen, diesen sentimentalen Farbfleck. Ach, wozu? Mutter hat ihr's mal geschenkt, das Ding. Die würde gekränkt sein, wenn man's fortschmisse. Soll's hängen bleiben.*

Die Tochter verläßt den Raum und geht ins Wohnzimmer. *Urweltmöblierung. Imposantes Buffet, hergestellt um Neunzehnhundert. Tischdecke mit Spachtelstickerei und Kreuzstichblümchen. Grünbleicher Lampenschirm mit Fransen aus Glasperlen. Grünes Plüschsofa. Darüber ein tuchenes Rechteck: Trautes Heim – Glück allein. Die Familie ist beisammen. Vater, Mutter und Tochter.*

Und der Bruder?

In diesem Szenario gibt es keinen. Die Tochter, sie heißt nicht Irmgard, sie heißt Gilgi, ist ein Einzelkind und – ein angenommenes dazu. Ein Fehltritt aus bestem Hause, gleich nach der Geburt zur Adoption freigegeben.

Nur ein einziges Mal, sie braucht Geld, betritt sie das Haus ihrer Herkunft. *Eine böse und unsympathische Wohnung. So fette beabsichtigte Eleganz – so geschwollen. Lächerlich – dieser protzige Schreibtisch mit der obligaten Ledermappe und so 'nem silbernen Krokodil aus Metall. Eingehend mustert Gilgi Bilder und Einrichtungsgegenstände auf ihren Wert hin. Sie wandert von Zimmer zu Zimmer, finster entschlossen, zu nehmen, was zu nehmen lohnt. Das alles stinkt nach Geld.*

Vasen, Bilder und Skulpturen, Klubsessel und Flügel im Dämmerlicht. Dämmerlicht schmeichelt.
In diese Wohnung also hätte sie gehört!
Sie, ›Gilgi – eine von uns‹, von Irmgard Keun erfunden – oder die Erfinderin selbst?
Leben zwischen Wunsch und Wirklichkeit.
Ist das Kleid samtig oder wirklich aus Samt, und warum fällt Kunstseide nie so schön und edel wie reine Seide?
Bei Hellmanns ist das Parkett aus Holz, bei uns aus Linoleum, und statt eines Badezimmers haben wir ein Waschgeschirr aus Porzellan. Fast weiß mit einem Rand aus goldener Zackenlitze. Schüssel, Kanne und Seifenschale. Ein Hochzeitsgeschenk von unserer Tante. Nicht übel.
Und sag mir den Unterschied zwischen einem Fleißkärtchen mit der Mutter Gottes drauf und einem Abziehbildchen voll tanzender Elfen! Oder Hexen. Oder wilder Tiere.
Bei den Bildchen weißt du erst, was du hast, wenn du sie naß auf Papier drückst und abziehst.
»Mama, ein Menschenfresser!«
Ein Wunder ist es und eine Pracht.
Fleißkärtchen sind kein Wunder und schwer verdient.
Bunte Oblaten auf violettes Seidenpapier kleben, und es knistert geheimnisvoll; oder aus Zeitungspapier Wasserbomben basteln und sie aufs Straßenpflaster knallen lassen. Ganz ohne Geheimnis, aber mit Glück auf Passantenköpfe!
Chinesische Wunderblumen blühen in einer Schüssel mit Wasser, zum Händefalten schön; das brave Kind spielt lautlos Hinkefuß im Hof, wenn es nicht gerade der Mutter in der Küche hilft; und beim Zauberkönig gibt es *ganz natürliche Pralinen aus Seife mit Füllung aus Essig, die man jederzeit anbieten kann*.
Und die Geradehalter? Gittrige Gestelle aus Metall, wie ein

Rucksack an ewig scheuernden Lederriemen über den Schultern zu tragen.
»Halt dich gerade, Irmgard.«
»Laß doch das Kind, Eduard.«
Das Kind geht mit gesenktem Kopf, als ob es etwas suche. Demut ist dabei nicht im Spiel, sondern die Hoffnung, etwas zu finden. Einmal war es eine Mark gewesen – hundert Abziehbildchen! –, auf der Straße vor dem Haus, ein anderes Mal ein erstklassiger Giftpilz auf der Wiese im Tiergarten. Die Eltern wissen nichts davon. Sie sehen nicht das Naheliegende, sie sehen ein Symptom. Und der Tante ist es auch schon aufgefallen!
»Warum läßt das Kind den Kopf so hängen? Es hat es doch gut. Es hat seine Ordnung.«
Und wenn das Kind seine Ordnung nicht mag . . .?
Die Kränzchendamen sind zu Besuch.
»Mach einen Knicks, Irmgard!« Die Stimme der Mutter ist hoch und fremd.
»Gott, ist sie süß«, zirpt Frau Hellmann, »hilfst du deiner Mama auch immer schön?«
Das Kind lächelt abwartend. Nichts an ihm leuchtet, und klein an ihm ist nur die Kleidung: das weiße Hängerchen, unter einer kurzen Spitzenpasse in brave Falten gelegt. Die feinen blonden Haare locken sich liebenswürdig, die Stirn ist hoch und rund; der Kopf ist schwer. Auf ein Geländer gelehnt, stützt es ihn mit der rechten Hand.
Ein Foto aus der Berliner Zeit.
»Bitte recht freundlich!« Der Fotograf, versteckt unter dem schwarzen Tuch, läßt das Vögelchen fliegen.
Wie dumm er ist!
Das Kind ist ihm weit überlegen. Es fliegt auf Teppichen über die Welt. Perserschlangen winden sich um seine Füße, zutrau-

lich, und Fransen flattern fröhlich im Wind. Es gibt so viel zu sehen! Es beugt sich tiefer und tiefer, den Rücken ganz krumm, und manchmal sieht es tief in sich hinein, das Kinn auf der Brust, die Lider gesenkt.

Der Geradehalter muß her!

Das ist Familienbeschluß und zum Besten des Kindes. Es trägt das Gerät wie eine heimliche Rüstung zwischen Haut und Hemd. Wenn schon, trüge das Kind es lieber wie einen Schmuck, mit Goldpapier beklebt, über der Kleidung, und würde beneidet von Hänschen Hellmann und bewundert von der *Horde der rasenden Banditen*. Dann würde es edle Schlachten schlagen und aus brennenden Burgen Menschen retten, natürlich Frauen und Kinder zuerst. Oder wild zu Roß in die Ferne reiten, bis zum Mond, und es Liebesperlen regnen lassen, lauter Liebesperlen . . .

Ich fand die Liebesperlen so klein und so rot und silbern und bunt und dachte, sie wären was für kleine Vögel, sie paßten so zu kleinen Vögeln. Meine Eltern haben nach den Liebesperlen gefragt, und ich hab gesagt, ich hätte sie im Stadtwald im Laub verstreut. Zuerst hat meine Mutter mich gefragt, und sie wollte, ich solle zugeben, daß ich sie gegessen hätte. Ich habe aber weiter die Wahrheit gesagt. Dann hat mein Vater ernst mit mir gesprochen, und da habe ich geweint und gesagt, ich hätte die Liebesperlen gegessen. Und sie haben gesagt, sie würden doch immer die Wahrheit herauskriegen. Dabei war es gelogen. Wenn ich wirklich lüge, wird es mir viel eher geglaubt, denn ich habe mir dann ja alles vorher ausgedacht und kann es besser erzählen. Warum darf man eigentlich nicht lügen?

Die Finger des Vaters trommeln auf den Tisch, er ist nervös, die Geschäfte laufen nicht gut, die Zeiten sind schwierig, er ist ein ehrlicher Mann, und nun diese Tochter . . .!

Die Mutter nimmt Irmgard in Schutz.

»Sie ist doch noch ein Kind.«

»Eben. Früh krümmt sich . . .«

Der Satz bleibt unvollendet, als ahnte der Vater: Es krümmt sich nicht! Er sitzt still da, erstaunt, ein ehrbarer Kaufmann, bis heute lag das Leben wie eine saubere Rechenaufgabe vor ihm, eins und eins sind zwei, und plötzlich hat er es mit einer Gleichung mit einer Unbekannten zu tun. Die Unbekannte ist seine Tochter.

Der Vater seufzt.

Und die unbekannte Tochter? Sie gibt mir ihre Bücher . . .

»Lies vor!« verlangt sie mit rauher Stimme. »Ist doch gut, irgendwie.«

Sie richtet sich in der Couchecke auf, um ihre Zigarette auszudrücken. Nein, sie drückt sie nicht aus, sie wirft sie in ein mit Wasser gefülltes Glas. Sicher ist sicher.

»Das mach ich, seitdem mein Bett mal gebrannt hat, damals in Moselkern . . .«

»Später, Irmgard, später. Wir sind noch in Berlin. Du bist ein Kind. ›Das Mädchen, mit dem die anderen Kinder nicht verkehren durften‹ – warst du das?«

Ich erwarte Zustimmung – wie dumm! Sie versagt sie mir und lehnt sich zufrieden zurück mit einem Blick, giftgelb wie aufziehendes Gewitter.

»Und das Kapitel mit dem Bruder: *Wir haben ein neues Kind . . .?*« Ich lasse nicht nach.

Sie zuckt mit den Achseln. »Erinner' mich nicht. Lies mal vor.«

»Hab ich schon.«

»Da war ich nicht dabei!« Sie bittet nicht, sie befiehlt.

»Ich möchte sterben. Wir haben ein neues Kind bekommen . . .«

»Hör auf, du. Ja, irgendwie . . . wollte ich wirklich sterben.«

Plötzlich bröckelt ihre Stimme, und sie sitzt da wie auf dem

Foto aus der Kinderzeit: eine zusammengesunkene Gestalt; da hat kein Geradhalter je genützt. Aufgerissene Schattenaugen, der schwere Kopf ruht in der rechten Hand. »Ich bin in den Garten gegangen, habe eine Schippe genommen und habe geschaufelt. Ich wollte mir mein eigenes Grab graben ...«
Ein Grab im gepflasterten Hinterhof? Schweigen. Warum soll ein Hof kein Garten sein? Die Gärten unserer Erinnerung, Irrgärten. Geh ich rechts, geh ich links? Geradeaus ist sie nie gegangen. Ratlos vor der eigenen Geschichte, erfindet sie sich immer wieder neu.
»Ich verkleide mich so gern, irgendwie. Ich spiele Rollen, wenn ich schreibe. Und das macht mir Freude. Und meinen Menschen auch, bis sie selbständig werden und mir davonrennen, und dann schreibe ich ihnen hinterher.«
»So wie ich dir.«

Hinterhergeschrieben, nachgetragen: die Kindheit, die Jahre in Berlin.
Eine Kahnpartie auf dem Wannsee: die Lust, Hänschen Hellmann ins Wasser zu schubsen, einfach so und nur ein bißchen, bis er ganz von selbst reinfällt. Oder das Picknick im Spreewald: Alltagszeug und Sonntagskuchen. Am schönsten aber ist es, an der Hand der Mutter durch den Tiergarten zu spazieren; der eigenen Mutter, nicht irgendeiner Kinderfrau! Vorbei an Löwen und Tigern, den Affen und den Elefanten. Weiter, weiter! Irmgard zerrt die Mutter hinter sich her – »Zu den Giraffen, Mama, zu den Giraffen!«
Nur ein einziges Mal möchte sie auf einer reiten, allein, nicht mit anderen Kindern zusammen, wie auf dem Elefanten mit der Babybank drauf! Sie weiß auch schon wie. Sie würde beide Arme fest um den Hals des Tieres schlingen, ganz fest, und dann los, schneller, immer schneller, bis der Wind ihr die

Schleife aus den Haaren risse und sie ein ganz anderer Mensch wäre mit wilden blonden Locken – Locken ohne Kamm und Bürste und Ziepen und Weinen! Und alle würden zu ihr aufsehen und Bravo rufen, was für ein mutiges Kind!
»Die ist doch viel zu hoch für dich, Irmi! Wenn du da runterfällst . . .«
»Ich fall' aber nicht, Mama, ich fliege!«
Ein fremder Mann tritt dazu. Er zwirbelt dan Bart und schlenkert den Stock, mit Blick auf die Mutter spielt er den Flaneur und Kinderfreund. »Na, kleines Fräulein, gar keine Angst?« Dabei lächelt er mit Männeraugen Frau Elsa an und lüftet, um Eleganz bemüht, den steifen Hut.
Frau Elsa weiß nicht so recht. Dafür Irmgard. Ernst und entschieden sagt sie: »Nein.« Sie hat eine Stimme aus kleinen Pfeilen und den Menschenfresserblick. Schon damals.
Vorstädtisch zwirbelnd beginnt der Fremde seinen Rückzug, lächelnd und murmelnd und mit allem, was dazugehört, auch der angedeuteten Verbeugung vor der Mutter. »Gestatten . . .«
Die weiß noch immer nicht so recht. Sie ist Ende Dreißig und also in einem Alter, in dem man männliche Schmeicheleien nicht mehr leichtfertig ausschlägt, zumal wenn der eigene Mann damit so geizt. Ihr sparsamer Eduard.
Als Kaufmann muß man rechnen können, sagt er immer, als Kaufmann habe er rechnen gelernt. Warte, Elsa, warte.
Aber worauf? Worauf soll sie warten? Worauf sich freuen? Sie sieht ihn ja kaum noch, täglich macht er Überstunden, und wenn er nach Hause kommt, ist er müde. Dabei gehört der Laden nicht einmal ihm.
»Aber bald vielleicht, Elsa . . .«
Eduard Keun ist inzwischen die rechte Hand von Rudolf Kroseberg, ein Angestellter ohne Einfälle, aber mit Verant-

wortungsgefühl, ein Mitarbeiter von der Sorte »Was wäre ich ohne Sie?« Krosebergs stehende Rede: »Mein lieber Keun, überlegen Sie es sich, Sie können jederzeit einsteigen ins Geschäft.« Denn Kroseberg braucht Geld für weitere Investitionen. Er glaubt an die Zukunft des Benzingeschäfts, auch wenn die Geschäfte derzeit nicht so gut laufen. Sein Kölner Destillierwerk steht im Augenblick still, Verkaufsverhandlungen mit der Deutsch-Amerikanischen-Petroleum-Gesellschaft (heute heißt sie Esso) sind vorerst gescheitert, helfen könnte jetzt eine Finanzspritze ... Und Eduard Keun hat gespart und geerbt. »Überlegen Sie es sich, mein lieber Keun ...«
Und Eduard Keun überlegt es sich.
Er hat eine Familie zu versorgen. Die Familie soll es gut haben. Vielleicht könnte man eines Tages aus dem Gartenhaus ins Grüne ziehen, vielleicht sogar zurück in die vertrauten Gefilde, ins Ruhrgebiet oder nach Köln. Aus dem Gartenhaus in ein Haus mit Garten. Ein Garten für die Kinder. Jawohl, die Kinder, Plural. Elsa ist wieder schwanger. Nur noch ein halbes Jahr, und sie werden zu viert sein! Und diesmal wird es ein Sohn! Ganz bestimmt. Ein kleiner Gerd. Sie wissen schon, wie er heißen soll.
Und es wurde ein Sohn.
Es hat nach Linden gerochen, die Luft war zum Anfassen, da kam Gerd Keun zur Welt. Kein Winterkind und ein Junge, Gerd Keun, geboren im Jahre 1910.
Zu Haus wurde ich auf einmal geweckt. Und mein Vater sagt: »Bist du froh, daß du ein Brüderchen hast?« – Also meinetwegen hätten sie es nicht zu besorgen brauchen. – Ich war so müde, ich konnt kaum mehr reden – nur: mit meiner Mutter hätt ich ja schon alles besprochen, das Kind wär ja nun mal da. Vielleicht liebe ich es später. Vielleicht leihe ich ihm mal meinen einen Rollschuh, wenn es laufen

kann – vorläufig kann ich ja mit so einem kleinen Kind noch nicht viel anfangen.

Irmgard Keun war fünf Jahre alt, als ihr Bruder zur Welt kam. Sie war ein schwieriges Kind, zornmütig und phantastisch – eine Charakterisierung, wie vom Sternzeichen-Zuckereinwikkelpapier geborgt: Die günstigen und ungünstigen Eigenschaften des Wassermannes. Und ungünstig ist, was für Unruhe sorgt: Zorn und Mut und Phantasie.

Unruhe im Haus Keun: Gerd schreit, Irmgard lächelt. Sie hat ihm einen klitzekleinen grünen Glasknicker ins rechte Nasenloch geschoben . . .

Gerd schreit, Irmgard lächelt. Sie hat einen völlig echten Sandkuchen gebacken und ihn damit gefüttert . . .

Gerd schreit, Irmgard lächelt. Sie hat das Brüderchen halten dürfen und es kräftig gekniffen . . .

Oder war es ganz anders?

»So langsam wird unsere Irmgard doch vernünftig.« Der Vater ist zufrieden. Er lobt sein großes Mädchen.

Die Mutter nicht. Sie weiß nicht, ob sie sich freuen oder sorgen soll. Sie ist ratlos, und die Tante kann ihr auch nicht helfen. Aber die hat das Kind noch nie verstanden. »Elsa, sie tanzt dir auf der Nase herum!«

Ach, würde sie es doch . . .

»Seitdem der Gerd da ist, ist unsere Irmgard nicht wiederzuerkennen. Richtig still ist sie geworden. Sieht sich stundenlang allein ihre Bilderbücher an . . .«

Wie schön sie doch waren, die späten Nachmittage zu zweit, die letzten geheimnisvollen Minuten, bevor der Vater aus dem Büro nach Hause kam! Der Tisch gedeckt, und auf dem Herd summte der Teekessel. Dann kuschelten sie sich auf dem Küchenbänkchen aneinander, und Irmgard erzählte in den blausamtigen mütterlichen Arm geschmiegt, von der Häs-

chenhochzeit, zu der sie eingeladen war, oder von der Giraffenreise. Und das elektrische Licht sirrte eine leise Melodie, die sie davontrug über Höllentäler in Himmelshöhen. Manchmal haben sie auch zusammen gesungen, alles, was ihnen gerade in den Sinn kam, am liebsten aber Selbstgedichtetes: Irmchen in der Grube saß und schlief, bis ein böser Bube kam und rief...
Der böse Bube ist Gerd, Endlich-ein-Junge-Gerd, das Brüderchen, das die Mutter braucht.
Es weint. Die Mutter tröstet.
Es hat Hunger. Die Mutter stillt.
Es ist naß. Die Mutter legt trocken.
Jetzt braucht es frische Luft. Also in den Tiergarten. Irmgard trottet nebenher, nicht mehr Hand in Hand mit der Mutter, sondern – »Sei mein großes Mädchen!« – allein, freihändig, sehr auf sich selbst gestellt. Manchmal langt sie verstohlen zum Kinderwagen, faßt vorsichtig eine Seitenstrebe an oder legt ihre Hand neben die der Mutter.
»Möchtest du mal schieben?«
Am liebsten in den nächsten Graben! Mit entschiedener Miene und nicht ohne Lust lenkt sie das Gefährt an der Grasnarbe entlang.
»Was meinst du, Eduard, sollen wir ihr einen Puppenwagen zu Weihnachten schenken?«
Mißverständnis folgt auf Mißverständnis.
Vielleicht liebe ich es später...
Aber wann ist später? Wenn die Kinderkrankheiten überstanden sind? Wenn es sprechen kann? Oder Rollschuh laufen? Nach der Einschulung? Nach der ersten Zigarette? Nach dem ersten Kuß?
Irmgard Keuns Augen blitzen, aber jetzt sind es freundliche Pfeile, und ihre Stimme lacht.

»Der Haß ist verschwunden. Das ging ganz ins Gegenteil! Nein, ich werd nie vergessen, wie süß er war. Einmal kam er ins Wohnzimmer, wo ich mit den Eltern saß, und sagte: Man kann durchaus seine Schwester heiraten! Meiner Mutter wurde übel. Er sagte: Ich habe jetzt die ganze Pharaonengeschichte gelesen. Ihr wißt überhaupt nichts.«

»Wie alt war er da?«

»Zehn irgendwie.«

Und Irmgard Keun war fünfzehn, fast schon kein Schulmädchen mehr, und die Familie lebte längst in Köln.

Aber das ist ein anderes Kapitel, das dritte, und es wird vorbereitet durch einen Festakt: die Feier zum fünfzigjährigen Bestehen der Cölner Benzin-Raffinerie GmbH am 1. April 1963.

Karl A. Kroseberg, der Sohn von Rudolf Kroseberg, hält vor geladenen Gästen und seinen Angestellten die Rede. Mag sein, daß Irmgard Keun sie gehört hat. Eingeladen war sie sicherlich, eine Freundin derartiger Veranstaltungen war sie sicherlich nicht.

Ein blumenbekränztes Pult, zwischen den Blüten die goldene Fünfzig und der sich erinnernde Sohn: »Im Jahre 1912 schien sich die allgemeine Geschäftslage auf dem Benzinmarkt günstiger zu gestalten, und Rudolf Kroseberg beschloß, das Kölner Destillierwerk erneut in Betrieb zu setzen. Zäh war der alte Herr schon, das muß man ihm lassen. Die inzwischen erloschene Konzession wurde unter großen Schwierigkeiten erneuert, und am 1. April 1913 hatte die Geburtsstunde der Cölner Benzin-Raffinerie GmbH, so firmierte das neue Unternehmen nunmehr, geschlagen. Das Stammkapital betrug 100 000 Mark und verteilte sich auf Rudolf Kroseberg mit 50 000 Mark und Eduard Keun mit ebenfalls 50 000 Mark. Die Fabrik als solche blieb wie bisher Eigentum der Firma

Kroseberg, bei der sie trotz der Pachtzahlungen der Deutsch-Amerikanischen Petroleum-Gesellschaft mit einem mittlerweile ausgelaufenen Minus von circa 200 000 Mark zu Buche stand, und wurde der neugegründeten GmbH pachtweise überlassen. Keun war ein langjähriger Mitarbeiter von Rudolf Kroseberg in Berlin und zuletzt auch an dessen Firma beteiligt. Er ließ sich seinen Anteil auszahlen und siedelte als Geschäftsführer nach Köln über. Vom Benzingeschäft verstand er nichts. Aber er hatte in Köln einen Bekannten, der ein Auto besaß . . .«

Ein Automobil, betrieben mit Benzin.

Eine Benzinfabrik, deren Teilhaber Eduard Keun ist.

Der Benzinfabrik-Teilhaber Eduard Keun am Steuer eines Automobils, neben ihm seine Frau Elsa, auf dem Rücksitz der Sohn und die Tochter.

»Hättest du dir das träumen lassen, Elsa . . .?«

Eduard Keun ist zufrieden mit sich und der Welt. Er glaubt, der Erfüllung seiner Wünsche ein gutes Stück näher gekommen zu sein. Endlich kann er seiner Familie etwas bieten. Und Elsa sagt ihm was: »Zuerst das Haus.«

»Krause Haare, krauser Sinn« Jugend in Köln

Oben und Vorderseite:
Irmgard Keun und ihr Bruder Gerd, um 1912

Das Haus steht in Köln-Braunsfeld. Eupener Straße 19. Ein Haus im Grünen, vorn ein Gärtchen, hinten ein Garten. Ein Haus mit drei Etagen, handtuchschmal zwar, aber mit allem, was dazugehört: Wirtschaftsraum und Abstellkammer, Dachstube und Keller, Bad und Toilette getrennt. Und ein Raum extra: ein Salon, Elsas Stolz, Weihnachtszimmer, Geburtstagszimmer, Zimmer mit Parkett und Klavier.
»Und wer soll darauf spielen?«
»Irmgard.«
Aber Irmgard spielt lieber draußen.
Also Gerd.
Pläne über Pläne: Klavierstunden für die Kinder, und fürs Treppenhaus einen roten Kokosläufer, wie er in der Meinekestraße 6 im Aufgang zur Beletage lag. Bis zu Hellmanns Tür hatte die rote Eleganz gereicht.
»Ob die uns wirklich besuchen kommen, Eduard? Versprochen haben sie's.« Die Frau sieht sie schon staunen und ist selig und der Mann gerührt: Seine Elsa!
Stiefmütterchen sollen ins Beet neben dem Eingang, am liebsten noch heut, bestimmt aber morgen, violett und purpurrot und gelb mit braunen Augen. Stiefmütterchen mit *kleinen Samtgesichtern wie Japanerkinder und Pekinesenhündchen.*
»Für Irmgard! Die hat sie doch so gern.«
Eduard ist irritiert.
»Stiefmütterchen im Schnee! Sie werden erfrieren.«
»Nicht zu Irmis Geburtstag!«
Die Mutter ist ihrer Sache sicher: Das Kind soll sich freuen, und so kalt ist der Februar heuer nicht.
Irmgards Mutter. Seine Elsa. Was sagt man dazu? Vielleicht: »Warum nicht lieber eine neue Puppe?«
Der alten fehlt ein Bein. Folge einer noch in Berlin zusammen

mit Hänschen Hellmann durchgeführten Operation, Folge eines beim Anblick des einbeinigen Tiergartenwärters neugelernten Wortes: Amputation, Folge kindlichen Forscherdrangs: Was ist im Bein, und können Puppen bluten?
Sie können nicht, im Bein ist Luft, und auch sonst taugen sie wenig.
Hänschen hatte es gleich gewußt. Und Irmgard?
»Magst du Puppen?«
»Seh ich so aus!«
Nein. Nicht sieben- und nicht siebzigjährig.
»Hilf mir mal! Hol mal den Karton da.«
Andere Menschen haben Alben, sie hat Kartons. Rama steht drauf – und drin liegen Bücher, vor allem die eigenen, grad wieder aufgelegten, und ein Zigarrenkistchen aus Holz mit Notizen und Fotos. Sie schüttet den Inhalt auf den niedrigen Tisch.
»Is' ja nicht wie bei armen Leuten!«
Ihre Stimme und ihre Bewegungen sind ungeduldig, fahrig, bis sie findet, was sie sucht: das Foto von ihrem achten Geburtstag, dem ersten Geburtstag in Köln.
Erinnerung an eine Niederlage, Beweis des väterlichen Durchsetzungsvermögens: Nicht neben dem Stiefmütterchenbeet steht das Geburtstagskind, sondern an die kleingeblümte Stubenwand gelehnt, im linken, nachlässig angewinkelten Arm die Puppe. Den rechten hält sie hinter dem Rücken verborgen.
Sie hätte ihn um Gerd legen können – Überall-Gerd, Schaukelpferd-Gerd, die Grübchenhände fest am Lederzügel –, sie hat es nicht getan. Sie hatte ja die Puppe.
Kalte Glasaugen und rosige Porzellanhaut, ein harter Körper in blauem Strickkleid, unbewegliche Füße in weißen Waschleder-Schuhchen. Wie kann ein Kind, das aus Raupen

Schmetterlinge und aus Kaulquappen Frösche zaubert, so etwas lieben!

Ach, Irmgard!

Für die Kaulquappen hatte sie das große Bowlenglas mit Wasser gefüllt und darin mattschimmernde kleine Kiesel und bunte Scherben versenkt, außerdem ihre schönsten Glasknicker und eine fast heile chinesische Wunderblume. Für die Scherben hatte sie extra einen Römer zerstören müssen, aber die wurden sowieso nur zu Weihnachten benutzt, und bis dahin würde sie mit dem Geld aus dem Froschverkauf mindestens drei neue anschaffen können, und alle würden sie deswegen lieben – und auch wegen der schönen Schmetterlinge überall im Haus. Aber noch waren die Schmetterlinge Raupen und wohnten in Einmachgläsern unter ihrem Bett, in einer Landschaft aus Gras und Erde und winzigen Zweigen rund um einen Eierbechersee. Bis auf eines waren alle Gläser leer gewesen; Kürbisgläser, Kürbis süßsauer, den sie gar nicht mochte, aber dann doch aß, weil sie den Platz für ihre Raupen brauchte. *Herrliche puschelige Tiere* hatte sie gehabt, *Löwenraupen in gelb und rot wie kleine Bürsten und braune Bärenraupen und glatte Seidenspinner und unerhörte Ligusterschwärmer, wunderbar grün mit leuchtendroten Tupfen.* Bis die Tante alles fand und weitersagte . . . – wie Tante Millie in ›Das Mädchen, mit dem die anderen Kinder nicht verkehren durften‹.

Tante Millie, Mutters Alter ego: Petze, Klatschtante, alte Tratsche!

»Typisch!«

»Typisch?«

»Typisch Frau!« Irmgard Keuns Ton ist verächtlich.

»Magst du keine Frauen?«

»Irgendwie . . . nein. Bloß meine Mutter, die hab ich geliebt. Die alte Stimme träumt, die Hand mit dem Foto sinkt in den

Schoß. Erfundene Erinnerungen, wahre Gefühle. Vergangene Stimmen klingen auf, Millies und Mutters.
»Elsa, du bist zu weich. Du läßt ihr zuviel durchgehen.«
»Aber Millie, sie meint es doch nicht bös.«
»Da wär ich nicht so sicher. Schau sie dir an!«
Und in der Tat: Sie bockt. Sie ist enttäuscht. Lachen für das Geburtstagsbild? Niemals! Und überhaupt: Was ist das für ein Fest! Ohne Hänschen und die anderen, ohne Sackhüpfen und Eierlaufen. Nur Kaffee und Kuchen und Vater und Mutter und Bruder und Tante. Nur warte, warte, warte. Auf die Nachbarkinder, auf Kosebergs Ältesten, auf die kleinen Freundinnen in der Schule. Sie pfeift drauf!
Verdrossen baut sich Irmgard vor der Kamera auf. Die Mundwinkel hängen, der Blick ist trübe. Sie trägt einen dunkelblauen Pullover mit drei weißen Streifen um den Halsausschnitt – merkwürdig maritim, die Volksausgabe der Matrosenbluse – und im halblangen, dünngelockten Haar die Festtagsschleife aus blauem Taft, von den Eltern verordnet als braves Signal:

Krause Haare, krauser Sinn,
doch die Schleife – steht für Reife!

Sind die Fingernägel sauber?
An der Wand hinter ihr hängt ein Genrebildchen, hell gerahmt, vielleicht eine Schäferszene, und das Fenster, vor dem der Bruder steht, hat noch keine Gardinen.
Die werden erst morgen aufgesteckt. Dazu Samtportieren in mattem Grün. Träume gehen in Erfüllung. Ein neues Buffet aus dunklem Holz, ein Sofa mit Seidenstoff bezogen; hinter dem Haus Obst- und Gemüsegärten, ein Stück Rasen für Gartenbank und Liegestuhl. Und ein eigenes Zimmer für jedes Kind. Für Gerd die Mansarde im Dachgeschoß, mit

Balkon, für Irmgard der große Raum im Souterrain, mit Zugang zum Garten.
Die Mutter plant, der Vater läßt sie gewähren. Er hat Vertrauen, und er hat anderes zu tun. Er ist der Chef in einem anderen Haus.

Mitte April 1913 nimmt die Cölner Benzin-Raffinerie die Produktion von Autotreibstoff auf.
Rohbenzin, in Kesselwagen auf dem Bahnwege aus Rumänien bezogen, wird im Kölner Werk destilliert und raffiniert. Eduard Keun ist zuständig für den Einkauf. Mehrmals muß er nach Rumänien reisen. Die Tochter ist stolz auf den Vater. Er bringt der Mutter wunderbar bestickte Blusen mit und den Kindern fremdsüße Bonbons und bunte Bilderbücher mit geheimnisvollen ausländischen Texten.
So stolz ist sie, daß in ihrer Erinnerung schließlich die ganze Familie nach Rumänien umsiedelt in ein prächtiges Haus am Schwarzen Meer und erst wieder nach Köln zurückkehrt, als es die schulische Ausbildung der Kinder erforderlich macht.
»Sie haben große Reisen hinter sich, gnädige Frau?« fragte Fräulein Schnei. »In den Ferien war ich mit den Kindern in der Eifel«, antwortete meine Mutter. Ich dachte, alle würden hören, wie mein Herz klopfte.
Keiner hat es gehört. Alle hörten nur Geschichten.
Zum Beispiel die von der alljährlichen Sommerreise mit den Eltern nach Ostende *ans Meer, das die Gefühle nicht klein und eng werden läßt*, oder die andere, weltläufig auch diese, vom Vater, der eine Unzahl fremder Sprachen sprach und zwei davon die Kinder schon früh lernen ließ.
»Ungewöhnlich.«
»Mein Vater war ungewöhnlich. Und sozial eingestellt. Und ein Schwirrvogel. Genau wie ich.«

»Ein Schwirrvogel?«
»Ein Reisender. Ein ewig Reisender ... Er sagte immer, wenn du in ein Land kommst, Kind, dessen Sprache du nicht kennst, dann lerne drei Wörter: Danke, bitte und ein unanständiges.« Sie lächelt.
Wie hatte sie doch den Kölner Oberstadtdirektor genannt, als er ihr zum siebzigsten Geburtstag – in Wahrheit ihr fünfundsiebzigster! – mit einer Literflasche Kölnisch Wasser gratulierte? Arschloch ... Doch ehe ich sie danach fragen kann, spricht sie weiter: »Außerdem hatte mein Vater einen sehr intelligenten Gedanken. Jede Woche kamen einmal eine verarmte Französin und zweimal ein alter armer Engländer zu uns, und an diesen Tagen haben wir nur englisch beziehungsweise französisch miteinander gesprochen.«
»Keine schlechte Vorbereitung für das Leben in der Fremde.«
»Wieso?«
»Das Exil, Irmgard.«
»Ach was! Ich war nirgendwo fremd!«
Sie malt mit der Stimme ein Ausrufungszeichen in den Raum. Ich wische es aus: »Du warst nirgendwo zu Hause. *Das* ist ein Unterschied.«
Sie widerspricht. Köln sei ihr Zuhause. Nach Köln sei sie immer wieder zurückgekehrt.
Köln: Ende und Anfang.

Knapp acht Jahre alt ist Irmgard Keun, als sie von Berlin-Charlottenburg nach Köln-Braunsfeld zieht, vom Zentrum der einen Stadt in das Randgebiet der anderen, von der Mietwohnung in das Eigenheim.
Ein Schulkind.
Kurz nach Ostern kommt sie in die dritte Klasse.
In ihren Notizen steht: Keine Schulschwierigkeiten.

Einer ihrer ehemaligen Lehrer, väterlicher Freund der späteren Verlobten Gerd Keuns, erinnert sich anders. Er hat es seiner jungen Freundin erzählt, und die erzählt es nun mir: die bekannte Geschichte vom schwierigen Kind, das mit seiner Begabung nicht hauszuhalten verstehe, dessen schnelle Auffassungsgabe kollidiere mit seiner Traumlust und seinem Geltungsbedürfnis. Nein, Irmgard sei keine gute Schülerin gewesen, wißbegierig zwar, aber ohne alle Disziplin.
»Gerd war gut in der Schule, er hat ja auch Abitur gemacht. Irmgard war nur auf dem Lyzeum.«
Das Lyzeum liegt eine halbe Stunde zu Fuß von der Eupener Straße entfernt, in Köln-Lindenthal, in der Nähe des Stadtwaldes.
Eine Mädchenschule. Die ihr versprochenen kleinen Freundinnen findet Irmgard Keun dort nicht. Sie wird sie auch nicht gesucht haben. Sie ist eine Einzelgängerin, ebenso redselig wie verschlossen, und es fällt ihr nicht leicht, sich in fremde Ordnungen einzufügen.
»Sie wollte immer etwas Besonderes sein.«
Etwas Besonderes: Ein Kind, das sich und die Welt täglich neu erfindet. Etwas Beunruhigendes: Dieses Kind, das alles umgezaubert hätte, wäre es nicht immer wieder von Gerichtshöfen, bestehend aus Vater und Mutter, Tante und Lehrerin, daran gehindert worden. Deren Gesetze waren Verbote. Das Kind sollte sie lernen. Nicht für die Schule, sondern für das Leben. Da kann das Kind nur staunen!
Rechnen, schreiben, lesen – das hatte ihm noch eingeleuchet. Aber was ist mit »Stillgesessen! Hände auf den Tisch! Schwatz nicht!«?
Verfehlungen werden in das Klassenbuch eingetragen. Laufende Nummer, Jahr, Monat, Tag, Name und Alter des Schülers, Name und Stand der Eltern resp. der Vormünder, Art der

Vergehung, Art der Züchtigung, Bemerkungen. Jeder Eintrag ein Tadel, drei Tadel ein blauer Brief.
Die Schülerin Irmgard Keun schwatzt und schweigt, sie schreibt ab und sagt vor, sie spielt und träumt, Klassenclown an guten Tagen und Klassenqual an schlechten, und manchmal läßt sie sich überhaupt nicht blicken; versteckt sich im Stadtwald oder verliert sich in den Feldern und Wiesen hinter dem Haus und phantasiert vom eigentlichen Leben, wo alles erlaubt und alles möglich ist.
Ihre Sehnsucht schlägt als Vergehung zu Buche. Art: Wiederholtes unentschuldigtes Fernbleiben vom Unterricht. Art der Züchtigung: Ein Hausaufsatz zu dem Thema ›Lebe wie du, wenn du stirbst, wünschen wirst, gelebt zu haben‹.
Lieber stürbe sie gleich, als darüber zu schreiben! Sie sitzt am Tisch, kaut auf dem Federhalter und stiert aus dem Fenster. Warum schreibt sie nicht, was sie sieht?
Im Garten belauert eine Katze einen Vogel, neben den Müllkästen blüht hellblau ein Hortensienstrauch, Kriegers Hund kläfft an zu kurzer Kette, und Christine ist ein uneheliches Kind – *und bildet sich nichts darauf ein. Andere Kinder sind oft so eingebildet und affig und dabei überhaupt nichts Besonderes.*
Soll sie darüber schreiben?
Es ist schon sieben, gleich geht die Sonne unter, sie fliegt davon.
Sie haßt Zwang, und sie kann nicht in vorgebenen Bahnen denken. Sie lernt intuitiv, nicht systematisch, und sie behält nur das, wofür sie sich interessiert.
Chamissos ›Alte Waschfrau‹: »Siehst du geschäftig bei den Linnen . . .« und das ›Lied vom braven Mann‹, der sich für seinen Nächsten aufopfert, interessieren sie nicht. Weder hat sie vor zu dienen, noch gedenkt sie sich aufzuopfern.
Sie will etwas Besonderes werden.

Doch die Zeiten dafür sind besonders schlecht:

Anderthalb Jahre nach dem Umzug der Familie Keun nach Köln bricht der Erste Weltkrieg aus. Als er zu Ende ist, ist Irmgard Keun knapp vierzehn, und die Lebensumstände und finanziellen Verhältnisse der Eltern sind unverändert und ebenso wenig eindrucksvoll wie vor dem Krieg. Zwar hatte die C. B. R. während der Kriegsjahre Gewinne gemacht, aber sie hatte auch viel investieren müssen: Weil das Benzingeschäft immer mehr zurückgegangen war – schließlich wurde der Krieg vornehmlich zu Fuß und zu Pferde geführt, und private Abnehmer gab es kaum – war das Werk auf die Fabrikation von Lack umgestellt worden. Nach Kriegsende bringen auch die Lacke nicht mehr genug Geld ein, und die Herren Keun und Koseberg beschließen, Händler zu werden: Sie kaufen und verkaufen, was auf dem Markt zu haben ist. Das allerdings mit einigem Geschick. Es gelingt ihnen, immerhin drei Viertel des ursprünglichen Stammkapitals über die Inflationszeit in die stabilere Ära der Rentenmark hinüberzuretten. Dabei erweist sich als Vorteil, daß Eduard Keun bei Kriegsausbruch zu alt gewesen war, um noch eingezogen zu werden. So kennt er die Verhältnisse und weiß, wo was zu bekommen ist und wer was braucht. Er ist, verglichen mit anderen, erfolgreich, aber längst nicht so erfolgreich, wie er es sich in Berlin erträumt hatte. Warte, Elsa, warte ... Er besitzt immer noch kein Auto, nicht einmal einen Führerschein, und statt Stiefmütterchen wachsen Kohl und Kartoffeln im Garten.
Schlechte Zeiten!
Ohne Elsas Talente wären sie noch schlechter: Sie tauscht Petroleum gegen Honig; sie schneidert aus der umgefärbten Pferdedecke einen warmen Mantel für Irmgard und stabile

Hosen für Gerd; sie verwandelt klaglos den Blumengarten in Gemüsebeete.
Sie ist eine gute Frau. Eduard Keun kann sich keine bessere vorstellen, und er könnte zufrieden sein, gäbe es nicht immer wieder Schwierigkeiten mit Irmgard.
Nachdenklich geht er die Eupener Straße entlang in sein Büro. Es liegt auf dem Werksgelände der C. B. R., etwa fünfzehn Minuten von zu Haus entfernt, Eupener Straße 128 bis 144. Bis zur Kreuzung Malmedyer Straße führt ihn sein Weg an bescheidenen Stadtvillen vorbei, nicht unähnlich der eigenen, dann, bis zur Eschweiler Straße, an Siedlungshäusern entlang, und schließlich folgen kleine Mietskasernen, an deren letzte jenseits der Stolberger Straße das ausgedehnte Ehrenfelder Industriegebiet anschließt. Mittelstand, kleine Angestellte, Arbeiter – abzuschreiten in fünfzehn Minuten. Wären wir plötzlich arm, wir brauchten nicht einmal die Straße zu wechseln, wir müßten nur ein paar Nummern weiterziehen . . .
Eduard Keun lächelt: Was für Ideen! Merkwürdig, wirklich sehr merkwürdig . . . Er schüttelt den Kopf. Dabei merkt er, daß er die letzten Worte laut vor sich hingesagt hat. Er senkt den Blick. Hoffentlich hat ihn niemand gehört.
Er ist beunruhigt. Es ist nicht das erste Mal, daß die eigene Stimme unvermutet an sein Ohr dringt. Was ist los? So alt bin ich doch noch gar nicht!
Ob der alte Koseberg womöglich recht hat? »Kein Wunder, mein lieber Keun, wenn man bei seiner Frau keinen Stich abbekommt . . .«
Nein! Elsa redet zwar viel, aber unter ihrem Pantoffel steh ich deshalb noch lange nicht! Nein, nein und nochmals nein! Und außerdem geht's Koseberg nichts an!
Er denkt schon wieder laut. Der befremdete Blick der Nachbarin verrät es ihm. Just bei seinem ersten, mit Aplomb

herausgeschleuderten »Nein« hat sie den Kopf aus der Tür gesteckt, in der Hand ein blauverwaschenes Staubtuch mit üppiger roter Stickerei: Reinlichkeit ist eine Zier.
Er lüftet höflich den Hut: »Einen schönen guten Tag.«
Frau Krieger grüßt zurück.
Seltsame Familie, diese Keuns ... Wohnen nun schon jahrelang hier, aber immer nur heißt es: Guten Tag und Guten Weg. Kein Wort mehr. Na ja, vielleicht ist es auch besser so, bei dieser Tochter ...
Siebzig Jahre später ist diese Meinung in der Eupener immer noch zu hören. Bis Mitte der sechziger Jahre hat Irmgard Keun mit Unterbrechungen in ihrem Elternhaus gewohnt. Es gibt Nachbarn, die sich noch an sie erinnern.
Selbsterlebtes mischt sich mit Nacherzähltem. Der Sohn hat es von der Mutter, der Sohn war damals noch ein Kind, jünger als Irmgard und Gerd. Er ist unsicher, er zögert. Manches wisse er nur vage, und überhaupt stecke man in so einem Menschen ja nicht drin. Exzentrisch sei sie gewesen, laut, aus allen ihren Brünnlein sollte Schnaps fließen, und manchmal habe sie beim Überqueren der Straße geschwankt.
Er stockt, hält inne.
Was soll er sagen, was nicht? Ist es wichtig, daß sie eine Nachtschwärmerin war, eine leidenschaftliche Taxibenutzerin, eine schlampige Erscheinung? Daß sie den Karneval liebte, und daß nach 1945 oft Besatzerkarossen vor ihrer Tür parkten? Wen gehen ihre zerrissenen Strümpfe etwas an, ihre Herrenbesuche, das verfallene Haus?
Er schweigt.
Die Spuren sind verwischt. Die Eupener Straße ist längst keine bessere Gegend mehr. Die Felder und Wiesen hinter den Häusern sind bebaut, aus dem Haus Nummer neunzehn wurde vor vielen Jahren ein häßlicher, grau verputzter Apart-

mentbau mit zehn winzigen Wohnungen auf vier Etagen. Im Souterrain wohnt ein Student. In ihrem Zimmer.
Der Blick aus dem engen Fenster führt knapp über die Grasnarbe bis zu den Büschen am Ende des Grundstücks. Das Kind liebte diesen Blick und vermißte zugleich den anderen. Um den Himmel zu sehen, mußte es den Kopf weit in den Nacken legen.
Ich möchte alle Lampen streicheln. Sie sind doch Licht. Ein Satz aus dem Journal der alten Frau, aufgeschrieben in einem *Loch von Lokal*. Einer Höhle, wie ihr Zimmer zu allen Zeiten eine Höhle war.
Ihr Zimmer.
Von hier aus brach sie auf, hierher kehrte sie immer wieder zurück, Keuns schwierige Tochter: Kein Familienmensch, aber ohne die Familie verloren; voller Freiheitsdrang und dabei abhängig bis zur Unselbständigkeit; Kind bis ins hohe Alter, ohne je Kind zu sein.
Diese Tochter, die Else Urys ›Nesthäkchen und der Weltkrieg‹ gelangweilt beiseite legte und lieber André Gides ›L'immoraliste‹ las; die eher als alle anderen poussierte; die keinem Konflikt auswich und denen, die sie liebte, keinen Kummer ersparte.
»Ich konnte machen, was ich wollte. Sie liebten mich.«
»Wer?«
»Alle . . . irgendwie.«
»Alle?«
»Nein. Meine Eltern.«
Ihre Stimme hat Klauen. »Als ich zwölf Jahre alt war, wurde meine Mutter in das Lyzeum Teschner gerufen, und es wurde ihr gesagt: Ihre Tochter verkehrt doch so viel mit jüdischen Kindern, und die sind doch alle so frühreif. Und da wurde mein Vater sehr aufgeregt und sehr böse und sagte: Meine

Tochter verkehrt, mit wem sie will! – Ich ließ mir meine Freundschaften nicht versauen und wurde noch böser, als ich war.«

Böse wie ›Das Mädchen, mit dem die anderen Kinder nicht verkehren durften‹...?

Fragte ich sie, sie würde es leugnen.

Eines ihrer Bücher, ihr drittes – ist die Geschichte einer Kindheit im Ersten Weltkrieg. Und als wollte sie nicht mehr über diese Zeit verraten, als sie dort erzählt hat, sind die Notizen, die sie im Alter über diese Jahre niederschrieb, und die Erinnerungen, die sie in späteren Gesprächen preisgab, vor allem Zitate daraus und alte Ideenschnipsel: Die Freude an den klappernden Holzschuhen, die Begeisterung für Giraffen, die marode Petroleumfabrik des Vaters, der unerwünschte Bruder, die Gemüse pflanzende Mutter – alles längst verwertet. Auch die erste Liebe.

Das letzte Kapitel des Kindheitsbuches heißt: ›Die große Leidenschaft‹. Sie gilt einem Mann von der Bühne, einem Opernsänger, und unsere Heldin ist dreizehn, als sie ihre Gefühle für ihn entdeckt. Die beste Freundin hört gefesselt zu.

Jeden Tag muß ich Elli was Neues erzählen – meine leidenschaftliche Liebe wurde immer leidenschaftlicher, und alles war schön wie in der Wirklichkeit. Und wenn ich der Elli so erzählte, glaube ich manchmal richtig, alles wär' wahr.

Wahr ist: Sehr jung hat Irmgard Keun den um dreiundzwanzig Jahre älteren Theaterregisseur und Schriftsteller Johannes Tralow kennengelernt, ihren späteren Mann. Dreizehn will sie gewesen sein, nach ihrer Zeitrechnung – was bedeutet, daß sie achtzehn war.

1923 verläßt Tralow Köln. Sie bleibt zurück. In seinen (unveröffentlichten) Lebenserinnerungen schreibt er: »In meinem Leben sollte sie jedoch noch eine große Rolle spielen. Ob eine gute oder eine schlechte – wer will das ermessen? Gut ist alles, was zu Erkenntnissen führt, und daran hat es in diesem Fall nicht gefehlt.«

Er nennt sie seinen Kolibri und einen Schmetterling. Sie sei witzig und wild gewesen, anregend und sprühend.

Irmgard Keun ist achtzehn, als ihr Schwarm nach Frankfurt geht. Sie ist Schauspielschülerin. Noch fehlt der *Glanz*, doch ihrem Ziel, etwas Besonderes zu sein, ist sie schon ein wenig näher.

Den Weg dorthin empfindet sie als Umweg. Er war ihr von den Eltern verordnet worden.

Und von den Verhältnissen.

»Ich sehe mich in Bildern«
Büro, Bühne oder Bücher?

IRMGARD KEUN ELSE RAMBAUSEK GERTRUDE DONATH

Wünschst Du ein günstiges Konterfei,
Dann geh' zu Arnold Mocsigay

Photographisches Atelier 1. Ranges Hauptgeschäft: Neuerwall 46 hpt. Alster 1231
Inhaber: Hans Wunderlich. Gegründet 1897 Filiale: Eimsbütteler Chaussee 15. Nordsee 1917

AUGUST G. VILLA :: HAMBURG
Hauptgeschäft: Hermannstr. 15/17, Zweiggesch.: Wachtelstr. 6
Spezialwerkstätten für
orthopäd. Fußbekleidung
Mode- und Sportstiefel
Fachmän. Auskunft in
Fußleiden gratis und
- ohne Verbindlichkeit -
Sprechzeit: 3-5 Uhr außer Mittwoch und Sonnabend
Fernsprecher: Hermannstr. C 3 Centrum 4218, Wachtelstr. Elbe 7334

LUISE WENTZIEN
BLEICHENBRÜCKE 10

40 w 20 = Abflu J

Oben: Programmheft des Thalia-Theater, Hamburg,
wo Irmgard Keun in den Zwanziger Jahren engagiert war.
Vorderseite: Irmgard Keun, um 1930

Schlechte Verhältnisse.
Sorgen im Hause Keun. Sorgen im Haus und in der Fabrik. Die Kompagnons Keun und Koseberg sind Großhändler geworden. Seit neuestem handeln sie wieder ausschließlich mit Benzin. Weil der Kontakt zu den rumänischen Produzenten durch den verlorenen Krieg abgerissen ist und weil über den Seeweg eingeführtes Benzin nicht so viel kostet, bezieht die C. B. R. es nun per Kesselwagen und Rheinkahn aus Antwerpen, einem der großen Einfuhrhäfen. Ihre Abnehmer im Kölner Raum sind Garagen und Speditionen. Tankstellen gab es noch nicht.

Die Konkurrenz ist groß, die Zahlungsmoral der Kundschaft schlecht, und um Lieferungen zu günstigen Preisen zu bekommen, müssen den belgischen Importeuren erhebliche Mengen abgenommen werden. Die C. B. R. arbeitet nach der Devise: Großer Umsatz, kleiner Nutzen. Das geht nicht lange gut. Sie verschuldet sich bei den Lieferanten und gerät dadurch in Abhängigkeit. Es wird erwogen, das Geschäft zu verkaufen, aber kein Interessent ist bereit, die gesamte Anlage zu übernehmen: die Handelsfirma und die stillgelegte, inzwischen völlig veraltete Benzinfabrik.

Eduard Keun ist ratlos. So hatte er sich die Selbständigkeit nicht vorgestellt. Sein Leben lang hat er gerechnet, seiner Familie Sparsamkeit gepredigt – und nun ist er verschuldet. Er fühlt sich alt, älter als seine dreiundfünfzig Jahre, alt und müde. Immerzu möchte er schlafen, doch kaum legt er sich nieder, ist er hellwach, und seine Gedanken jagen sich.

Elsa geht es nicht anders. Nächtelang liest sie, und wenn sie schließlich das Licht löscht, bedeutet das nicht Schlaf. Unruhig wälzt sie sich von einer Seite auf die andere.

»Was ist los?«

»Nichts, Eduard.«

»Was hast du da gelesen?«
Sie macht das Licht wieder an, nimmt das Buch vom Nachtkästchen und gibt es ihm: Emanuele Meyer: ›Vom Mädchen zur Frau. Ein zeitgenössisches Erziehungs- und Ehebuch. Allen reifen Töchtern, Gattinnen, Müttern und Volkserziehern gewidmet.‹ Das Lesebändchen liegt im Kapitel: Geduld mit der Jungfrau. Er sieht sie forschend an.
»Irmgard . . .?«
Sie nickt.
Er seufzt. Das hat ihm gerade noch gefehlt. Als ob er nicht genug um die Ohren hätte! Wieso wird Elsa mit dem Mädel nicht fertig?
»Sie wird immer schwieriger, Eduard. Sie läßt sich einfach nichts mehr von mir sagen.«
Elsa hat sich im Bett aufgerichtet. Egal, was mit der Fabrik ist, sie muß mit ihm reden.
»Hier«, sie zeigt auf das Buch, »das hatte ich ihr ins Zimmer gelegt. Und was geschah? Ein paar Tage später gab sie es mir lachend zurück und sagte: Zu spät, Mama. In einem Ton, Eduard, du kannst es dir nicht vorstellen!«
»Zu spät?« Eduard fährt hoch.

»Stimmt das, Irmgard?«
Ich bin es, die das fragt, sechzig Jahre später.
»Irgendwie . . . ja. Ich hab doch alles so schrecklich früh gemacht. Das war fremde Welt. Und fremde Welt mocht ich. Irgendwann hab ich dann mal interessehalber mit ihm geschlafen.«
»Mit wem?«
»Einem Psychiater. Der hätt mich am liebsten gleich geheiratet . . . Alle wollten mich immer gleich heiraten.«
Sie lächelt kokett. Das paßt nicht.

»Und deine Eltern? Was haben deine Eltern gesagt?«
»Irgendwie . . ., die war'n überfordert mit mir.«
Sie hat aufgehört zu lächeln. Das paßt.

»Du mußt mit ihr reden, Eduard.«
»Ich?«
Er wendet sich ab und beginnt, in dem Buch zu blättern, liest hier, liest da und liest sich schließlich fest, erst halblaut, dann laut.
»Das Mädchen gerade in den Jahren des Reifens, der Gärung, der inneren Schwierigkeiten von den zersetzenden Einflüssen des Zeitgeistes freizuhalten und es einzuführen in die Werdegänge des bürgerlichen, staatlichen und gesellschaftlichen Lebens, seine Weltanschauung festzulegen und zu reifen, der Jungfrau Denken und Empfinden im Widerspiel der eigenen, zu dieser Zeit so rätselvoll stürmenden Seele rein und klar zu erhalten inmitten der anstürmenden Versuchungen, vorab unserer Großstädte – das ist ein Werk, das tiefe Hingabe, unerschütterliche Geduld und feinen Takt erfordert . . .«
Kopfschüttelnd sieht er vom Text auf.
»Und das hast du Irmgard gegeben . . .?«
In seiner Stimme schwingt Unglauben, Vorwurf und leiser Spott.
»Fällt dir was Besseres ein, Eduard?« Elsa wird scharf.
Er klappt das Buch vernehmlich zu. »Ich denke doch!«
Jetzt wird gehandelt. Gehandelt mit Irmgard. Die Frage: Was soll aus ihr werden, verlangt eilige Antwort: Ihre Schulentlassung steht ins Haus. Beschlüsse sind zu fassen und Entscheidungen zu fällen, und dieses Mal wird Irmgard nicht gefragt, dieses Mal ziehen wir andere Saiten auf.
Die Frau staunt still! Arbeiten soll Irmgard! Wie stellt sich Eduard das nur vor? Sie ist doch erst sechzehn . . .

Elsa Keun hatte an den Besuch der zweijährigen Höheren Handelsschule oder der Frauenschule gedacht; die Regel für eine Absolventin des Lyzeums. Eduard Keun bestimmt Irmgard zur Ausnahme: Sie soll zu ihm in die Firma als Kontoristin. Gleich nach dem Einjährigen. Denn, sagt der Mann und redet sich, unsicher wie er ist, in rasende Fahrt, was sie auf der Handelsschule lerne, lerne sie bei ihm erst recht, recht und billig. Und einmal in Schwung geraten, verfällt er aufs Scherzen und erklärt, Irmgard auf eine Frauenfachschule zu schikken, sei so erfolgversprechend wie der Versuch, Kriegers Hund das Tanzen zu lehren. Und dafür Schulgeld, Elsa? Das wäre rausgeschmissen!

Elsa seufzt. Sparen, sparen, sparen. Wird das denn nie besser? Seit Wochen schon sammelt sie Ausbildungsangebote für die Töchter der gebildeten Stände aus dem Gartenlaube-Kalender, um sie bei bester Gelegenheit aufs Buffet neben seine Lesebrille zu legen. Jetzt weiß sie: Alles vergeblich! Weder das Töchterheim Haus Hagenthal noch die Villa Schreiber mit angeschlossener Koch- und Industrieschule werden ihre Irmgard als Schülerin begrüßen. Die Fertigkeiten einer künftigen Gattin, zu erlernen für 350 Mark im halben Jahr, Pension eingeschlossen, werden unerlernt bleiben: Kochen, Waschen, Plätten, feine Handarbeiten, Turnen und Gesang, außerdem Kinderbetreuung, Deutsch und Literatur.

Elsa seufzt noch einmal, sie hatte sich alles ganz anders vorgestellt.

Und Irmgard?

Tobt sie, weint sie, bittet sie? Sitzt sie dem Vater auf dem Schoß und schmeichelt mit Bildern: Irmgard Keun, deine Tochter, als Schauspielerin, erst jugendliche Salondame, später erste Heldin?

Oder folgt sie der väterlichen Empfehlung zum kleinen or-

dentlichen Leben . . .? *Tagesplan einhalten. Nicht abweichen vom System. Nicht schlappmachen. In der kleinsten Kleinigkeit nicht.*
Träume treten in Konkurrenz: Bühne oder Büro?
Sie ist hübsch. Warum sollte sie nicht zur Bühne?
Sie ist hübsch. Das hilft ihr auch im Büro.
Rede und Gegenrede. Schließlich. Wer sagt es ihr? – Du. – Nein, du. – Das ist Frauensache. – Findest du? Ich finde, das betrifft uns beide. – Also wann? – Gleich. – Nein, lieber erst morgen, wenn Gerd nicht da ist . . .
Gerd, gutes Kind; Gerd, gerade auf dem Gymnasium; Gerd, bald elf; Gerd, der künftige Student – Mathematik und Geographie – im Zimmer mit Balkon und Ausblick.
Die Urteilsverkündung findet am Frühstückstisch statt. Drei Paar wasserblaue Augen starren sich an, zwei voller Rechtschaffenheit, eines voller Trotz. Dann wird geschwiegen.
Irmgards Blick wandert von Vater zu Mutter und wieder zurück, ein für allemal, als fotografiere sie die Szene:
Jeder ist stumpf beflissen mit sich selbst beschäftigt. Der vollkommene Mangel an Unterhaltung kennzeichnet das Anständige, Legitimierte der Familie. Man liebt sich und ist sich treu, eine Tatsache, die, zur Alltäglichkeit geworden, nicht mehr besprochen und empfunden werden muß . . .
Das also sind die Eltern.
Die Richter über ihre Zukunft.
Zehn Finger blind und auch sonst nichts sehen!
Tick-tick-tick – rrrrrrr – bezugnehmend auf Ihr Schreiben vom 18. des . . . tick-tick-tick – rrrrrr . . . einliegend überreichen wir Ihnen . . . tick-tick-tick . . . im Anschluß an unser gestriges Telefongespräch teilen wir Ihnen mit . . .
Die Kontoristin Keun tippt einen Brief, vom Vater diktiert. Ihre Finger tanzen über die Tasten, die Nägel sind schon stumpf geschrieben, und kleine Wunschbilder brennen in

ihren Augen, daß sie schmerzen. Kind, sagt der Vater, *die Zeiten sind schlecht. Keiner ist gern, was er ist. Keiner tut gern, was er tut.*
Was tu ich denn?
Die Kontoristin Keun – oder ist es das Kind am Frühstückstisch? – stützt den Kopf in die Hände.
Achtstundentag, Schreibmaschine, Stenogrammblock, Gehaltskürzung, Ultimo – immer dasselbe, immer dasselbe. Gestern, heute morgen – in zehn Jahren.
»Sitz gerade!« schelten die Eltern.
Sie tut es, reckt den Rücken und strafft die Schultern.
Jetzt sind ihre Augen himmelblau: In zehn Jahren bin ich ein *Glanz*.

Und sie wurde ein *Glanz*!
Genau zehn Jahre später, im Jahre 1931, erscheint Irmgard Keuns erster Roman: ›Gilgi – eine von uns‹. Ein sensationeller Erfolg, sechs Auflagen im Erscheinungsjahr, dreißigtausend verkaufte Exemplare. Gilgis Geschichte ist in aller Munde: Wie ihr kleines geplantes Leben durch die Liebe zu einem Mann gefährlich durcheinandergerät, wie sie fast ihre Selbständigkeit und Unabhängigkeit verliert und um welchen Preis sie sie wiedergewinnt . . . Gilgi ist Stenotypistin, energisch und ehrgeizig, ein Mädchen ohne bürgerliche, aber mit Arbeitsmoral. Sie beobachtet ihre Umgebung und die Menschen ihrer Umgebung unsentimental genau: Sie will nach oben, aus eigener Kraft, der Weg nach oben muß erkundet werden – und vorbereitet. Sie lernt Sprachen: Englisch, Französisch und Spanisch, denn: *Wenn man drei Sprachen perfekt kann, ist man gegen Stellungslosigkeit wohl so ziemlich gesichert.*
Man ist es nicht.
Gilgi verliert ihre Arbeit. Die Liebe, die sie gewinnt, ist kein

Ersatz, sondern bedeutet weitere Gefährdung. Der Geliebte, über zwanzig Jahre älter als sie, ist ein Bohemien, ein Künstler, eine unsichere Existenz. Gilgi verläßt ihn, aus Liebe: *Ein Mensch kann sich wohl von sich aus ändern – aber einen anderen ändern wollen, heißt sich und ihm das Leben schwermachen.*

Sie ist desillusioniert. Aber nicht entmutigt. Sie weiß um die Ursache ihres Scheiterns. Sie hat über sich und den Zustand der Welt nachgedacht. Allein bricht sie auf in eine ungewisse Zukunft.

War ihr Lebensziel zu Beginn die Unabhängigkeit, so hat sie es nun erreicht: Sie ist von niemandem mehr abhängig. Sie ist erwachsen geworden. Das Kind, das sie erwartet, wird sie ohne Mann aufziehen. *Mensch sein – das heißt was – da gibt's kein Unterkriechen in der Gesamtheit mehr – da heißt's allein sein.*

Sechsundzwanzig Jahre alt ist Irmgard Keun, als sie das schreibt. Um es schreiben zu können, hat sie es ein Stück erleben müssen: als Bürohilfe in der väterlichen Firma, als Schauspielschülerin am Kölner Stadttheater, in Bühnenengagements in Hamburg und Greifswald, als Stenotypistin in Köln, nachdem weitere Engagements ausblieben.

Zehn Jahre sind seit der väterlichen Entscheidung vergangen, aus dem Umweg ist ein Weg geworden. Jeder Schritt auf dem Weg – eine Erfahrung; jede Erfahrung – Material für die künftige Schriftstellerin. Die Schriftstellerin als Chronistin der eigenen Geschichte; die eigene Geschichte als Fallbeispiel typischer Frauenexistenzen in der Weimarer Republik.

Selbstverliebt und zugleich süchtig nach Beobachtung ist Irmgard Keun ihren Weg gegangen, traumlustig und erlebnishungrig. Daß sie hübsch war – hübsch wie Gilgis Freundin Olga –, hübsch auf eine weiche, etwas altmodische Art, ließ sie manche Hürde leichter nehmen; für ein Leben ohne Hür-

den war sie zu gescheit. Eine doppelt blendende Erscheinung: das *blühendste Blondinengesicht* auf den ersten, der *Verstand eines jüdischen Essayisten* auf den zweiten Blick nahmen gefangen. Jeden. Auch sie selbst, die diesen Widerspruch leben sollte . . .
Zeiten der Ruhe waren rar in diesem Leben, und nur in der verklärenden Erinnerung konnte Irmgard Keun sie genießen – oft als Erfindung: die behütete Kindheit und Jugend in Berlin und Köln, die Arbeit in der Firma des Vaters, die Ausbildung als Schauspielerin, den Eltern abgeschmeichelt nach zwei Jahren, als es mit der C. B. R. langsam wieder bergauf geht . . .

1923: Die Bürokraft Keun verabschiedet sich. Was sie gelernt hat, wird sie nie vergessen. Es grüßt die Schauspielschülerin Irmgard.
Sie wird bereits erwartet.
Endlich!
So jedenfalls will es die Legende.
So will Irmgard Keun es. Einspruch läßt sie nicht gelten. Sie war ein Star. Jeder weiß es.
Sie spielt sich, wie sie sich schreibt.
Sie schenkt sich Erfolge. Sie schenkt sich Liebe. Sie schenkt sich vom Selbstverdienten einen Pelz. Feh. Den zieht sie fest um die Schultern, als fröstelte es sie, und läßt ihn gleich wieder sinken, mit langsamen, kostbaren Bewegungen. Sie ist ein Mädchen aus Marzipan und Seide. Sie hat das Geheimnis und viele Talente.
»Sagten alle«, sagt sie, »auch Alfred Döblin, auf Lesereise in Köln . . .«
Die alte Geschichte, oft erzählt, ein Talent wird entdeckt: »Wenn Sie so gut schreiben, wie Sie erzählen . . .«
»Wenn Sie so gut spielen, wie Sie aussehen . . .«

Sie spricht die Sätze wie ein Tischgebet, auswendig und ohne nachzudenken.
»Und immer waren es Kerle«, sagt sie, »kannst du dir ja vorstellen.«
»Klar«, antworte ich – und stelle sie mir vor. Männer, die Schlange stehen, zur Ausschweifung bereit. Sie bestellen Champagner statt Schaumwein und sagen »Auf Ihr ganz Spezielles . . .« statt »Prost«.
»Prost«, sagt sie, »geht runter wie Öl, das Zeug«, und fühlt sich zinnoberrot und federleicht.
Nachts sitzt sie im Treppchen unter Künstlern, und alle staunen: Wie schön sie ist! Warum ist sie nicht beim Theater? Einer legt dabei den Arm um sie: Johannes Tralow, Regisseur am Stadttheater, eine Lokalgröße, verheiratet, umschwärmt, ein Mann, der die Frauen liebt. Er küßt ihr das Knie. Sie fühlt sich verstanden. Andere Männer kamen ihr immer gleich mit den Händen. Tralow kommt ihr mit Komplimenten. Er hört ihr zu. Er lacht mit ihr. Er hält ihr stets den Platz an seiner Seite frei. Dort ist es, als säße sie in der Sonne. Er ist ein Mutmacher, ein Anstifter. »Aus dir wird noch was ganz Besonderes.« Die Schauspielerei ist der erste Schritt, weitere sollen folgen. Als sie hört, daß seine Frau ein Verhältnis mit einem Kollegen vom Theater hat, freut sie sich. Warum sollte er keine Freundin haben . . .?
Irgendwo muß man doch einmal hingehören.
Sie sitzt in der Straßenbahn und träumt. Sie sitzt am Abendbrottisch und träumt. Sie rollt sich auf dem Bett zusammen. Wie es wohl sein wird? Er hat ihr Alpenveilchen geschenkt, mit Blütenblättern wie rote Schmetterlinge. Sie nimmt den kleinen Strauß vom Nachtkasten, betrachtet ihn lange, riecht daran – und legt ihn sich plötzlich auf die Brust, ohne zu wissen warum. Jetzt hätte sie gern ein Grammophon und nur noch Wäsche aus

Bembergseide, die Säume handgerollt, und einen Schmuck und überall teuren Duft. Aber nicht Elida Ideal, doppelt parfümiert, das Stück zu einer Mark, sondern . . . Chypre? Nein, was Besseres! Sie streicht sich zärtlich über die Haut, fühlt sich gut an, wirklich, und spürt die Blumen. Alpenveilchen auf der Brust!? Meine Güte, ist ja wie im Grab hier!
Sie springt auf und stellt sich vor den Spiegel. Was sie sieht, gefällt ihr: der rosige Teint, die knallblauen Augen, die vollen Lippen, die hohe runde Stirn, die blonden Locken. Echtblond! Wie hatte er sie noch genannt? Entzückend! Entzückend wie eine Erscheinung aus dem Rokoko. Sie pfeift vergnügt. Nicht schlecht für den Anfang! Sie kann zufrieden sein, Irmgard Keun, achtzehn Jahre alt.
Jetzt nur noch schnell die Knie gepudert – man kann nie wissen! – und dann los! Vielleicht wartet er schon . . . Sie schließt die Augen und sieht sein Gesicht. Die Zeit des wahllosen Herumsuchens ist vorbei.
Tralow, der Gefundene, fühlt sich geschmeichelt: So ein junges Ding! Ist doch verrückt, das Mädel!
Mehr fühlt er nicht.
Anderes ist wichtiger: der Umzug nach Frankfurt, ein interessantes Engagement als Spielleiter, die Karriere . . . Und irgendwann wird man sich bestimmt wiedersehen . . .
Seine Abschiedsstimme ist *dunkelgrünes Moos*. Ihre Stimme flattert rot.
»Bestimmt sehen wir uns wieder!«
Bald, sehr bald. Aber das sagt sie nicht. Und er kann Ungesagtes nicht hören.
Kurz darauf reist sie ihm nach. Heimlich. Eine Überraschung. Ein Geschenk. Denn: *Warten ist furchtbar unmoralisch, weil's so sinnlos ist. Man darf sich doch seine Wünsche nicht fortlügen.*
Als sie vor seiner Tür steht, ist eine andere Frau bei ihm.

Er läßt sie nicht ein, sagt irgend etwas wie: Morgen, Palmengarten, um vier im Café.
Sie stürzt davon. Das vergißt sie ihm nie!

Und sie hat es ihm nicht vergessen, bis ins hohe Alter nicht.
Und sie hat ihn dennoch geheiratet, neun Jahre später, am 10. Oktober 1932 in Cochem an der Mosel.
»Er wollte es, er! Ich nie! Ich wollte nie heiraten!«
Sie mustert mich mit Radarblick. Ich soll ihr glauben.
»Hat er dich geliebt?«
Sie lacht spöttisch.
»Männer lieben nur ihre Investitionen!«
»Hat er in dich investiert?«
Sie schweigt.
Und wenn sie investiert hätte ..., ihr erstes großes Gefühl?

Am nächsten Tag kehrt Irmgard Keun nach Köln zurück.
Sie wird sich rächen. Sie ist eine Hasserin. Sie wütet laut. Sie wütet leise. Am liebsten beim Wein. Das hilft. Freundinnen aus der Schauspielschule leisten ihr Gesellschaft. Bis auf die zurückhaltende Sybille Schmitz kann Irmgard alle gut leiden.
Sybille stört sie: Ihre Ruhe, vielleicht auch ihr Talent – und die Tatsache, daß sie eine Liebe hat, echt und erwidert, heimlich und heftig.
Nein, damit will sie nichts zu tun haben: »Nun laß das stille Kind mal weg!«
Sie will es laut.
Sie baut eine Barrikade aus Worten und Geräuschen um sich.
Sie ist der Mittelpunkt. In der Mitte ist es still, still wie im Herzen des Hurricans. Dort sitzt sie und macht sich Notizen.
Sie hat sich ihre erste schwarze Kladde gekauft. Wer weiß, vielleicht schreibt sie eines Tages alles auf...

Wenn Johannes Tralow in Köln zu tun hat, treffen sie sich. Manchmal zeigt sie ihm ihre Texte. Dann lobt er sie. Sie ist wirklich entzückend. Früher ist ihm das gar nicht so aufgefallen. Sie lächelt. Etwas zu erfahren und zu hoheitsvoll für ihr Alter, findet er. Sie ist einundzwanzig. So wie früher wird es nie wieder sein!
Er rät ihr, sich jünger zu machen. Sie sehe jünger aus, und für eine Schauspielerin machten sich ein paar Jahre weniger immer gut. Es sei ganz einfach: Beim ersten Engagement müsse sie für die Eintragung ins Bühnenjahrbuch einfach ein falsches Geburtsjahr angeben. Im Vertrauen: Er habe das vor Jahren auch getan.
Sie sieht ihn an. Er könnte ihr Vater sein. Er ist dick geworden, und seine Haare sind deutlich dünn. Eigentlich gefällt ihr der eigene Vater besser. Ihr schlanker Vater mit den geraden Schultern und dem aufrechten Gang. Ein feiner Mann, ein richtiger Herr, sagen die Nachbarn, nicht mehr der Jüngste, aber er halte sich tipptopp! Und Gerd komme ganz nach ihm. Über Elsa und Irmgard wird eher getuschelt: Die eine eine einfache Frau, die andere wohl schwierig . . .; und die Nachbarn nicken einander zu, voller Verständnis: Der arme Mann! Der arme Mann wird indessen reicher, ein wenig jedenfalls, denn die Geschäfte der C. B. R. laufen besser, seitdem Rudolf Koseberg seinem Sohn Karl seine Anteile überlassen hat. Karl, in den USA ausgebildet, ist voller Elan. Es gelingt ihm, den Handel von Autobenzin auf technische Benzine umzustellen. Die neugewonnene Industriekundschaft – Ölmühlen und Lackfabriken –, die diese Benzine zur Weiterverarbeitung benötigt, ist zuverlässiger und zahlungskräftiger als die Einzelhändler, an die zuvor geliefert wurde. Der dringend benötigte neue Henschel-Lastwagen kann gekauft werden und kurz darauf ein Vomag-Tankauto.

Und privat? Nein, kein Automobil, aber Elsa bekommt einen neuen Teppich für den Salon, Gerd einen Globus und Irmgard einen kleinen Zuschuß zum ersten Engagement.
1927 ist es soweit. Irmgard Keun hat bei Hermann Röbbeling, dem Direktor des Hamburger Thalia-Theaters, vorgesprochen und ist angenommen worden. Für 60 Mark im Monat engelt sie eine Spielzeit lang bis zum Sommer 1928 durch das Repertoire der hanseatischen Konversationsbühne. Auf dem Spielplan stehen ›Der Brief‹ von Somerset Maugham, ›Der Biberpelz‹ von Gerhart Hauptmann, ›Ein besserer Herr‹ von Walter Hasenclever, ›Mädel von heute‹ von Gustav Davis, ›Der lebende Leichnam‹ von Leo Tolstoi, ›Der Kronprinz‹ von Arthur Ernst Rutra und ›Höhensonne‹ von Ludwig Fulda. Irmgard Keun spielt in allen Stücken Nebenrollen. In den Kritiken steht: »In einer kleineren Rolle beschäftigt ...« Oder: »Etwas farblos: Irmgard Keun.« In Hasenclevers Stück fällt sie auf als »süßes Schnütchen«; und nur ein einziges Mal wird mehr als nur ein Wort über sie verloren, und da gilt es weniger ihrer Schauspielkunst als ihrer Kühnheit. Das ›Hamburger Fremdenblatt‹ schreibt über die Aufführung vom ›Biberpelz‹: »Zum Schlusse noch eine Kuriosität. Die Spielleitung hat es fertiggebracht, auch in den Biberpelz noch eine Entkleidungsszene hineinzukomponieren. Die älteste Tochter Leontine ist das Opfer.«
Die Leontine wird von Irmgard Keun gespielt. Ihr Durchbruch ist es nicht. Sie ist eine talentierte Selbstdarstellerin, die Darstellung anderen Lebens gelingt ihr nur selten. Statt dessen stellt sie ihre Hübschheit aus. Sie ist eine von vielen, eine Karriere ist das nicht, und Hamburg bleibt ihr fremd. Als ihr Vertrag nicht verlängert wird, ist sie nicht traurig. Was läßt sie schon zurück?
Den sächselnden Direktor Röbbeling, der seine zehn Damen

und fünfzehn Herren wie unmündige Kinder behandelt; ein steifes Publikum, das nie auf den Gedanken käme, Rosen und Pelze auf die Künstlerin regnen zu lassen; Auftritte auf Wohltätigkeitsbällen als Flora mit einem Füllhorn voller Lose; ein klammes Untermietzimmer – sie hat es gemeinsam mit ihrer Freundin Ria Hans bewohnt, der ebenfalls in Köln ausgebildeten Schauspielerin, die in Erich Ziegels Kammerspielen ein Engagement hat.

Ria, die einzige Vertraute der Hamburger Zeit und ihre Gefährtin an spielfreien Abenden. Ria, heute die beste Freundin und morgen die größte Konkurrentin. Begabt mit einem Talent zum Schreiben und einem Talent zum Spielen, aber nicht so begabt wie sie. Und nicht so begehrt. Dafür fleißig und beständig. Eine Frau, die mit sich hauszuhalten versteht; für die verschwenderische Irmgard Provokation und Ruhepunkt zugleich. Ria ist da, wenn man sie braucht. Sie borgt ihr Geld. Sie hört ihr zu.

Und Irmgard erzählt, erzählt . . .

Ist niemand da, der ihr zuhört, dann schreibt sie. Am liebsten im Café, nachdem sie die Zeitungen durchgeblättert und ein, zwei Kreuzworträtsel gelöst hat. Die schwarze Kladde hat sie nun immer dabei.

Es wirkt, wenn ein Mädchen so dasitzt und schreibt! Sie ist sich dessen ganz sicher. Sie schreibt sich Mut an.

Und ich denke, daß es gut ist, wenn ich alles beschreibe, weil ich ein ungewöhnlicher Mensch bin. Ich denke nicht an ein Tagebuch . . . Aber ich will schreiben wie Film, denn so ist mein Leben und wird es noch mehr sein . . . Und wenn ich später lese, ist alles wie Kino – ich sehe mich in Bildern.

Die Bilder ihres Lebens.

Sie schreibt, was sie sieht und hört. Satzfetzen, die vom Nebentisch herüberwehen. *Ich höre immer auf das Gespräch – so*

was interessiert mich immer, man kann ja nie wissen, ob man nicht lernt dabei. Der müde Mund des Serviermädchens und ihre abgelaufenen Absätze, die zu teuren Zigaretten des mittleren Mannes, der Eindruck auf ein kleines Mädchen machen will. Aus Skizzen werden Szenen, aus Szenen Geschichten.
Eines Abends liest sie die erste der Freundin vor.
Es ist die Geschichte einer jungen Frau, die in einem Café sitzt und plötzlich unter ihrem Tisch etwas Glitzerndes entdeckt. Einen Schmuck! Zu tragen oder zu versetzen ... Vielleicht eine Brosche, silbern, mit Steinen, in denen Licht sich bunt bricht ... Wie werd ich damit wirken! Was werd ich mir davon alles kaufen können! Einen grünen Hut mit Feder oder einen Pelzbesatz aus Fuchs! Die Frau träumt sich einen kostbaren Tag. Ihr Gegenüber merkt es nicht – und soll es nicht merken. Vorsichtig läßt sie ihre Serviette vom Knie auf den Boden gleiten und schiebt sie mit dem Fuß über den Glanz. Ach, meine Serviette, sagt sie dann und bückt sich, um sie wieder aufzuheben, mitsamt der Beute. Sie befühlt das Tuch. Was es wohl ist? Warum geht der Mann nicht endlich! Soweit kommt's noch, daß sie mit der Serviette zum Klo gehen muß, um sich alles in Ruhe ansehen zu können! Zuerst wird sie einsilbig, dann schroff. Der Mann geht. Glücklicher Augenblick! Sie schließt die Augen, sieht Hut und Kragen – und zieht das Tuch behutsam auseinander. Ihre Fingerspitzen ahnen Steine, im Halbkreis angeordnet, filigrane Stäbe aus Metall und goldene Blütenblätter mit Brillantstaub – vielleicht ein Strauß aus Edelsteinen? Sie öffnet die Augen. Ihre Hand liegt auf einer – Talmibrosche. Der eigenen. Sie muß ihr vom Revers gefallen sein ...

Irmgard Keun liebte Schmuck.
In ihrem Nachlaß finde ich die Rechnung einer Kölner Gold-

schmiedin aus dem Jahre 1979: Viertausend Mark für eine Brosche und einen Ring. Das erste, was sie sich kaufte, als sie nach Jahren großer Armut durch die Neuauflage ihrer Bücher wieder zu Geld kam . . .

Sie wollte ein *Glanz* sein.

Als Schauspielerin war sie es nie. In Hamburg nicht. Und auch nicht in ihrem zweiten Engagement in Greifswald – 1928 bis 1929. Sie war immer nur ein hübsches Fräulein: Ferner – wirkten – mit . . .

Weitere Engagements wurden ihr nicht angeboten.

Im Sommer 1929 ist ihre Karriere als Schauspielerin beendet. Sie kehrt nach Köln zurück und zieht wieder in ihr Zimmer im Souterrain. Im Gepäck ein paar Kladden, im Kopf die Idee: Ich will schreiben.

Der Vater ist einverstanden . . . Er braucht eine Schreibkraft – und setzt sich durch.

Abends geht Irmgard Keun gelegentlich ins Treppchen. Sie trifft Johannes Tralow wieder, der gerade im Städtischen Schauspielhaus inszeniert. Völlig abgerissen war der Kontakt zwischen ihnen nie. Tralow schreibt auch. Sein erster Roman ›König Neuhoff‹ ist gerade erschienen. Er liest daraus, er läßt sich feiern, er fragt: »Und was machst du?«

Sie zuckt die Achseln.

Er sieht sie an. Das Früher ist noch nicht vorbei.

»Du mußt schreiben, unbedingt! So wie du erzählst, mußt du schreiben.«

Sie lacht.

»Tu ich ja. Von morgens bis abends bei meinem Vater im Büro.« Er will es nicht glauben. Sein kleiner Star! Sein Schmetterling! Aber es stimmt!

Der Schwarze Freitag hat die C. B. R. in neue Nöte gestürzt. Viele Kunden haben Konkurs anmelden müssen. Der Umsatz sinkt. Mitarbeiter werden entlassen. Die teuren zuerst. Irmgard ist billig; was sie verdient, bleibt in der Familie. Sie tippt. Bezug nehmend auf ... einliegend in ... im Anschluß an ... Manchmal schreibt sie auch. Inzwischen hat sie eine flaschengrüne Kladde.

Ich schreibe auf dem Büro ... Die Mädchen wundern sich und fragen, was ich schreibe. Ich sage: Briefe – da denken sie, das hat mit Liebe zu tun, und das respektieren sie.

In Wirklichkeit schreibt Irmgard Keun von ihnen, von ihrem kleinen Leben und ihren großen Träumen in schwierigen Zeiten. ›Gilgi‹ zwischen Arbeitslosigkeit und Wohlleben, ›Gilgi‹ zwischen Hakenkreuz und roter Fahne, ›Gilgi – eine von uns‹. ›Gilgi‹, jeden Abend ›Gilgi‹.

Wie gut, daß sie tippen kann! Sie denkt an den Vater und lächelt. Der Vater erkennt die Tochter nicht wieder.

1931 fährt Irmgard Keun mit dem fertigen Manuskript nach Berlin. Sie trägt es zum Universitasverlag. »Ich habe hier ein Manuskript von mir und wünsche bis spätestens übermorgen Antwort.«

Die Antwort ist am nächsten Tage da: »Bitte sofort kommen und Vertrag machen.«

Irmgard Keun, sechsundzwanzig Jahre alt, ist Schriftstellerin. Die Geschichte von der Annahme des Manuskripts stammt von ihr.

»Schampus für alle!«
Im Romanischen Café

Irmgard Keun zusammen mit Brigitte Helm, der Hauptdarstellerin in der Verfilmung von ›Gilgi – Eine von uns‹, Berlin 1932 (Ausschnitt auf der Vorderseite)

Irmgard Keun, um 1932

Der Verleger heißt Wolfgang Krüger. Zur Begrüßung sagt er: »Wir haben die ganze Nacht gelesen. Sind Sie zufrieden? Der Klofrau haben wir das Manuskript auch zum Lesen gegeben. Und die war entscheidend. Wir drucken es.«
Er zahlt ihr 400 Mark Vorschuß.
Soweit ihre Erinnerung.
400 Mark sind drei Sekretärinnengehälter.
Soweit die allgemeine Erinnerung.
Und die Kritiken? Sie reichen von entschiedener Anerkennung bis zu entschiedener Ablehnung. Das Buch macht die Runde, das Buch macht Skandal. Die Linke schimpft: Narkotika fürs Volk; die Rechte befindet: undeutsch gedacht und undeutsch geschrieben; die bürgerliche Mitte amüsiert sich – wie Krüger und Krügers Klofrau und alle Gilgis der Republik.
Kurt Tucholsky alias Peter Panter hat den Roman im fernen Schweden auf dem Nachttisch liegen; Bernhard Brentano und seinen Kollegen vom Bund Revolutionärer Proletarischer Schriftsteller liegt er auf dem Magen. Das allerdings erst, seitdem sein Erfolg nicht mehr aufzuhalten ist: Die Ufa hat ›Gilgi‹ verfilmt, mit Brigitte Helm in der Hauptrolle; der sozialdemokratische ›Vorwärts‹ druckt ›Gilgi‹ in Fortsetzungen ab, illustriert mit Filmfotos; und kaum eine Zeitung gibt es, in der Irmgard Keun nicht abgebildet ist: das einundzwanzigjährige literarische Wunderkind.
Ernst und aufmerksam sieht sie den Betrachter an. Der Blick eines Kindes. Der Kopf ruht in der rechten Hand, den Arm hat sie auf dem Tisch aufgestützt. Sie liebt diese Haltung, sie gibt ihr Sicherheit. Ihre dunkelblonden Locken reichen kaum bis zum Kinn und sind schnell gescheitelt aus der Stirn gekämmt, die Augenbrauen hoch ausrasiert und mit einem Stift

zu den Schläfen hin verlängert. Mund und Nase sind groß, aber nicht zu groß für das flächige Gesicht. Sie preßt die Lippen fest aufeinander. Sie hat geschrieben, was soll sie sagen? Sie sieht sehr jung aus und sehr erwachsen. Neben ihr sitzt, ganz und gar blond, die Schauspielerin Brigitte Helm und lächelt.

Ein Foto der Agentur Atlantic aus dem Jahre 1932, an alle Redaktionen geschickt. Bildunterschrift: »Mit sechzehn Jahren ging sie zum Theater, zunächst in die Schauspielschule in Köln, dann als jugendliche Salondame nach Hamburg und als erste Heldin nach Greifswald. Als sie kein neues Engagement findet, versucht sie sich auf Büroarbeit umzustellen und wird Stenotypistin. Die freie Zeit verführt sie dazu, zu schreiben zu versuchen, und so entsteht der Roman ›Gilgi, eine von uns‹.« Geschrieben von einer, die weiß, wovon sie schreibt: Irmgard Keun, eine von uns ...

Bernhard Brentano bestreitet es vehement. Im Presseorgan des BRPS ›Die Linkskurve‹ (Nr. 10/Oktober 1932) schreibt er: »Keine von uns. – Ein Wort an die Leser des ›Vorwärts‹. ... Als das Buch im vergangenen Jahr erschien, hatten wir keinen Anlaß, darüber zu reden. Inzwischen ist es ein Erfolg geworden, der ›Vorwärts‹ druckt es, die Ufa verfilmt es, man braucht eigentlich gar nicht zu sagen, daß es sich um die Geschichte einer indifferenten Angestellten handelt.

Diese Haltung ist die erste Ursache des Erfolges. Der Wunschtraum vieler Angestellter, frei, selbständig, selbstbewußt sein zu dürfen, wird hier literarisch befriedigt. Die Stenotypistin Gisela, die sich Gilgi nennt, lebt dahin, fleißig, ehrgeizig, macht Überstunden um Geld, Sport und Liebe, lernt Sprachen und Tanzen, bis sie einem Mann begegnet, dem sie *alles opfert*. Sie hat Erfolg im Leben (wenn man dies alles Erfolg nennen will). In der Liebe hat sie Mißerfolg – allerdings einen ziemlich genußreichen. Was könnte schöner sein? Betrachtet man aber das Buch näher, so hat dieser Erfolg zwei Seiten. Denn der Erfolg dieser derzeitigen Heldin des ›Vorwärts‹ ist jedesmal der Mißerfolg einer anderen ... Einmal geht sie eine ausgeschriebene Abendstellung suchen. Sie bekommt die Stelle. *Daß sie ihre eigene Maschine mitbringen wird, hat sie über die anderen Bewerberinnen siegen lassen. Vielleicht auch, daß sie so ein bißchen verheißungsvoll mit den Augen gekullert hat. So niedliche Von-unten-nach-oben-Blicke wirken bei Männern über 50 fast immer. Auf die Auftraggeber ist man nun mal nicht angewiesen, und ganz ohne Mätzchen ist ihnen nicht beizukommen.* In der Straßenbahn fährt sie mit einer anderen Bewerberin, welche den Posten nicht bekommen hat, einer armen blassen Person, deren Mantel schon kahle Stellen hat. *Gilgi fühlt sich unbehaglich. Vielleicht wäre es anständig, jetzt auf die Stelle zu verzichten, sie der Blassen zuzuschieben. Als wenn das so ginge! Gilgi beißt sich auf die Lippen. Sie muß sehen, wie sie weiterkommt – jeder für sich – wo käme man hin, wenn man allen weichlichen Mitleidsregungen nachgeben wollte.* Also bezahlt Gilgi der Blassen die Straßenbahn und steigt aus.

Das geht so durch das Buch und verhilft ihm zum Schluß sogar noch zur Tragik vom fünften Akt. Ein Jugendfreund dieser edlen Type nämlich hat Geld unterschlagen. Gleich will ihn Gilgi – in einer besonderen Anwandlung – retten. Sie rennt umher, verschafft sich das nötige Geld. Darüber wird ihr Freund unruhig und mißtrauisch. In dieser Stimmung kann sie ihn nicht verlassen, sie bleibt bei ihm, anstatt am Abend noch dem Bedrängten das Geld zu bringen. Wie sie am anderen Morgen hinkommt, hat sich die ganze Familie, Mann, Frau und Kinder, vergiftet. Ein schwerer Schlag für Gilgi. Aber beruhigen wir uns. Sie wird schon darüber hinwegkommen.

... Was dieses Buch so unangenehm, so widerwärtig macht, ist eben nicht die Indifferenz der Hauptperson, sondern die der Verfasserin. Man kann einen Menschen zeigen, der sich mit spitzen Ellenbogen durch die Massen drängt, aber man kann dabei nicht die Leute auslassen, die diese Stöße empfinden und diejenigen, die sich wehren. Das heißt ein bißchen viel weglassen. In unserem Buch ist genau das fortgeblieben. Alles, was Gilgi lästig wird, bleibt einfach weg, angefangen von ihren Eltern über ihre Freunde bis zu ihrem Geliebten, den ja zum Schluß auch der Teufel holt. Das ist eine besondere Methode, die Widerstände der Gesellschaft dadurch aufzulösen, daß man sie nicht vorkommen läßt.
Romane dieser Art werden sich ausbreiten. Durchaus vom Film bestimmt, zu dem sie wieder zurückkehren, ersetzen sie einer gewissen Gruppe von Lesern das Leben, das ihnen der Kapitalismus stiehlt. Ihre Rolle ist die billiger, aber sehr wirksamer Narkotika. Sie greifen die Seele mehr an als den Körper, beschädigen also nicht die Arbeitskraft und schwächen dennoch die Widerstandsfähigkeit. Selbstredend sind sie der Bourgeoisie sehr angenehm. (»Hier wächst etwas Seltenes heran: eine deutsche Humoristin« – schreibt Herr Tucholsky ganz glücklich aus Schweden.) Die Ufa verfilmt sie, und der ›Vorwärts‹ druckt sie. Denn diese Gruppe hat ein elementares Interesse daran, eine elende Lüge der Wahrheit des Elends vorzuziehen. Was würde sonst mit ihr geschehen – wenn etwa die Blasse aus der Straßenbahn zu reden anfinge? Wir aber fordern sie auf, zu schreiben, denn sie ist eine von uns.«

»Herr im Himmel, wird das ein langweiliges Buch geben!« Irmgard Keun legt die Zeitung beiseite und lacht in die Runde.

»Aber auf Linie«, fällt ihr der Mann neben ihr ins Wort, wahrscheinlich John Höxter, »und die Linie lacht nicht!«

»Weil sie nicht kann?«
»Weil sie nichts zu lachen hat.«
Seine Stimme ist sanft, doch sein Brecht-Gesicht mit runder Brille und Baskenmütze straft diese Sanftheit Lügen, und die Falten um seinen Mund sind tief. Er ist süchtig nach Leben und Morphium. Er ist ein alt gewordenes Talent. Er ist ihr Freund. Sie gibt ihm Geld. Vielleicht sollte er sie zeichnen dafür – oder ein Gedicht machen...?

»Ich malte so gerne im Kaffeelein Steinplatz,
Doch leider ist da für Staffeleien kein Platz.«

Er sieht sie an. Sie ist elegant. Die weiße Seidenbluse von van Laack mit Bubikragen, der schwarze enge Rock, die Seidenstrümpfe, die schwarzen hochhackigen Schuhe. Schade, daß ihre Beine nicht schlanker sind! Ob er sie noch einmal anpumpen kann? Geld hat sie genug, und sie sieht nicht drauf. Sie ist eine Verschwenderin. Er mag sie. Wie – nein, eher wie eine Schwester.
Irmgard Keuns Augen blitzen, sie bestellt nach, sie fühlt sich fedrig und erfolgreich. Was scheren sie solche Kritiken? Schlechte läßt sie nur gelten, wenn sie von den Nazis sind. Die anderen lacht sie weg, jedenfalls solange sie in Gesellschaft ist. Sie hat genug zu tun mit dem nächsten Buch. Es muß ein Erfolg werden, muß, muß, muß!
Und wenn nicht?
»Herr Ober, noch 'ne Runde! Kinder, ich lad euch ein!«
Höxter ist voller Anerkennung. Endlich mal eine Frau, die was vertragen kann.

Konnte sie das wirklich? Wie mag sie sich gefühlt haben, als sie die Kritik von Ingeborg Franke in der Sondernummer ›Angestellte‹ der Zeitschrift ›Der Weg der Frau‹ las?

›Gilgi‹, steht da, repräsentiere »ja geradezu das faschistische Führerideal im Alltagsleben, sie sei eine kritiklose, unsolidarische Streberin – wie ihre Erfinderin selbst«. Und voller Häme zitiert Frau Franke aus den Stapeln von Protestschreiben auf den Redaktionstischen des ›Vorwärts‹ die empörten Leserinnen Emma Langhans und Gerda Backhaus: »Der Roman ist eine Beleidigung des wirklich arbeitenden Mädchens.« Und: »Warum ist denn die einzige Arbeiterin im ganzen Roman so schlecht beschrieben?«

Veröffentlicht im Januar 1933, einen Monat vor Hitlers Machtergreifung!

Veröffentlicht viele Monate nach Erscheinen des zweiten Romans von Irmgard Keun: ›Das kunstseidene Mädchen‹, einer – so Kurt Tucholsky im ›Gewerkschaftsarchiv‹ (1932) – »erschütternden Anklage gegen die Gesellschaft«, der allerdings »nirgends das steingraue Gesicht des Soziologischen fatal aus den Zeilen schaut«, wie Franz Blei im ›Querschnitt‹ (1932) lobend hervorhebt.

Veröffentlicht, nachdem Kurt Herwarth Ball im nationalsozialistischen ›Hammer. Blätter für den deutschen Sinn‹ (1932) geschrieben hat: »Vom deutschen Schrifttum verlangen wir positive Lösungen, nicht Zerrbilder des Negativismus. Gewiß, jeder Mensch hat schlechte Seiten. Niemand ist ein Engel, aber wir kommen doch nicht vorwärts, nicht aufwärts, nicht höher hinauf, wenn wir dauernd in der Gosse wühlen. Es gibt diese kommalosen und zugleich hemmungslosen Mädchen, auch Männer, aber sie zu Romanfiguren machen? All diese dem Untermenschentum angehörenden Dinge zwischen Alexanderplatz (als Unterweltbegriff) und dem Bett einer auf Reisen befindlichen Ehefrau gibt es, leider, aber wir wollen sie doch nicht als wunderschön darstellen?«

»Habe ich das denn getan?«
Irmgard Keun staunt. Sie staunt nach rechts. Sie staunt nach links. Ihr *Glanz* bekommt Flecken. Gegen Flecken hilft Alkohol.
Sie wird in Berlin im Romanischen Café gesehen und bei Josty und manchmal auch bei Kottler in der Augsburger Straße. Mitglied oder gar Mittelpunkt literarischer Zirkel ist sie nie. Vielleicht, weil sie das Leben mehr liebt als die Literatur; vielleicht, weil sie immer und überall nur auf Durchreise ist: Ein Schwirrvogel ohne eigene Wohnung, zu Gast im Hotel und zu Gast im Kölner Souterrain-Zimmer. Keuns erfolgreiche Tochter.
Erfolgreicher nun als der Vater, nimmt sie bei ihm Quartier – ihr Fluchtpunkt, ihr Halt. Vertraute Verhältnisse.
In der Eupener Straße ist alles wie immer. Es geht um Gerd, und es geht um die Zukunft der Raffinerie. Die C. B. R. ist seit dem Börsenkrach verschuldet. Noch etwa 150 000 Mark sind bis 1936 abzutragen. Die belgischen Lieferanten drohen, die Firma zu schlucken. Es wird erwogen, das Werk vom Vertrieb auf die Produktion technischer Benzine umzustellen. Nicht mehr erwogen wird die Anschaffung eines eigenen Automobils. Nein, Elsa, nein.
Irmgard indessen lernt Auto fahren. Sie kauft sich eine Tasche aus Krokodilleder und einen Nutriamantel, und statt Elida benutzt sie Arden.
Ich überwältige mich.
Man kennt sie.
Keiner kennt sie.
Sie leidet an beidem und genießt beides.
Sie sitzt am Nebentisch und beobachtet.
Sie sitzt am Nebentisch und schreibt.
Die nächste Kladde füllt sich.

Was siehst du noch, was siehst du noch?
Ihre Augen haben Hunger auf Herrliches und sehen nur Elend. Sie kauft sich einen weiteren Pelz, einen Breitschwanz. Sie kauft sich Schmuck. Ihr *Leben rast wie ein Sechstagerennen.* Wie müde sie manchmal morgens aussieht. Bald wird sie alt sein! Sie fühlt sich den Puls. Viel zu langsam! Sie braucht ein Glas Sekt. Schampus. »Herr Ober, Schampus für alle!«
Betrunken sein ist das einzige Mittel für nicht alt zu sein. Viele Jahre kriechen auf mich zu.

Als ob sie es gewußt hätte!
»Ich habe es gewußt«, sagt sie, versunken im Sofa, »ich war alt von jeher.« Und nach einer Pause: »Los, komm, trink noch was! Du siehst so ernst aus.«
»Weil's immer nur Doornkaat gibt, Irmgard.«
»Was hättest du denn gern?«
»Sekt!«
»Hab ich nicht. Hatte ich früher ...«
Früher. Das Wort schwebt durch den Raum.
»Frag mich nach früher!«
Soviel Sehnsucht liegt in der Stimme – ich möchte ihr etwas Schönes sagen. »Weißt du noch, was Tucholsky als Peter Panter in der ›Weltbühne‹ über dich schrieb?«
Sie nickt. Sie lächelt. »Natürlich!«

»Sternchen, weil diese Dame gesondert betrachtet werden muß. Eine schreibende Frau mit Humor, sieh mal an! Irmgard Keun ›Gilgi – eine von uns‹ (erschienen bei der Deutschen Verlags-Aktiengesellschaft Universitas in Berlin). Ungleich, aber sehr vielversprechend!
In der ersten Hälfte des Büchleins wimmelt es von ziselierten Einzelheiten. Schilderung der Fahrgäste in der Straßenbahn,

morgens: *Keiner tut gern, was er tut. Keiner ist gern, was er ist.* Im Bureau: *Warten Sie, sagt Herr Reuter, liest jeden Brief, um dann mit etwas verlogener Energie seinen Namen unter das getippte Hochachtungsvoll zu hauen.* Am besten alle Szenen, in denen ein Mann vor einer Frau, die dieses aber gar nicht gern hat, balzt. Das ist beste Kleinmädchen-Ironie. *Plötzlich überkommt ihn das Bedürfnis, sich unglücklich zu fühlen. Seine Ehe ist ganz und gar nicht gut, sein Leben ist verpfuscht, man ist ein alter Trottel, festgefahren in einem Krämerberuf.* Er arbeitet mit Bitterkeit, Selbstironie und leichtem Pathos. Bei: *Man müßte mal raus aus allem* wirft er sich in die Brust, daß die Schulternähte krachen, und bestellt anschließend zwei Liköre. Und dann, wirklich eine Pracht: *Am Sonntag sitzen Gilgi und Herr Reuter zusammen im Domhotel. Gilgi hat das Gefühl, zu Abend gegessen, Herr Reuter, das Gefühl, soupiert zu haben.* Und: *Er breitet sein Innenleben vor ihr aus wie eine offene Skatkarte.* Und: *Gilgi nimmt zur gefälligen Kenntnis, höflich und mäßig interessiert. Hör auf, nicht soviel Lyrik, paßt nicht zu deinem Pickel am Kinn. Warum kann man nun nicht sagen: gib nichts aus, wenn's nichts einbringt, steck kein Gefühlskapital in ein aussichtsloses Unternehmen. Kann man nicht sagen. Armer Alter.* Sehr gute Beobachtungen von der Straße; reizende kleine Einfälle, was so eine tut, wenn sie mit sich allein, also nicht allein, also doch allein ist; einmal eine kleine Weisheit, wie es im Leben zugeht: *Auf die Arbeitgeber ist man nun mal angewiesen, und ganz ohne Mätzchen ist ihnen nicht beizukommen. Können allein entscheidet nicht, Mätzchen allein entscheiden nicht – beides zusammen entscheidet meistens.* Hurra!

Wenn Frauen über die Liebe schreiben, geht das fast immer schief: sauer oder süßlich. Diese hier findet in der ersten Hälfte des Buches den guten Ton. *Hübsch ist das, so still nebeneinander zu liegen. Man denkt sich und spricht sich nicht auseinander, man atmet sich zusammen ... Vorsichtig tastet sie über seinen Schenkel: da ist die Narbe von dem Krokodil, das ihn gebissen hat. Es hat fast etwas Erhebendes, neben einem Mann zu liegen, der in Kolumbien von einem Krokodil gebissen wurde.*

Wenn Frauen über die Liebe schreiben, geht das fast immer schief. Diese hier findet in der zweiten Hälfte weder den richtigen Ton noch die guten Gefühle. Da langt's nicht. Schwangerschaft, Komplikation ... es langt nicht. Dazu kommt eine fatale Diktion: Was reden die Leute nur alle so, wie wenn sie gerade Freud gefrühstückt hätten! Es ist der Frau Keun sicherlich nicht bewußt, was sie da treibt, und eben das ist das Schlimme, daß ihr diese ›Komplexe‹ so selbstverständlich erscheinen. So spricht man eben? Nein, so spricht man eben nicht – es ist schauerlich.

Flecken im Sönnchen, halten zu Gnaden. Hier ist ein Talent. Wenn die noch arbeitet, reist, eine große Liebe hinter sich und eine mittlere bei sich hat –: aus dieser Frau kann einmal etwas werden.« (1932)

Lob als Hilfe, als Halt – und als Last. Zuweilen schwerer zu ertragen als Tadel: Hans Fallada nennt ›Gilgi‹ in seinem Aufsatz ›Fünf Frauen schreiben‹ (1932) »ein herrlich tapferes, junges, gläubiges, ehrliches, anständiges Buch«, und Hertha Block empfiehlt es in ›Das Wort‹ (1931) nachdrücklich allen, die bereits Bescheid wissen: »die Sinn und Verständnis für die Welt der berufstätigen Durchschnittsmenschen haben«.
Den meisten Gilgis also, und den wenigsten Chefs ...

»Was sie wohl zu dem nächsten Buch sagen werden?«
»Wer?«
»Die Kritiker. Die Leser.«
»Es wird ein Erfolg!«
Sie spricht mit fester Stimme. Sie ist sich dessen ganz sicher.

Sie schreibt wie im Rausch. Ihre Hand fliegt übers Papier. Kladde um Kladde füllt sich.

»Ich bin gespannt«, sagt der Verleger Wolfgang Krüger.

»Das können Sie auch sein«, sagt die Schriftstellerin Irmgard Keun.

Mehr sagt sie nicht.

»Und der Titel? Haben Sie schon einen Titel?«

Sie schüttelt den Kopf. Sie will ihn nicht verraten. Selbst Johannes Tralow nicht, dem Freund und Förderer.

Sie treffen sich seit dem Erfolg von ›Gilgi‹ wieder regelmäßig; verabredet nun, nicht länger zufällig, und meistens in Berlin, wo sie sich in einer Etagenpension in der Nähe des Savignyplatzes ein Zimmer gemietet hat.

Von *der mittleren Stadt* in die *große Stadt.*

Tralow lebt in Scheidung. Die Unruhe tut ihm gut, findet sie. Er ist schlanker geworden. Wenn jetzt noch seine Haare voller wären . . . Nein. Er sieht zu väterlich aus. Ein Vater zum Um-den-Finger-Wickeln.

Sie lächelt. »Wenn du geschieden bist, wirst du mich heiraten.«

Er lacht. »Zu Befehl!«

Sein Schmetterling. Sein Kolibri. Das kann doch gar nicht gutgehen.

Sie sitzen im Romanischen Café *mit den längeren Haaren von Männern.* Lauter Literaten. Erfolglose Eliten. Trinken sieben Stunden lang eine Tasse Kaffee, geben fünf Pfennig Trinkgeld und spielen Schach.

Ihr Blick ist voller Spott.

Aber das ist die billigste Beschäftigung der Elite, da sie nicht arbeitet und sich darum beschäftigt.

Ihr Blick ist böse und genau.

Die literarische Elite ist ungeheuer fleißig mit Kaffee und Kuchen und

Reden, weil sie sich vor sich selber nicht anmerken lassen will, daß sie faul ist. Und die meisten sind wild darauf, gedruckt zu werden. Und schimpfen alle auf alles.

»Wie du.«

Tralow mag nicht, wenn sie so spricht.

»Aber ich werde gedruckt!«

Ich, ich, endlich ich! Sie hüllt sich ein in diesen Triumph wie eine glückliche Frau in ihr Lächeln.

»Und wenn das ›Kunstseidene‹ raus ist, wird geheiratet!«

»Das ›Kunstseidene‹?«

»›Das kunstseidene Mädchen‹.«

Nun hat sie den Titel doch verraten.

»Ausgezeichnet«, befindet der künftige Ehemann. Vorstellen kann er sich darunter nur wenig.

»Mach die Augen auf! Sieh dich um! Geh auf die Friedrichstraße, die Tauentzien, den Potsdamer Platz! Siehst du sie nicht flanieren? In seidig glänzenden Fähnchen auf einer Wolke von Cypre, und hätten gern Kleider aus Seide und ein Automobil und einen, der beides bezahlt . . . An kleinen Tischen zwischen Marmorsäulen im Josty, hinter den gerafften Gardinen des russischen Restaurants, auf hohen Hockern in der Jockey-Bar, bei Kranzler auf dem Kurfürstendamm, selbst hier im Romanischen sitzen sie – die viel zu bunten Mädchen in ihren schwerverdienten Kleidern und tun so leicht. Nachtaugen und Lackhaare – und wollen wirken und dazugehören und eine Karriere und sind bereit. So viel Hoffnungen und so viel Hunger! Die schmale Dunkle da neben dem Dicken mit Beziehungen und *verheirateten Betten* und Frau gerade zur Kur; die blasierte Blonde mit den kalten Nächten in den Mundwinkeln und lange nicht mehr satt gegessen; die Blasse mit den roten Haaren und so viel Gelüge in den Augen für den Alten mit Spinnenfingern und Brieftasche . . . Sieh sie dir an!«

Sie spricht schnell. Und viel zu laut, findet er. Und nun packt sie ihn auch noch am Arm.

»Schau sie dir an! Vor drei Monaten sind sie mit einem kleinen Talent, mittleren Erfahrungen und großen Träumen aus der Provinz gekommen – oder mit einem Schicksal: ein untreuer Freund, eine unerhörte Kündigung, ein geklauter Pelz. Niedliche Büromädchen ohne Arbeit, Schauspielschülerinnen ohne Talent, verlorene Töchter ohne Familie. Im Kopf Kino: Frauen in Not werden in vornehmen Lokalen bei vornehmen Getränken – Ober, noch zwei Wein! – von vornehmen Männern gerettet; das Kleinstadtmädchen heiratet den Berliner Generaldirektor. Hast du den Film gesehen? Renate Müller als Privatsekretärin. Ein unglaublicher Blödsinn! Aber die Kunstseidenen glauben daran. An irgendwas müssen sie ja auch glauben ..., obwohl sie's besser wissen. Du, die wissen soviel! Die haben soviel gesehen! Denen macht so leicht keiner was vor! 8,80 Mark Stütze die Woche, 2 Mark fürs möblierte Zimmer, 5 Pfennig extra für ein Töpfchen heißes Wasser, und dann kommt einer und kauft ihnen Seidenschuhe von Pinet für 40 Mark! Nur weil sie hübsch sind!«

»Nur?«

»Nur. Und dann schenken sie ihre Hübschheit weg, und fragst du sie warum, sagen sie, *ich möchte furchtbar glücklich sein*. Was für ein armseliges, kleines Leben. Wohnküchen und Etagenklos, Separés und seidene Bettwäsche, die Schlangen vor dem Arbeitsamt und an der Essenausgabe der Internationalen Arbeiterhilfe und: *Puppe, mach dich schick, wir geh'n in die Scala heut abend.* Kein Geld für'n Kaffee bei Aschinger, aber Champagner satt im Adlon! – Ober, wo bleibt denn der Wein?«

Ihr Gesicht glüht. Er sieht sie besorgt an. »Hast du nicht genug, Irmgard?«

»Ich hab noch lange nicht genug! Wer sieht, muß saufen!« Er versucht zu lächeln. »Und was siehst du noch?«
Sie überlegt einen Augenblick, ihr Blick geht durch ihn hindurch. »Ich sehe die Stadt. *Berlin senkt sich auf mich wie eine feurige Steppdecke.* Die Stadt leuchtet. Aber sie wärmt nicht. Sie verbrennt. Sie verbrennt Hoffnungen, Wünsche und Talente. Sie macht hart, sie macht stumpf, sie macht müde. Sie ist ein Kampf. Aber sie ist auch ein Fest – mit Gefunkel, teurem Duft und Tango. Du mußt Berlin lieben, wie Doris es liebt, *mit einer Angst in den Knien und weiß nicht, was morgen essen, aber es ist mir egal.«*
»Wie Doris?«
»›Das kunstseidene Mädchen‹. Eine von denen hier, viel zu viele . . . Da, die schmale Dunkle neben dem Dicken könnte es sein. Die mit den Brombeeraugen und den blanken Blicken und dem Feh über den Schultern. Bestimmt geklaut!« Sie lacht auf, kurz und hart. »Eine kleine Sekretärin aus Köln, Statistin am Theater, viele Verehrer, aber zu wenige mit Geld, und man weiß ja auch, was sich gehört . . . Und irgendwann ab nach Berlin, im Gepäck den geklauten Pelz, zweite Haut und Eintrittskarte für die große Welt, und nun will sie ein *Glanz* werden; aber der *Glanz* ist die Stadt. Wie niedlich sie lacht!« Jetzt klingt ihre Stimme weich. »Keß und jung und wach. Wenn die den Richtigen träfe . . . Aber das ist schwer. Hier und überall und immer. Oder? Was sagst du?«
Sie wartet seine Antwort nicht ab. Sie ist bei Doris.
»Gut, daß sie nicht weiß, was in drei Monaten sein wird.«
»Weißt du es?«
»Woher denn?«
Für einen Augenblick ist sie sprachlos. Tralow versteht nicht warum, und sie versteht Tralow nicht.
»Wird sie ein *Glanz*?« Er fragt noch einmal.

»Ich weiß es nicht. Ich glaube nicht. Aber sie geht sich auch nicht verloren. Nicht ganz . . .«
Den Kopf in die Hand gestützt, schließt sie die Augen, versinkt: . . . ist Irmgard ist Doris ist Irmgard . . . »Unsinn!«
»Was ist Unsinn?« fragt Tralow.
»Nichts«, antwortet sie und sieht ihn lächelnd an.

»Daß das
von einer Frau stammt,
ist erstaunlich«
Der *Glanz*
der Irmgard Keun

Irmgard Keun in Moselkern, 1934
(Ebenfalls auf der Vorderseite)

Der Theaterregisseur Johannes Tralow
in den dreißiger Jahren

Gasthof zur Traube, Moselkern, wo Irmgard Keun und Johannes Tralow in den Jahren 1932–35 ihre Ferien verbrachten.

Im Frühling 1932 erscheint ›Das kunstseidene Mädchen‹, in Pappe und in Leinen gebunden. Die Geschichte der Doris, die von der *mittleren Stadt* in die *große Stadt* zieht, weil sie ein Leben haben will wie Kino, wird ein noch größerer Erfolg als ›Gilgi‹. Der Universitas-Verlag wirbt für das Buch mit dem Hinweis auf die sensationelle Auflage von 50 000 Exemplaren; Lizenzen werden in sieben Länder vergeben; selbst in Leihbüchereien, die das ›Kunstseidene‹ in mehreren Exemplaren angeschafft haben, ist es monatelang nicht zu haben. Und die Literaturkritik jubelt.
Bis auf die Rechten.
»Kein Wunder! Denen paßt die Wahrheit nicht ins Konzept!«
Wütend knallt Irmgard Keun die Kritiken auf den Frühstückstisch. Dabei reißt sie Tralows Kaffeetasse um. Die dünne Brühe ergießt sich über den ›Hammer‹. Mit spitzen Fingern rettet sie das triefende Blatt.
»Wenn ich das schon lese! Da empfiehlt mir ein Herr Kurt Herwarth Ball: ›Wenn Irmgard Keun uns etwas zu sagen hat, dann möge sie deutsch schreiben, deutsch reden und deutsch denken.‹ Deutschland, Deutschland über alles . . .«
Mit leiernder Stimme beginnt sie zu singen.
Tralow lacht.
»Und die deutsche Frau soll ich auch beleidigt haben – mit ›nahezu gemeinen Anwürfen‹! – Was er damit wohl meint?«
»Daß deutsche Frauen nicht für Geld mit Männern schlafen.«
»Aber ›wenn eine junge Frau mit Geld einen alten Mann heiratet wegen Geld und schläft mit ihm stundenlang und guckt fromm, dann ist es eine deutsche Mutter von Kindern und eine anständige Frau‹!«
»Genau!«
Jetzt lachen beide. Was für eine dumme Idee, sich die Kritiken vom Berliner Bureau für Zeitungsausschnitte, dem Gerst-

manns-Verlag, nach Moselkern nachschicken zu lassen! Sie ist doch nicht hier, um sich zu ärgern. Sie will sich erholen. Von der Stadt und von dem wilden Wirbel der letzten Zeit. Außerdem muß sie sich Gedanken machen über das nächste Buch. Universitas wittert das große Geschäft. Krüger gibt keine Ruhe: Haben Sie schon ein Thema? Wie weit sind Sie? Wann dürfen wir mit dem Manuskript rechnen? Wie sie das alles haßt! Nur um ihre Ruhe zu haben, hat sie gesagt: Männer. Ich schreibe die Geschichte zweier Männer. Begeisterung. Dann wollte man den Titel wissen. Der hungrige Ernährer. Noch mehr Begeisterung! Und nun muß sie schreiben. Ihr wäre eine Pause lieber gewesen. Sie fühlt sich ausgebrannt. Tralows Vorschlag, für einige Zeit ins stille Moselkern zu gehen, kam ihr deshalb gelegen. Hier kennt sie keiner. Hier ist sie nicht die Keun. Hier ist sie die Begleiterin des beliebten Schauspielregisseurs Johannes Tralow, seit neuestem Direktor des Deutschen Theaters in Hannover, und damit basta. Sie möchte nicht gefragt werden. Sie möchte nicht wirken. Jedenfalls die nächsten Wochen nicht. Lieber lesen, endlich wieder lesen, alles, auch Wassermann, seit neuestem schätzt sie Wassermann. ›Der Fall Mauritius.‹ Außerdem muß sie ein paar Pfund abnehmen. Und Tralow auch.

Sie sieht ihn an. Er hat tatsächlich wieder zugenommen. Es ist nicht zu fassen: Kaum geht es ihm besser, nimmt er zu! Und das bei so runden Hüften. Hüften wie eine Frau! Sie mag keine runden Hüften, nicht mal die eigenen, und sie mag auch nicht, daß er nackt in der Mosel badet. Jeden Morgen nackt. Und sie dabei. Auch nackt. Sie weiß nicht warum. Und die Dorfjugend hockt in den Büschen am Ufer und denkt wunder was!

Sie atmet tief aus. Dabei ist sonst nichts, Nacht für Nacht – nichts.

Er spürt ihren Blick, sieht auf und lächelt.
»Ist etwas?«
»Nein.«
Jetzt könnte sie einen Cognac gebrauchen.
Müde greift sie zum nächsten Blatt, der Sonntagsausgabe der ›Berliner Börsen-Zeitung‹ vom 21. August. »Mal sehen, was Frau Doktor Meta Scheele zum ›Kunstseidenen‹ zu sagen hat.«
Sie überfliegt die Zeilen. Wider Willen muß sie lachen. »Allein schon die Überschrift: ›Die Frau und die Gegenwart‹. Kleiner ging's wohl nicht! Und hier, hör dir das an, Hannes: ›War schon das erstgenannte Buch eine unerträgliche Mischung von Sentimentalität und gemeiner Sinnlichkeit, so geht es in diesem Buche noch um einige Stufen tiefer in den Schmutz hinein, wie der konfektionöse Titel schon vermuten läßt.‹ Und weiter: ›All dies würde einem nicht so sehr auf die Nerven fallen, wenn nicht dahinter jener verderbliche Zerstörungstrieb stände, der nur Schaden anrichten will.‹ Und jetzt kommt das Beste, Hannes, paß auf! Es gehe mir darum, ›dem Götzen Materie die unbedingte Herrschaft zu geben, zu zeigen, wie sich alles um die Seidenhemden und den Pelzmantel dreht‹.«
Sie läßt das Blatt sinken.
»Den Dreck les ich nicht. Hab ich doch gar nicht nötig! Oder?« Tralow legt seine Hand auf ihre, ohne Druck, ohne Streicheln, einfach so. Seine Hände mag sie. Sie sehen nach Leben aus, sind fest und warm und weise. Guter Hannes.
Sie lächelt ihn dankbar an. »Bestell mir was.«
»Aber nur ein Glas.«
»Und dann lies mir vor.«
»Was?«
»Irgendwas?«

»Willst du wissen, was Friedrich Weissinger schreibt?«
Sie nickt. »Aber nur die besten Sätze. Und fang nicht an, bevor nicht der Wein da ist.«
Sie lehnt sich zurück und schließt die Augen, das Gesicht der Sonne zugewandt. Er betrachtet sie aufmerksam. Schwer sieht sie aus, schwer und müde und ganz und gar nicht zweiundzwanzigjährig ... Aber das ist sie ja auch nicht! Sein Gesicht verzieht sich zu einem lautlosen Lachen. Erstaunlich, daß es noch keiner gemerkt hat ... Oder will es keiner merken? Wollen alle ihr literarisches Wunderkind behalten? Der Verleger, die Kritiker, die Leser, ich ... Ich? Wann habe ich sie zum letztenmal »mein Schmetterling« genannt ...?
Der Wein kommt. Moselkerner Rosenberg aus eigenem Anbau. Irmgard Keun streckt die Hand aus, ohne die Augen zu öffnen. Adam Stuntz gibt ihr das Glas, sie führt es an den Mund und nimmt einen kräftigen Schluck. Als wäre es Milch, denkt Stuntz, der Wirt, ebenso bewundernd wie erstaunt. Mit so einer war der Herr Tralow noch nie hier. Er bleibt am Tisch stehen und wartet, ohne zu wissen, worauf.
»Danke, Herr Stuntz, wir haben alles.«
Tralow greift zur ›Literarischen Welt‹ vom 29. Juli, blättert und findet auf Seite 5, was er sucht: Friedrich Weissingers Kritik.
»Also hör zu. ›Irmgard Keuns neues Buch gehört, ebenso wie ihr erstes, ›Gilgi, eine von uns‹, zu jenen literarischen Erzeugnissen, vor denen die gemeinhin üblichen Kriterien restlos versagen. Die Autorin, wir betonen das ausdrücklich – ist nicht so sehr Gestalterin als Sprachrohr jener Zeitschicksale, von denen sie zu berichten weiß, und da sie es mit Klugheit, Güte und einem Humor tut, der tiefer gegründet ist, hat sie das Echo eines außergewöhnlichen Erfolges. Doris‹ – und nun kommt ein bißchen Inhaltsangabe, will ein *Glanz* werden, aufsteigen,

du weißt schon, Berlin, Berlin, Berlin, und immer wieder Männer – ›bis sie plötzlich so etwas wie Liebe empfindet, ein wirkliches Gefühl, süß und beglückend, aber zu traumhaft unwahrscheinlich, um von Bestand zu sein. Sie, die aus den Tiefen der Gesellschaft kommt und einmal in ihr Tagebuch die naiv ergreifenden Sätze schreibt: *... immerzu sind in meinem Leben Dinge, die ich nicht weiß, und immer muß ich tun, als ob, und bin manchmal müde vor lauter Aufpassen ...*, wagt es nicht, den Mann an sich zu fesseln, der ›gebildet‹ ist und überhaupt so anders, als sie es bisher gewohnt war. Denn – *so richtige Gefühle – das sollte man nur mit seinesgleichen, denn sonst geht es glatt schief.* So, wie das Buch ausklingt, voll hoffnungsloser Resignation, mit einer müden Verzweiflung, die nicht weiß, wohin und was tun, ist es mehr als eine Humoreske, ja, mehr als eine Satire, weil es sich weder banal-erheiternd noch ätzend-gesellschaftskritisch gibt; es ist mit der Doppelbödigkeit seines Humors ein typisches Abbild unserer Zeit, weniger dessen, was sie an gewichtiger Problematik enthält, als ihrer kleinsten Nöte, ihrer heimlichen Sehnsüchte, ihres tiefen Glücksverlangens, das immer unerfüllt zu bleiben verdammt ist. Und es will mir scheinen, als ob Irmgard Keun auch da, wo sie Vorbilder hat, dieses Zeithaft-Typische stärker ausgesprochen hätte, eindringlicher, befreiter von den Schlacken romanhaft-romantischer Zufälle, als etwa Anita Loos ›Blondinen bevorzugt‹, so sehr wie der Vergleich sich aufdrängt. Von Plagiat zu sprechen in einer Zeit, die angesichts der Unmöglichkeit, kollektives Schicksal heute schon endgültig und einmalig zu gestalten, den Begriff des geistigen Eigentums einer Revision unterziehen und sich vor individualistischer Überspannung nach dieser Richtung hüten sollte, verbietet sich um so mehr, wenn es sich, wie in diesem Fall, nur um geringfügige Anklänge handelt, die die Grundkonzeption des Buches in keiner Weise berühren. Eine Dichterin, deren Einfühlungskraft so überzeugend ist, daß die Illusion der Lebensechtheit dieser Aufzeichnungen immer gewahrt bleibt, kann verlangen, daß die Selbständigkeit ihrer Leistung auch von einer unerbittlichen Literaturkritik anerkannt wird.‹ – Zufrieden, Irmgard?«

Kerzengerade blitzt Irmgard Keun Johannes Tralow an.

»Eines«, doziert sie, »mußt du dir merken: Zufrieden sind nur die Dummen.« Und nach einer Pause: »Die anderen sind durstig.«

Sie sieht sich suchend um: »Wo ist Adam?«

»Hier«, ruft es aus dem Schankzimmer nebenan, und Stuntz erscheint in der Tür. »Bring uns noch zwei!«

»Ich will nichts«, sagt Tralow.

»Dann trinkt Adam mit mir. Komm, setz dich her zu uns!« Sie spricht nicht bittend, sie befiehlt. Adam Stuntz zieht sich einen Stuhl heran.

»Weißt du eigentlich, wer ich bin?«

Er lächelt verlegen und sieht hilfesuchend zu Tralow hinüber. Der hebt entschuldigend die Hände. Irmgard sieht es und fährt dazwischen.

»Mich sollst du ansehen, mich! Was meinst du wohl, wer ich bin? Irgendeine kleine Freundin? Falsch! Ich bin die Keun. Schon mal gehört? Irmgard Keun, Schriftstellerin, 50 000 Auflage.« Sie spricht langsam und betont, als diktiere sie.

»50 000!« wiederholt Adam Stuntz staunend, als verstünde er etwas davon. Aber er versteht nur etwas von Weinen. Begeistert nimmt er ihre Hand: »Darauf müssen wir trinken!«

Vier Gläser weiter schenkt ihm Irmgard Keun ihr Bild. Adam Stuntz findet sie darauf zu ernst. Der tiefe Mädchenblick, der geschlossene Puppenmund – so sehe sie doch gar nicht aus! Sie lacht. Er legt das Foto in seine Brieftasche und später in ein

Postkartenkästchen zu den Liebesbriefen an seine Frau Susanna. In diesem Kästchen liegt es noch heute.
Ihr Buch schenkt sie ihm nicht. Das könne er sich selber kaufen. Dafür verspricht Tralow ihm ein Exemplar seines ›König Neuhoff‹.
»Fein«, sagt seine Freundin, »wieder eins weniger.«
Tralow zuckt zusammen.
Adam Stuntz ist ein guter Wirt. Er bedankt sich und geht. Susanna, seine Sanna, warte mit dem Essen.
»Und wir, wollen wir auch essen? Oder soll ich weiterlesen?«
»Was gibt's denn?«
»Schweinebraten. Das riecht man doch.«
»Zu lesen, meine ich.«
Er sieht sie kühl an: »Einen Brief von Tucholsky zum Beispiel.«
Sie fährt auf: »Bloß den nicht!«
Ohne ein weiteres Wort erhebt sie sich und verläßt den Raum.
Unglücklicher Tag, eben noch glücklich!
Ein Tag wie viele!

Ein Tag wie viele?
Irmgard Keun ist kaum zu verstehen.
»Unglücklich, glücklich – was macht das für einen Unterschied? Ich war so oft glücklich . . ., und genausooft war ich unglücklich. Irgendwie . . ., weißt du, irgendwie lag das bei mir immer nah beisammen . . .«
Sie spricht wie zu sich selbst. Während sie spricht, schenkt sie sich nach. Ihre Hand zittert. Ihr Mund hat Hunger. Ihre Augen auch. Ich weiß nicht worauf. Ich habe sie nach Tucholsky gefragt, sie hat begonnen, über Glück und Unglück zu sprechen – und über die schwarzen Tiere, die sie manchmal nachts überfallen.

Jetzt ist ein Schweigen im Raum, das schmerzt.
»Weißt du«, sage ich, nur um irgend etwas zu sagen, »daß du im ›Kunstseidenen‹ einmal geschrieben hast, was es heißt, Glück zu haben?«
Sie sieht fragend auf, die Augenbrauen so hochgezogen, daß sie fast unter der schiefsitzenden Perücke verschwinden.
»Glück ist *nämlich, einem Menschen zu begegnen in den drei Minuten am Tage, wo er gut ist.* Und weiter schreibst du: *Und ein Tag hat 24 Stunden, und die Hälfte davon ist Nacht, bleibt: 12. Und 12 Stunden sind Minuten 12 mal 60 = 720 Minuten, und drei Minuten Gutsein zieh ich ab, und 717 Minuten böser allgemeiner Mensch bleibt.*«
»Mensch«, sagt sie, plötzlich wieder wach, »das ist doch gut, das ist doch sehr gut! Das ist Keun! Das macht mir keiner nach!« Sie lacht vergnügt, sie ist wie ausgewechselt. Ich lache mit ihr. »Daß das von einer Frau stammt, ist erstaunlich ...«
»Tucholsky?« fragt sie.
»Ja, Tucholsky«, antworte ich, »›... hier wächst etwas heran, was es noch niemals gegeben hat: eine deutsche Humoristin.‹ – ›Gewerkschafts-Archiv‹, 1932, Nummer 1.«
»Du«, sagt sie, »der mochte mich irgendwie.«
»Bis zu dieser Plagiatsgeschichte.«
»Plagiatsgeschichte?«
Wie sprungbereit sitzt sie plötzlich da, als wollte sie jeden Augenblick den Raum verlassen. Wie sie ihn damals in Moselkern verlassen hat. Aber sie kann es nicht mehr. Ich weiß es. Es sind die Beine. Ihr Gang ist oft schwankend, auch wenn sie nichts getrunken hat. Polyneuropathie nennt der Arzt das, Gehbehinderung durch Schäden am zentralen Nervensystem, eine Folge übermäßigen Alkoholkonsums. Polyneuropathie schädigt auch das Gehirn.
»Ich kann mich nicht erinnern«, sagt sie.

Und ich will sie nicht erinnern.

Ich will nur zitieren, was war.
1966 schreibt Robert Neumann im Nachwort zu seinem wiederaufgelegten Roman ›Karriere‹: »Und da vom Plagiieren die Rede ist: Die Briefe Kurt Tucholskys, kürzlich gedruckt, erinnern mich an einen Vorgang, den ich vollkommen vergessen hatte. Tucholsky intervenierte offenbar bei mir für Irmgard Keun – Kritiker hatten behauptet, ihr ›Kunstseidenes Mädchen‹ sei ein Plagiat an meiner ›Karriere‹; gleichzeitig, so ergibt sich jetzt, machte er der Keun schwere Vorwürfe wegen dieses angeblichen Plagiats und stellte ihr von meiner Seite finstere Maßnahmen in Aussicht. Ich hatte nie dergleichen behauptet, ich behaupte es heute nicht – ich hoffe, Frau Keun liest diese Versicherung, die ja bloß mit ein paar Jahrzehnten Verspätung kommt. Auch Frau Keun hatte mich nicht nötig. Wie es ja überhaupt mit dem sogenannten literarischen Diebstahl ganz anders steht als mit dem eines Laibes Brot. Für diesen ist der Hungernde freizusprechen, für jenen der Mann im Überfluß. Der mit vielen Visionen Befallene weiß oft gar nicht, was wirklich von ihm ist und was vom Nebenmann; er greift nach dem, was sich am besten in sein Gemächte fügt. Er greife getrost; greifbar ist für ihn nur, was ohnehin locker sitzt.«
Was locker saß, war der Ton.
Am 16. Juli 1932 hatte Kurt Tucholsky an Irmgard Keun geschrieben: »Als ich ›Das kunstseidene Mädchen‹ zum erstenmal gelesen habe, spürte ich an Vorbildern: die Lausbubengeschichten; Anita Loos ›Gentlemen prefer blonds‹; dazu eine leise innere Verwandschaft zu Sätzen, die ich oft geschrieben habe, aber nie so gestaltet wie Sie. (Freundlich-ironische Betrachtung des balzenden Mannes.) Diese Vorbilder, von

denen das meine am allerschwächsten für Sie gewesen ist, empfand ich als legal; jeder von uns ist beeinflußt, soll beeinflußt sein: es ist ein großes deutsches Unglück, daß jeder vermeint, ganz für sich von vorn anfangen zu können. Ich hatte vor, das Buch ausführlich zu besprechen; diese Vorbilder hätte ich genannt, aber in durchaus positivem Sinne.
Da erfuhr ich von dem Plagiatsvorwurf. Ich habe nun erst die ›Karriere‹ gelesen. Ich muß den Vorwurf für richtig ansehen. Liebe Frau Keun, was haben Sie da nur gemacht –!
Ich habe Bert Brecht jahrelang verfolgt, weil er etwas gemacht hat, was ich für unverzeihlich halte: er hat einen *Ton* gestohlen. Bei Neumann steht das alles wie bei Ihnen: die nicht beendeten Sätze, wenn's die Dame so eilig hat; die merkwürdige Stellung von *sagt er . . . sage ich . . . sagt er . . .*; genau dieselbe Technik, wie das Mädchen ihre Kokettiergeheimnisse enthüllt; einmal sogar das Motiv mit dem Mantel; das verquatschte Deutsch – und dann eben dieser Ton. Wie da alles Intime als bekannt vorausgesetzt wird, wie vierzehn Sachen mit einemmal erzählt werden . . . alles, alles wie bei Neumann. Ich bin ganz entsetzt gewesen, als ich das gelesen habe. Die Vorwürfe, die man mir gemacht hat, sind nicht von schlechten Eltern. Unkenntnis der deutschen Literatur . . . und so fort. Und nun frage ich mich und Sie –:
Warum in aller Welt haben Sie das gemacht? *Sie haben doch* dergleichen gar nicht nötig! Sie sind eine hochbegabte Schriftstellerin – ich habe gegen manches Einwände, aber Sie können bereits etwas, und, was mehr wert ist: Sie sind jemand. Und nun das da –! (…) Ich trete für neue Leute ein, wo ich nur kann, und daß ich kein Literaturpapst bin, wissen Sie auch. Aber bitte glauben Sie mir: hätte ich ›Karriere‹ gekannt und wäre das Buch nicht von Ihnen gewesen, so hätte ich daraus einen bösen Casus gemacht.

Da das Buch von Ihnen ist, so werde ich mich nicht einmischen; das mag, wenn er will, Herr Neumann tun.
Ich für meinen Teil kann nur wünschen, daß Sie bei neuen Arbeiten genau trennen, was an literarischen Erinnerungen und was an eigenem vorhanden ist. Ich maße mir nicht an, Ihnen fromme Ratschläge zu geben – ich wünsche nur. Und die Sache ist um so fataler, als allemal da, wo Sie ernst sind, Sie Neumann überlegen sind. Er hat da eine Stelle, wo sein Mädchen auf die Dünen klettert . . . da hört's eben auf, das kann er nicht – bei Ihnen sind die ernsten Stellen, wie etwa die, wo das Mädchen dem Blinden Berlin erzählt, die allerbesten. Aber: Neumann hat diese Art Monolog in deutscher Sprache zum erstenmal gemacht, Sie dürfen das nicht zum zweitenmal machen. Daß Sie nicht abgeschrieben haben wie ein kleiner Junge, Neumann unter der Bank, das weiß ich. Aber man darf sich so nicht erinnern – man muß trennen.
Sie haben Humor wie ein dicker Mann, Grazie wie eine Frau, Verstand, Gefühl, Herz – mußte das sein –?
Ihnen alles Gute für die nächste Arbeit wünschend,
Ihr ergebener . . .«

Irmgard Keun hat diesen Brief nicht beantwortet.
Am 4. August 1932 wandte sich Kurt Tucholsky ein weiteres Mal an sie, nun als Mitarbeiter der ›Weltbühne‹. Er hatte sich inzwischen mit Robert Neumann in Verbindung gesetzt und ihn gefragt, ob er sich nicht in der ›Weltbühne‹ zum Plagiatsvorwurf äußern wolle. Robert Neumann hatte abgelehnt und statt dessen einen offenen Brief vorgeschlagen: »Stellt sie – Irmgard Keun – in einem offenen Briefe an mich, der etwa in der ›Weltbühne‹ erscheinen könnte, das erfolgte Plagiat außer Streit, so will ich ihre Erklärung in einer für sie nicht demütigenden Form quittieren und den diversen rollenden Rädern in

die Speichen fallen. Nur – das müßte sehr bald geschehen, sonst kann ich nichts mehr für sie tun. Modus procedendi: Sie übermittle mir durch Sie als Treuhänder den Entwurf eines Briefes; befriedigt mich dieser, so geb ich ihn samt einer Antwort zwecks Veröffentlichung beider Schriftstücke an Sie zurück.«

Tucholsky schreibt dazu: »Ich gebe Ihnen, sehr geehrte Frau Keun, diesen Vorschlag zur Kenntnis. Bitte seien Sie überzeugt, daß ich mich hier *nicht* als Schiedsrichter in einen Streit einschalten möchte, der mich juristisch gar nichts angeht. Ich sehe aber, was hier heraufzieht, und es wäre schade. Ich stelle Ihnen ganz anheim, mir einen solchen Brief zu schicken; die ›Weltbühne‹ steht Ihnen zur Abgabe einer Erklärung immer zur Verfügung.

Mit den besten Empfehlungen

Ihr wie stets ergebener . . .«

Auch diesen Brief scheint Irmgard Keun nicht beantwortet zu haben.

Anderes ist wichtiger: Das neue Buch – und die Klärung der Frage, ob sie nun Tralow heiraten soll oder nicht. Er ist gut zu ihr, aber er tut ihr nicht gut. Er tut, was sie will. Und immer hat sie Lust, ihn zu betrügen.

Jetzt steht er auf und geht ihr nach. Nach oben, ins gemeinsame Zimmer. Ein Zimmer mit Aussicht auf das Moseltal. Ein Schlafzimmer von der Sorte, wie es auch in der Eupener Straße steht: schwere Eiche mit geschnitzten Ornamenten an Kopf- und Fußende. Die Ehebetten mit Überschlaglaken, Steppdecke, Paradekissen und Plumeau; rechts und links davon die Nachtkästchen mit Leselicht und Aschenbecher; parallel zu den Betten der Schrank, drei Türen, die mittlere verspiegelt; gegenüber der Waschtisch mit dem Porzellangeschirr und

unter dem Fenster ein Tisch mit zwei Stühlen: Tralows Arbeitstisch. Irmgard arbeitet lieber in der Gaststube.
Aber nicht jetzt. Jetzt liegt sie auf dem Bett und raucht. Tralow setzt sich neben sie und nimmt ihre Hand. »Schau«, sagt er, »daran mußt du dich gewöhnen. Mit dem Erfolg kommen die Neider. Vielleicht bist du zu schnell zu groß geworden . . . Deine Auflagen sind höher als die deiner Entdecker und Förderer. Das hat kaum einer gern . . ., und also fangen sie an, genauer zu lesen. Das sind sie ihrer Bedeutung schuldig. Sie sind Kritiker. Sie können nicht immer nur loben. Das machte sie überflüssig!«
»Sind sie auch«, knurrt die gekränkte Schriftstellerin.
»Sind sie nicht«, versetzt ihr Pfleger und Freund.
»Sind sie doch! Auch wenn du ihnen in den Arsch kriechst!« Wütend entreißt ihm Irmgard Keun ihre Hand. Sie setzt sich auf und drückt ihre Zigarette aus.
Johannes Tralow spricht weiter. Sie hört ihm nicht zu. Sie hat beide Hände auf die Ohren gepreßt. Sie will nichts von ihm wissen. Sie hört nicht, wie er sagt: »Wart ab, was von dieser ganzen Geschichte bleiben wird. Ich prophezeie dir: ein einziger Satz. Und zwar: Sie haben Humor wie ein dicker Mann, Grazie wie eine Frau, Verstand, Gefühl, Herz . . .«
Irmgard Keun sieht nur seinen ergebenen Blick und haßt ihn dafür und holt weit aus, soweit sie kann: »Ei, ei, riefen die Eunuchen, laßt's uns noch mal versuchen!«
Da ist er still.
Als es ihr bewußt wird, nimmt sie die Hände von den Ohren und sagt: »Entschuldige bitte.«
»Schon gut«, antwortet er, steht auf und tritt an den Tisch. Sie hat ja recht, aber warum bleibt sie bei ihm, und warum bleibt er bei ihr?
Er sieht aus dem Fenster. Gerade hat die Fähre aus Koblenz

angelegt. Männer und Frauen, einzeln und als Paare, manche mit Kindern, verlassen das Schiff und streben dem Kaffeegarten des Gasthofs zur Traube zu. Einige Arm in Arm oder Hand in Hand – so wie er und Irmgard vor drei Wochen ... Er seufzt. Alle Jahre wieder ist er hier. So wie dieses Jahr war es noch nie, und er weiß nicht einmal zu sagen, ob es früher besser oder schlechter war.
Irmgard ist neben ihn getreten. Sie lehnt sich an ihn. Er legt den Arm um sie. Es sieht merkwürdig ungeschickt aus.
»Was meinst du«, sagt er, »wie viele von denen da wohl das ›Kunstseidene‹ kennen?«
»Hoffentlich genug.«
»Bestimmt«, er faßt ein bißchen fester zu, »ganz bestimmt.«
Sie macht sich vorsichtig los. »Hast du gelesen, was dieser Kreisjugendpfarrer aus Saarbrücken mir geschrieben hat?«
»Nein.«
»Dann will ich es dir vorlesen. Es wird dir gefallen.«
Sie greift in ihre Handtasche, die auf dem Stuhl steht, und nimmt ein Briefchen heraus, vielfach gefaltet und zerknittert.

»Hans Döring, Saarbrücken 3, Rotenbühlerweg 50, den 13. 6. 32. Sehr verehrtes Fräulein Keun! Es ist eigentlich stillos im Zeitalter der ›kunstseidenen‹ Epoche, im Anschluß an seine Lektüre Briefe zu diesem Gegenstand zu schreiben. Wenn Sie aber trotzdem diesen Erguß weiterlesen wollen, so lassen Sie sich unbekannterweise für Ihr neues Buch herzlich danken. Es will für uns vielbeschäftigte Leute von 32 schon etwas sagen, wenn wir ein Buch ganz und aufmerksam lesen. Darf ich Ihnen verraten, daß ich das Schicksal Ihrer Doris dreimal miterlebt habe. Seit Döblins ›Alexanderplatz‹ hat mich kein Buch so gefesselt wie Ihr ehrliches und offenes Buch. Die Flut der Bücher über das moderne junge Mädchen ist ja schon Legion. Und doch sind diese angeblich so ›modernen‹ in Wahrheit oft nur Gartenlaubefiguren mit den Utensilien der Gegenwart. Ihre Doris hat Fleisch und Blut! An der Berufsschule unterrichte ich täglich soundso viele Mädchenklassen. Und beim Lesen Ihres Buches fand ich so vieles, bis in die Einzelheiten hinein, von dem Wesen und der Lebensart dieser Mädels bestätigt und scheinwerferartig erhellt, daß ich mich nur immer wieder freuen konnte. Und auch Ihre Art, eine Stadt wie Berlin schauend zu erleben, ist mitreißend. Es muß schön sein, mit Ihren Augen lebendig durch das Leben zu laufen und den blinden Menschen des Vorurteils einiges vom wahren Sinn des Menschseins mitzugeben. Hoffentlich sind Sie mir über die Zeilen nicht böse. Wir werden, wie ich vermute, soziologisch usw. an sehr verschiedenen Stellen im Leben stehen. Aber vielleicht macht es Ihnen ein wenig Freude, wenn Sie erfahren, bis wohin Ihre Arbeit dringt. Mit besten Grüßen, Ihr sehr ergebener Hans Döring.«

Sehr sorgfältig, fast zärtlich sind die Bewegungen, mit denen Irmgard Keun das vergilbte Blatt wieder zusammenfaltet, um es zurückzulegen in das Zigarrenkistchen, zurück zu den Bildern und Notizen aus einem anderen Leben. »Na«, knurrt sie und wirft mir einen schnellen Blick von der Seite zu, »na, das ist doch was!«

Ich nicke anerkennend und strecke die Hand aus.

»Zeig mal.«

Sie gibt mir den Brief. Er ist auf dünnem Durchschlagpapier geschrieben, und oben auf dem Blatt steht »Abschrift«.

Das wundert mich.

»Wo ist das Original?«

«Verloren.«

Wo und wann weiß sie nicht.

»Und wieso besitzt du eine Abschrift?«
»Die gehörte einem Freund, und der hat sie mir irgendwann einmal zurückgegeben.«
Die Antwort kommt schnell und konzentriert, als wollte sie plötzlich gefragt werden.
»Und wer war der Freund?«
»Irgendein Amerikaner. Arnold Strauss hieß er.« Und nach kurzer Pause, verschmitzt und verträumt zugleich: »Der wollt mich auch heiraten.«
»Irmgard«, sage ich streng, »nun spinnst du aber!«
Sie lacht rauh. »Ich hab dir doch gesagt: Alle wollten mich immer gleich heiraten.«
Ich lache nicht. »Aber getan hat's nur einer!«
Ihr Lachen erstirbt, ihr Gesicht verdüstert sich. »Hätte er man nicht . . .«

Er, der Theaterdirektor, Regisseur und Schriftsteller Johannes Wilhelm Ludwig Tralow, geboren am 2. August 1882 in Lübeck, geliebtes und geschlagenes Kind einer überforderten alleinerziehenden Mutter. Gelernter Kürschner, gelebter Künstler. Untersetzt, Brillenträger, ein Arm seit der Geburt verkrüppelt. Ein Genußmensch, charmant und großzügig, hilfsbereit und eitel. Ein angenehmer Gesellschafter, gebildet und unterhaltend, freundlich und neugierig. Ein Mann mit Talenten.
Aber kein Mann.
Johannes Tralow ist impotent, zeugungsunfähig und Masochist. Er liebt die Frauen, er kann ohne Frauen nicht leben, und immer wieder lieben Frauen ihn. Trotz alledem.
Die Ehe mit Irmgard Keun ist seine dritte.
Elsa und Eduard Keun hätten sie gern verhindert. Ein geschiedener Mann, um so vieles älter, und dazu noch Künstler, ein

Leichtfuß also, zu allem Überfluß dem Alkohol nicht abgeneigt, nein, das könne nicht gutgehen. Irmgard brauche eine feste Hand. Man ist sich einig. Doch was ist zu tun? Mit Tralow sprechen? Unmöglich! Mit Irmgard sprechen? Erst recht unmöglich!

Im September 1932 reisen Elsa und Eduard Keun nach Moselkern. Gerd, inzwischen Student, begleitet seine Eltern. Offizielle Begründung: Man wolle nach so langer Zeit Irmgard wiedersehen, und man wolle ein paar Tage ausspannen, denn so langsam spüre man die Jahre, die Mühen und Enttäuschungen der Vergangenheit: Warte, Elsa, warte . . .

Eduard Keun ist inzwischen vierundsechzig, Elsa Keun sechzig Jahre alt; ein Alter, in dem, was früher Wunsch war, zur Notwendigkeit wird: Erholung. Seit sie in Köln leben, haben Zeit und Geld selten gereicht, um Ferien zu machen. Die Sommerfrische in Ostende, durch Vermittlung eines belgischen Geschäftspartners zustande gekommen, oder die Wanderungen durch die Eifel waren eher die Ausnahme gewesen; in der Regel liefen die Geschäfte zu schlecht. Aber nun scheint es wirklich aufwärtszugehen. Die C. B. R. hat ihre Produktion endgültig auf technische Benzine umgestellt. Mit Erfolg: Die Schulden aus dem Jahre 1929 – 205 000 Reichsmark und damit mehr als das Doppelte vom Stammkapital – können schneller als erwartet abgetragen werden. Und es ist sogar noch Geld übrig, um nach und nach neue Kolonnen, Destillierblasen und Tanks anzuschaffen.

Nach über zwanzig Jahren hat die Cölner Benzin-Raffinerie zu ihrer eigentlichen Aufgabe gefunden.

Eduard Keun ist Teilhaber einer Benzinfabrik. Endlich, Elsa! Es wird nicht mehr auf den Pfennig gesehen, es wird sich etwas gegönnt. Es wird beschlossen zu reisen.

Zuerst nach Moselkern, zur berühmten Tochter, und alles

erster Klasse. Die Bahnfahrt von Köln nach Koblenz, die Weiterreise per Dampfschiff. In Moselkern ist reserviert im besten Haus am Platz, dem Hotel Burg Eltz, direkt an der Moselpromenade, drei Minuten zu Fuß von Irmis Domizil, dem Gasthof zur Traube, entfernt.

»Ob sie sich wohl freut, Eduard?«

Langsam gehen Eduard und Elsa Keun den schmalen, von Weiden gesäumten Weg, der von der Anlegestelle durch die Moselauen zum Gasthof zur Traube führt, hinauf. Gerd ist ein paar Meter hinter ihnen. Er trägt die Koffer. Elsa hat sich bei ihrem Mann eingehakt.

»Vielleicht hätten wir unseren Besuch doch ankündigen sollen . . .« Sie ist voller Zweifel, und ihr ist anzusehen, daß die Antwort ihres Mannes diese Zweifel eher verstärkt als ausräumt.

»Dann wären wir jetzt nicht hier!«

Eduard Keun kennt seine eigensinnige Tochter. Nein, es sei schon richtig, wie sie es gemacht hätten. Fast unmerklich drückt er den Arm seiner Frau und lächelt ihr beruhigend zu. Sie lächelt schwach zurück.

»Laß uns auf Gerd warten. Wir wollen Irmi gemeinsam überraschen.«

Im Gastraum der Traube ist es dämmrig. Es ist die Stunde vor dem Abendessen. Die karierten Gardinen vor den kleinen Fenstern sind zugezogen. Nur über dem Tresen brennt Licht. Hinter dem Tresen sitzt eine junge Person und blättert in einem Buch, Gretchen Klein, das Mädchen für alles. Als sie hört, daß die Tür sich öffnet, hebt sie den Kopf.

»Einen schönen guten Tag«, sagt der freundliche ältere Herr. In seinem Gefolge betreten eine Dame seines Alters und ein junger Mann den Raum. »Wir möchten unsere Tochter besuchen. Sie wohnt bei Ihnen. Keun ist ihr Name.«

»Keun?« Margarete Klein hat diesen Namen noch nie gehört.
»Irmgard Keun«, jetzt hat der junge Mann das Wort ergriffen, »Irmgard!« sagt er laut, als spräche er zu einer Schwerhörigen.
»Ach, die Irmgard!« Nun weiß Gretchen Bescheid. »Sie meinen die Irmgard Tralow!«
Neugierig betrachtet sie die fremden Herrschaften. Feine Eltern hat die Frau Tralow. Hätte sie nicht gedacht, so wie die sich manchmal aufführt . . . Neulich hat sie morgens um zehn schon Wein ans Bett gewollt. Ihr Mann war dagegen gewesen, aber sie . . . Nicht zu glauben, wie sie den um den Finger wickelt. Dabei ist sie nicht mal besonders hübsch, so dick, und kommt morgens die Treppe runter wie eine Fürstin und sagt zum Chef: »Adam, mach mir 'n Kind.« Gut, daß die Chefin das nicht gehört hat . . . Und immer die vollen Aschenbecher! Aber großzügig ist sie, und freundlich. Und wenn sie erzählt, hören alle zu – sie kann gut erzählen. Und der Mann ist so verliebt in sie, immer Arm in Arm, wie die Turteltauben . . . Er ist kleiner als sie. Schade eigentlich. So ein Mann sollte größer sein.
Sie kommt hinter dem Tresen hervor, das Meldebuch in der Hand, und führt die Eltern Keun und ihren Sohn an den runden Tisch in der Ecke. »Nehmen Sie doch Platz. Ihre Tochter muß jeden Augenblick zurückkommen. Sie macht nur einen kleinen Spaziergang mit ihrem Mann.«
Fassungslos sehen die Eltern und Gerd sich an: Zu spät! Aufs Naheliegende – daß der Eintrag im Meldebuch nicht die Wahrheit, sondern die Voraussetzung fürs Doppelzimmer ist – kommen sie nicht.
Und Irmgard sagt es ihnen nicht.
Statt dessen sagt sie zu Tralow: »Nun mußt du mich wirklich heiraten.«

Am 17. Oktober 1932 besteigen Irmgard Keun und Johannes Tralow in Moselkern die Fähre nach Cochem. Es ist ein milder Herbsttag, die Sonne scheint auf die abgeernteten Weinberge. Es ist der Tag ihrer Hochzeit.
Die Trauung ist eine Veranstaltung zweiter Klasse, ein freudloser, hastiger Verwaltungsakt. Der Standesbeamte arbeitet in Vertretung, die Trauzeugen sind zwei rasch aus dem Nebenzimmer hereingebetene Cochemer Verwaltungssekretäre – ihrem Kollegen »der Persönlichkeit nach bekannt«: Alfons Herberz, vierundzwanzig Jahre alt, und Georg Kann, dreiundzwanzig. Das Brautpaar weist sich durch Vorlage seiner Reisepässe aus. Die Eheschließung wird unter der Nummer 24 registriert. Beim Ausfüllen der Urkunde kleckst die Feder, Irmgard Keuns Kölner Hausnummer ist falsch, die Unterschrift des Standesbeamten unleserlich.
Zwei Tage später steht im ›8 Uhr-Abendblatt‹ der ›National-Zeitung‹ unter der Überschrift: »So ist sie – *eine von uns*!« Untertitel: »Wissen Sie, mit wem die Keun verheiratet ist?« – unter anderem: »Jetzt sitzt die Keun in einem kleinen Nest an der Mosel und arbeitet an einem neuen Roman, dessen Stoff sich um zwei Männer gruppiert, die – mehr soll vorläufig nicht verraten werden. Neben ihrer energisch betriebenen Produktion hat die erfolgreiche und vitale Frau im Laufe des letzen Sommers Zeit gefunden, sich zu verheiraten. Ihr Gatte ist der aus der expressionistischen Periode der deutschen Literatur bekannte Dr. Johannes Tralow . . .«
Der Gerstmanns-Verlag schickt Irmgard Keun den Zeitungsausschnitt nach Moselkern.
»Idioten«, sagt sie, nachdem sie ihn gelesen hat, »die glauben doch alles, was man ihnen erzählt.«
Aber ihre Stimme ist ohne Schärfe. Sie ist blaß. Seit einiger Zeit schläft sie schlecht.

Sie bittet Tralow, abzureisen. Vielleicht werde es besser, wenn er fort sei. Vielleicht nehme sie ja nur den November vorweg.
Sie steht an der Promenade und streichelt die letzte Rose: *Verwelkt doch nicht so schnell.* Sie sitzt am Schreibtisch und schaut ins Tal: *Außen Nebel, innen Nebel.*
Ihr Himmel ist grau. Das Blatt Papier vor ihr bleibt leer. Sie treibt auf einem Meer fassungsloser Traurigkeit davon. Sie sollte schreiben. Anschreiben gegen die Ängste, die Melancholien, die Depressionen.
Sie weiß es selbst am besten: *Schreib's auf, Irmgard, schreib jeden Tag, gewöhn dich wieder ans Schreiben. Lasse es nicht mehr bei der Gedankenschreiberei bleiben. Denk dich aufs Papier. Träum dich aufs Papier.* Sie wußte es immer: Sätze aus dem Journal der alten Frau.
Aber was sollte sie schreiben?
Sie hat ihre Geschichten verloren. ›Der hungrige Ernährer‹ ist ihr abhanden gekommen.
Drei Monate später kommen ihr auch ihre Leser abhanden.

»Die Luft
ist vergiftet«
Auf der ›Schwarzen Liste‹

Irmgard Keun, um 1935
Vorderseite: Irmgard Keun, ebenfalls um 1935

Am 30. Januar 1933 beruft Reichspräsident Paul Hindenburg Adolf Hitler zum Reichskanzler. Zwei Tage später wird der Reichstag aufgelöst. Am 27. Februar brennt das Reichstagsgebäude. Brandstiftung. Sie wird den Kommunisten zur Last gelegt und hat eine Verhaftungswelle zur Folge. Wer noch fliehen kann, flieht.

Am 5. März wird der neue Reichstag gewählt. Die Nationalsozialisten gewinnen 44 Prozent der Stimmen und können damit die Zahl ihrer Sitze mehr als verdoppeln: von 288 auf 648. Zusammen mit der Kampffront Schwarz-Weiß-Rot erreichen sie eine Mehrheit von 52 Prozent.

Am 23. März beschließt die neue Regierung das Ermächtigungsgesetz gegen die Stimmen der Sozialdemokraten. Während der Abstimmung kontrollieren SA- und SS-Wachen den Saal, um potentielle Gegner des Gesetzes zu verunsichern. Alle 81 KPD-Abgeordneten und 26 der insgesamt 120 SPD-Abgeordneten waren der Sitzung von vornherein ferngeblieben. Die Verhaftungen, Überfälle und Drohungen hatten sie eingeschüchtert.

Bereits am 24. März tritt das Ermächtigungsgesetz in Kraft. Der Weg zum totalitären Staat ist frei; das Gesetzgebungsrecht des Parlaments ist aufgehoben und das Gebot von der Verfassungsmäßigkeit von Gesetzen nicht mehr gültig. Ab sofort beschließt die Reichsregierung alle Gesetze. Die Weimarer Verfassung ist nicht mehr bindend. Statt vom Reichspräsidenten kann jedes Gesetz vom Reichskanzler ausgefertigt werden, und Verträge des Reiches mit anderen Staaten bedürfen nicht mehr der Ratifizierung durch das Parlament.

Am 1. April findet, von der Parteiführung befohlen, die erste zentral gesteuerte Aktion der Nationalsozialisten gegen die Juden in Deutschland statt: Der Judenboykott richtet sich

gegen jüdische Geschäfte und Warenhäuser, gegen Rechtsanwälte und Ärzte. Dem »Internationalen Judentum« wird »Greuelhetze« gegen das nationalsozialistische Deutschland unterstellt; es habe zum Boykott deutscher Waren aufgerufen. Ein eigens gegründetes ›Zentralkomitee zur Abwehr der jüdischen Greuel- und Boykotthetze‹, geleitet von Julius Streicher, gibt die Parole aus: »Deutsche! Wehrt Euch! Kauft nicht bei Juden!«
Pünktlich um 10 Uhr ziehen Posten der SA und der SS auf. Sie sollen »die Bevölkerung vor dem Betreten jüdischer Geschäfte warnen«. Wer es trotzdem tut, läuft Gefahr, bedroht zu werden. Viele Schaufenster sind mit Plakaten überklebt oder mit Schmähungen beschmiert: Talmud-Gauner, Dreckjude, Sau. Jüdische Bürger werden beschimpft und tätlich angegriffen.
Der Tag des Judenboykotts markiert den offiziellen Beginn der Judenverfolgung.

Irmgard Keun erlebt den Tag in Köln. Sie ist entsetzt, sie ist verzweifelt, sie ist voller Zorn und voller Scham. Sie ahnt, was folgen wird. Sie weiß die Zeichen der Zeit zu deuten.
Ihr Mann weiß es nicht. Kinderkrankheiten nennt er, was sie als Katastrophe empfindet. Ihr Mann ist ihr fremd.
»Das wird sich schon noch alles geben«, sagt er.
»Ja«, sagt sie, weil sie es so will.
In ihrer Jackentasche knistert ein Zeitungsausschnitt, ein Ausriß aus dem ›Westdeutschen Beobachter‹, erschienen in der zweiten Februarwoche. Titel: »Aus dem ›Synagogenbetrieb‹ des Opernhauses. Eine Provokation des Halbjuden Schmidt-Scherf.« Sie wollte ihn Tralow zeigen. Nun läßt sie es lieber. Sie sieht ihn so selten – er ist in Hannover und Frankfurt, sie in Köln –, und sie wünscht sich einen Tag ohne

Auseinandersetzungen. Endlich wieder einmal ins Treppchen gehen! Lachen, Reden, Trinken.. So viele Erinnerungen... Und falls sie nun Schmidt-Scherf dort treffen?
Sie hat gehört, daß ihm gekündigt werden soll. Sie hört vieles. Wieso hört Tralow so wenig? Liest er keine Zeitungen? Sie fährt nun doch mit der Hand in die Tasche und zieht den Zeitungsausschnitt heraus und hält ihn ihm vors Gesicht.
»Ach ja, Schmidt-Scherf«, sagt er mit leiser Stimme, »eine unangenehme Geschichte.«
Also hat er davon gehört. Immerhin!
Sie beginnt zu lesen. Ihre Stimme klirrt. Er sieht sie bewundernd an: Seine Frau! Sie spürt es. Es ist ihr gleich. Hauptsache, er hört ihr zu.
»Einige Tage vor der Machtübernahme durch unseren Führer Adolf Hitler sprach ein uniformierter SA-Mann bei dem Hausmeister des Kölner Opernhauses vor, um die Intendanz zu sprechen. Als der Parteigenosse später das Haus verlassen hatte, glaubte der mit einigen Rassegenossen vor der Hausmeisterei sich befindliche Opernsänger *Schmidt-Scherf* seinem von besonderer ›Tapferkeit‹ getragenen Mißfallen über die vorübergehende Anwesenheit des Nationalsozialisten in ohnmächtiger jüdischer Wut dadurch Ausdruck zu geben, daß er mit seinem widerlich näselnden Organ den Hausmeister anschnauzte: ›Wie können Sie sich unterstehen, einen solchen Nazi-Halunken in den Bau hereinzulassen!‹
Wohlweislich erkühnte sich dieser Judenbastard aus angeborener Feigheit *nicht*, diese unverschämten Äußerungen in *Gegenwart des SA-Mannes* zu machen, wohl aus Vorsicht und Furcht vor der Demolierung seines rasseeigenen ›Giebels‹.
Es sei jedoch dem Hebräer versichert, daß wir uns zu *gegebener* Zeit seiner anmaßenden Chuzpe erinnern und für sein weiteres

›Fortkommen‹ *sehr besorgt* sein werden. Warte, warte, noch ein Weilchen . . .«

Irmgard Keun sieht von dem Blatt auf und sucht den Blick ihres Mannes. »Unangenehm – sagst du.« Sie schüttelt den Kopf. »Das ist mehr, viel mehr, Hannes . . .«

Er hält ihr stand, sagt – »Nein«.

Eine traurige Prophetin, denkt er. Wo ist ihr Witz geblieben? Sie müßte doch merken, wie lächerlich diese Drohungen sind! Er versucht ein beruhigendes Lächeln. »Das wird alles nicht so heiß gegessen, wie es gekocht wird.«

Sie kann ihn nicht mehr sehen.

Sie kann niemanden mehr sehen.

Man müßte etwas tun.

Ich habe mich schon auf der Schule geschämt, wenn ›Deutschland, Deutschland über alles‹ gesungen wurde – so ein widerwärtiges Lied – so fett zu sprechen, so fett zu denken, den ganzen Mund voll Lebertran. – Die – mit ihrer aufdringlichen Vaterlandsliebe – . . .

Man müßte etwas tun . . . *Warum? Ja, warum! Man ist ja kein Pflasterstein.*

Am 1. April 1933 schreibt Irmgard Keun dem Schriftsteller und Rechtsanwalt Martin Beradt einen Brief. Siebenundvierzig Jahre später, am 30. März 1980, antwortet ihr seine Witwe Charlotte Beradt aus New York.

Liebe Frau Irmgard Keun,

Sie haben am 1. April 1933, dem offiziellen Judenboykott-Tag, an Martin Beradt geschrieben: . . . mich macht dieses gottverfluchte Regime krank . . . die Luft ist vergiftet . . . man wagt nicht mehr zu atmen, geschweige denn zu denken. – Niemand hat dem bekannten Autor M. B. (schon als Syndikus des Schutzverbandes deutscher Schriftsteller dem literarischen

Klüngel bekannt) eine Zeile der Mißbilligung oder Anteilnahme geschrieben als die – ihm offenbar nicht lange und nicht nah bekannte – dreiundzwanzigjährige Irmgard Keun. Beradt hat diesen Brief, unter ausgewählten Schriftstücken, mit ins Ausland genommen. Er ist seit 30 Jahren tot; er hatte keine Schultern, sie dem Geschehen entgegenzustellen; er hatte nur schwache Nerven und schwache Augen, die hier nahezu erblindeten.
Ich bewahre Ihren Brief immer noch, konnte mich nicht von ihm trennen (...).
Nun habe ich von Ihnen gehört (...), dann Ihre Adresse erfahren (...). Und nun tue ich, was ich lange wollte, Ihnen zu sagen, wie der Brief durch die langen Jahre hochgehalten worden ist und wie tröstlich er war.
Ich habe mich von Herzen gefreut, daß Ihre Bücher (natürlich habe ich damals ›Gilgi‹ und ›Das kunstseidene Mädchen‹ verschlungen) wieder erscheinen, daß Ihr Name wieder lebendig ist.
Sehr viel Gutes und Herzliches,
Ihre Charlotte Beradt.

»Kennst du die?« Aus der Sesseltiefe – jetzt hockt sie dort – quillt ihre Stimme. Irmgard Keun spricht wie mit vollem Mund, dabei hat sie nur einen Schluck Fachinger genommen; auf meinen Wunsch hin und nicht ohne einen bissigen Kommentar: Sie sei schon erwachsen.
»Kennst du die?« Sie fragt noch einmal, nun mit klarer Stimme.
Ich nicke, will gerade erklären, woher und warum, da fällt sie mir unwirsch ins Wort: »Hast du ihr meine Adresse gegeben?«
»Durfte ich nicht?«

Sie mustert mich eine Weile schweigend und mit hochgezogenen Augenbrauen, dann zuckt sie die Achseln. »Irgendwie ... Ich weiß nicht ...« Und nach einer kurzen Pause, forsch: »Los, hol uns noch was!«
Ich soll zum Büdchen gehen, schräg gegenüber, Ecke Trajan- und Maternusstraße in der Kölner Südstadt – die letzte Adresse. Als ich zwei Taschenpackungen Doornkaat verlange, fragt mich der Besitzer, ob ich auch die Rechnung vom Morgen bezahlen wolle. Ich will. Das freut ihn. Unaufgefordert beginnt er zu erzählen, wie schwer es manchmal sei, von dieser Kundin das Geld zu bekommen. Dabei hätte sie wohl genug, jedenfalls in der letzten Zeit, und würde auch gern geben. Besonders Kindern. Da lege sie oft noch was dazu. Komm, tu noch was dabei, sage sie dann immer. Bloß an die eigenen Rechnungen, an die wolle sie nicht ran. Er lacht: »Ja, dat Irmgard!«
Ich sage streng: »Sie meinen Frau Keun.«
Er schüttelt den Kopf: »Dat Irmgard. Für uns – dat Irmgard.« Dabei weist er auf den schäbigen Holzstuhl, der neben der kurzen Treppe steht, die den kleinen Schank- und Verkaufsraum mit seiner Wohnung verbindet. Hier sitze sie oft und rede und gucke und trinke. Sie sei wohl einsam ... »Und wenn sie umfällt, schlepp ich sie hoch in ihre Wohnung.«
»Nach wieviel fällt sie um?«
»Nach fünfzehn Doornkaat«, antwortet der Büdchenbesitzer freundlich und anerkennend.
Da fliehe ich.
Ich werde erwartet. Irmgard Keun steht in der Tür ihres Apartments, zwei Zimmer unterm Dach, das Badezimmer außerhalb der Wohnung. Sie hält sich am Rahmen fest und lächelt mir entgegen. Ich lächle zurück und schwenke die Fläschchen. Kaum daß wir wieder sitzen, fängt sie noch ein-

mal von Charlotte Beradt an. Sie will wissen, wie es ihr im amerikanischen Exil ergangen sei und wie sie heute lebe. Meine Antworten lassen sie verstummen. Schließlich sagt sie still: »Ich hätt ja auch hingekonnt . . . Aber es war zu spät.«
»Zu spät?«
Keine Antwort.
»Wieso zu spät? 1936 war doch noch gar nicht so spät . . .«
Sie sieht durch mich hindurch. Ich dränge.
»Du bist doch 36 nach Ostende emigriert!«
Weit zurückgelehnt holt sie tief Luft und fährt sich mit der Hand über die Stirn, als erwachte sie eben. Jetzt sitzt ihre Perücke schief.
Ich nehme einen Schluck und werde kühn.
»Irmgard, hast du keine eigenen Haare mehr?«
Sie knurrt zurück: »Das geht dich gar nichts an.«
»Stimmt.«
Sie ist zufrieden. »Und nun frag mich was anderes.«
»Warum bist du erst im Mai 36 emigriert? Du hast die Nazis durchschaut und gehaßt von Anfang an . . .«
Die Antwort hat sie schon oft gegeben.
»Ich konnte nicht eher. Ich war doch verheiratet. Tralow und ich hatten einen gemeinsamen Paß. Und er wollte bleiben . . .« Sie greift zur nächsten Zigarette, zündet sie sich ungeschickt an und nimmt ein paar hastige Züge, bevor sie weiterspricht, laut und böse. »Er hat sich an die Nazis rangeschmissen, dieses Schwein, hat für seine kleine Karriere Konzessionen gemacht, hat *gegen sein Gefühl, gegen sein Gewissen geschrieben*. Er war feige. Und – er hatte Angst. Angst und Ambitionen. Eine gefährliche Mischung. – Und später, als alles vorbei war, hat er von innerer Emigration geredet und sich in die DDR abgesetzt. Und wieder Karriere gemacht. Als PEN-Präsident und verdienter Schriftsteller des Volkes.«

Sie wird immer lauter. Sie ist in Fahrt. Sie redet über Nachkriegszeit, Nazibonzen und Neuanfang. Sie ist der Haß. »Halt«, sage ich, »so weit sind wir noch nicht.«

Wir sind im Jahre 1933.
Genauer gesagt: Wir schreiben den 6. April. Der Oberbürgermeister von Köln diktiert seiner Sekretärin einen Brief an den Herrn Opernsänger Wilhelm Schmidt-Scherf. Es ist ein Brief ohne Anrede und ohne Grußformel am Schluß: »Seitens der NSDAP ist Beschwerde über Sie geführt worden, weil Sie dieses Opernhaus in Gegenwart anderer Theaterangehöriger durch den Ausdruck ›Halunken‹ und durch ungebührliche Redensarten beleidigt haben. Es wird Ihre Maßregelung verlangt und darauf hingewiesen, daß mit einem Boykott des Theaters und mit Störungen der Vorstellungen bestimmt zu rechnen sei, wenn die geforderte Maßregelung nicht sofort erfolge. Nachdem sich durch amtliche Zeugenvernehmung die Richtigkeit der gegen Sie erhobenen Beschuldigung ergeben hat, spreche ich hiermit Ihre fristlose Entlassung aus.«
Der Brief wird Wilhelm Schmidt-Scherf im Opernhaus überreicht, er muß es unverzüglich verlassen.
Vorbei am Hausmeister, der sein Parteiabzeichen nicht länger unter, sondern endlich auf dem Revers trägt und dessen Gesicht das stolze, selbstgefällige Lächeln des kleinen Mannes zeigt, der Bescheid weiß und Bescheid gab. Vorbei an den beklommen schweigenden Kollegen tritt der Opernsänger Wilhelm Schmidt-Scherf auf die Straße.
Was nun? Wohin? Zu Papa Dierse, ins Treppchen? Und wenn dort auch schon die Denunzianten sitzen?
Mütter zeigen ihre Schwiegertöchter an, Töchter ihren Schwiegervater, Brüder ihre Schwestern, Schwestern ihre Brüder, Freunde ihre Freunde, Stammtischgenossen ihre Stammtischgenossen . . .

Aber nicht bei Papa Dierse; bei Papa Dierse ist es anders. Er macht sich auf den Weg. Vielleicht sind dort die Menschen, die er jetzt braucht. Zum Beispiel diese Schriftstellerin, Irmgard heißt sie, Irmgard Keun; sie soll ziemlich berühmt sein; eine, die kein Blatt vor den Mund nimmt, die höhnt und lacht und trauert... Daß die noch keiner angezeigt hat...
Er stößt die Tür zum Gastraum auf; ein schneller Blick über die Tische. Keine Spur von Irmgard. Nur ihre Freundin Annemarie ist da, ihren Nachnamen weiß er nicht, eine Schauspielerin und Gelegenheitsautorin.
Er setzt sich zu ihr. Sie hat von seiner drohenden Entlassung gehört; als sie sein Gesicht sieht, weiß sie, was geschehen ist. Was soll sie ihm sagen? Es gibt keinen Trost. Ob es gefährlich ist, mit ihm zusammen gesehen zu werden...? Kaum daß die Frage in ihr aufgekommen ist, schämt sie sich ihrer bereits. Was sind das für Zeiten! Sie ergreift seine Hand und drückt sie.
Papa Dierse bringt zwei Schoppen Weißen. »Geht auf meine Rechnung«, sagt er.
Sie schweigen und trinken, und schließlich beginnen sie, von anderem zu sprechen. Sie sprechen mit gesenkten Stimmen. Vielleicht haben die Wände Ohren...
»Man muß vorsichtig sein«, sagt sie.
»*Das muß man*«, pflichtet er ihr bei, »*weil man nie weiß, wer einen beobachtet und anzeigt.*«
»Ach«, sagt sie, »Irmgards Worte.«
Er ist überrascht. »Doch nicht Irmgard! Seit wann sieht Irmgard sich vor!«
Die Freundin schüttelt bekümmert den Kopf. »Sie tut's nicht. Aber sie weiß, daß sie es tun müßte.«
Er sieht sie fragend an. »Wieso?«
Sie ist erstaunt. Kennt er denn nur sein eigenes kleines Schicksal! »Aktion Dr. Herrmann«, sagt sie knapp.

Er erschrickt, ohne genau zu wissen, warum. Ist es das Wort »Aktion«? Ist es ihre Stimme . . .? Er schweigt.
Sie beobachtet ihn. Hat er sie nicht verstanden?
»Aktion Dr. Herrmann«, wiederholt sie, nun etwas langsamer und freundlicher.
Die Fingerspitzen an die Schläfen gepreßt, als gelte es, einen Schmerz wegzumassieren, mißt er sie mit einem langen Blick. Dann holt er tief Luft.
»Aktion Dr. Herrmann . . ., das klingt nach einer verdammten Sauerei!« Seine dröhnende Stimme hallt durch den Schankraum.
Sie zuckt zusammen. Bühnenreif, denkt sie. Diese Sänger, immer zu laut. Laut, lauter, Sänger. Idiot! Unvorsichtiger Idiot! Sie beugt sich vor, bringt ihr Gesicht nahe an seines und zischt: »Leiser! Bitte etwas leiser. Haben Sie noch nicht genug Schwiergkeiten! Denken Sie doch auch einmal an mich! Ich . . .« Beschämt bricht sie ab.
Er nickt. Er kann gar nicht wieder aufhören zu nicken.
Sie sieht es. Sie möchte ihn festhalten. Sitz still, möchte sie sagen. Sprich weiter. Sprich so laut, wie du willst. Sie streckt die Hand aus und läßt sie wieder sinken. »Entschuldigung«, sagt sie.
Er sieht sie traurig an. »Sie haben ja recht.« Jetzt flüstert er auch; flüsternd stellt er seine Fragen, will wissen, was sie weiß; endlich und alles wissen.
»Ach«, sagt sie leise, »ich weiß nicht viel, ich ahne mehr, als ich weiß. Ich ahne, es wird schrecklich werden . . .«
Er kann sie kaum verstehen. Aber vielleicht liegt das auch daran, daß sich der Raum mit Gästen gefüllt hat und daß es lauter geworden ist.
»Was wird schrecklich werden?« Er läßt nicht locker.
Sie sieht auf – und an ihm vorbei. Sie sieht zur Tür. Wollte

Irmgard nicht noch kommen? »Fragen Sie meine Freundin«, antwortet sie endlich, »die ist dran, nicht ich.«
»Dran?« Sein Gesicht ist ein einziges Fragezeichen.
Sie holt tief Luft. Lebt dieser Mensch denn auf dem Mond!
»Hören Sie«, sagt sie, »die Aktion Dr. Herrmann hat Irmgard Keun als schädliche und unerwünschte Autorin registriert. Verstehen Sie mich jetzt!?«
»Ja«, seine Stimme stockt, ». . . entsetzlich . . . Wie soll das nur alles weitergehen?«
»Das werden unsere Enkel wissen!« funkt es forsch von hinten dazwischen. »Wenn man uns überhaupt Enkel haben läßt!«
»Irmgard!«
Unbemerkt ist Irmgard Keun hereingekommen und hinter die beiden getreten. Ihre Augen funkeln. Schwankt sie?
»Und darauf trinken wir jetzt! Daß Sie eines Tages Enkel haben werden und ich einen neuen Roman. Heil Hitler allerseits!« Sie lacht und ballt die Hand zum Kommunistengruß. Die Freunde fallen ihr in den Arm.
»Angst?« fragt sie spöttisch. »Habt ihr etwa Angst . . .? Ich nicht. *Ein Schriftsteller, der Angst hat, ist kein Schriftsteller . . . Aber abgesehen davon: Du bist überflüssig. Durch die Diktatur ist Deutschland jetzt ein vollkommenes Land geworden. Ein vollkommenes Land braucht keine Schriftsteller. Im Paradies gibt es keine Literatur . . . Wo Vollkommenheit ist, hört Dichtung auf . . . Das Vollkommene macht jedes Wort überflüssig.* Was meint ihr? Soll ich mich umbringen? Bevor sie es tun . . .«
Sie spricht laut und deutlich. Von den Nebentischen sehen die ersten zu ihr herüber. Es ist merklich stiller geworden im Raum.
Annemarie zieht die Schultern zusammen. Ihr ist kalt. »Irmgard, bitte. Wir sind hier nicht allein.«
Aber Irmgard ist Donner und Blitz; und nur weil Papa Dierse

in diesem Augenblick den Wein bringt und sie Durst hat, bleibt es beim Prost – auf die Enkel und auf die Bücher.
»Meinen Sie wirklich, daß Sie von der Liste je wieder runterkommen?« fragt der Opernsänger die Schriftstellerin, nachdem sie sich zu ihnen gesetzt hat.
»Meinen Sie wirklich, daß Sie je wieder auf der Bühne stehen werden?« fragt sie zurück.
Sie lachen, aber es ist ein unfrohes Lachen.
»Wie gesagt: Das werden unsere Enkel wissen. Sie werden unsere Chronik schreiben. Sie werden die Ereignisse ordnen.«
»Womit sie wohl beginnen werden?«
»Ich weiß nicht. Es gibt viele Möglichkeiten . . .«
»Warum nicht mit der Aktion Dr. Herrmann«, mischt Annemarie sich ins Gespräch.
Die Freunde nicken. »Warum nicht?«

Beginne ich also mit der ›Aktion Dr. Herrmann‹. Und nenne es: Chronik der Zerstörung einer Schriftstellerzukunft am Beispiel Irmgard Keuns.
›Aktion Dr. Herrmann‹ heißen die hektografierten Vorläufer der ersten ›Schwarzen Listen‹. Sie werden bereits kurz nach der Machtübernahme zur »Orientierung« der Verleger und des Buchhandels veröffentlicht. In ihnen sind – mit einer kurzen Begründung – alle »schädlichen und unerwünschten« Autoren und Werke verzeichnet. Irmgard Keuns Bücher rangieren unter der Kategorie der »unzüchtigen Schriften«. Ihre Bücher können jederzeit durch die politische Polizei beschlagnahmt werden. Die dafür nötige Verordnung »zum Schutz von Volk und Staat« hat der Reichspräsident am 28. Februar 1933 unterzeichnet. Am 11. Mai 1933 – einen Tag nach den Bücherverbrennungen in fast allen deutschen Universitätsstädten – genehmigt Minister Rust für Preußen die erste amtliche

›Schwarze Liste‹. Weitere Listen des ›Kampfbundes für deutsche Kultur e. V.‹ – »wider den undeutschen Geist entarteter und jüdischer Literaten« – folgen. Ihnen voran stehen immer dieselben Sätze: »Die vorliegende Liste nennt alle Bücher und alle Autoren, die bei der Säuberung der Volksbüchereien entfernt werden können . . .« oder »Wir veröffentlichen nachstehend die Namen derjenigen Schriftsteller, deren sämtliche Werke vom Buchhandel weder verliehen noch vertrieben werden sollen . . .«

Irmgard Keun und ihre Romane sind in allen diesen Listen verzeichnet. Sie gilt als Verfasserin von »Asphaltliteratur mit antideutscher Tendenz«.

Im Vorspann zur ›Schwarzen Liste‹ vom 13. Juli 1933 wird »Asphaltliteratur« definiert als Literatur, »deren Kennzeichen eine geistreichelnde, bewegliche Intellektualität ist, die mit virtuoser Technik vorgetragen sein kann, aber in ihrer Standpunktlosigkeit ohne Bindung an die Werte ist, auf denen das völkische, sittliche und religiöse Gemeinschaftsleben beruht, die auch um solche Werte und Bindungen nicht ringt, sich vielmehr in ihrer freischwebenden Intellektualität gefällt und so zur Verneinung aller Bindungen und Werte führt (Literatur des kulturellen Nihilismus)«.

Am 7. August 1933 wird ›Das kunstseidene Mädchen‹ für Preußen beschlagnahmt, einen Tag später für Bayern. Am 13. Oktober 1933 wird es vernichtet. ›Gilgi, eine von uns‹ bleibt vorerst von der Beschlagnahme und Vernichtung verschont.

Am 1. November 1933 wird die Reichsschrifttumskammer gegründet. Die rechtliche Grundlage dafür wurde mit dem Reichskulturkammergesetz vom 22. November 1933 und dessen erster Durchführungsverordnung geschaffen. Die RSK betrifft alle Personen, die »von der Urproduktion der Dichtung angefangen, bis zum gewerblichen Vertrieb am Schrifttum arbeiten«; sie alle sind kammerpflichtig. Um Mitglied zu werden, ist ein beträchtlicher bürokratischer Aufwand erforderlich: Fragebogen zur Person, Lebenslauf, Abstammungsnachweise, Gutachten der Partei, der Gestapo und der Landesleitung der Reichsschrifttumskammer. Abgelehnte Anträge sowie Ausschlüsse werden veröffentlicht. Die Verweigerung der Mitgliedschaft kommt einem Berufsverbot gleich.

Vom 25. April 1934 an führt die Reichsschrifttumskammer in Fortsetzung der ›Schwarzen Listen‹ die ›Liste des schädlichen und unerwünschten Schrifttums‹. Sie arbeitet dabei eng mit der Reichsschrifttumsstelle des Propagandaministeriums zusammen, sie ist mithin an der staatlichen Buchzensur entscheidend beteiligt. In den Augen der Öffentlichkeit eine berufsständische, sich selbst verwaltende Organisation, ist die RSK in Wirklichkeit ein Instrument des Propagandaministeriums zur Kontrolle und kulturellen Manipulation der Bevölkerung.

1934 und 1935 kann sie mehrfach in Sachen Irmgard Keun tätig werden. ›Gilgi, eine von uns‹ hat Anstoß bei den Mitgliedern des Reichsbundes der deutschen Beamten erregt »wegen einer Stelle, welche das Ansehen der Postbeamtinnen in gröbster Weise herabsetzt (...). Es heißt dort: *... an der Passage standen ein paar Nutten, brav, bieder und schlecht gelaunt. Ohne Schminke und Attropin könnte man sie für entlassene Telefonbeamtinnen halten.*

Am 19. September 1934 fordert die Reichsstelle zur Förderung des deutschen Schrifttums im Reichsüberwachungsamt der NSDAP die Gestapo auf, in der von der Gauleitung Berlin, Amt für Beamte, denunzierten Leihbibliothek Figaro, Berlin C 24, Hirtenstraße 1/2, »einmal eine Revision der Bestände vorzunehmen und das Buch zu beschlagnahmen«.

Am 24. September legt die Gestapo der Reichsschrifttums-

kammer den Fall zur Begutachtung vor. Ihr Präsident versucht – überraschenderweise – zu beschwichtigen. Er schreibt am 1. Oktober: »Die Druckschrift ›Gilgi, eine von uns‹ von Irmgard Keun wird laut Auskunft der Universitas Verlags A. G. nur noch gegen eine Bescheinigung ausgeliefert, daß das Buch zu wissenschaftlichen Zwecken benötigt würde und weder verkauft noch weiter verliehen werden dürfe. Der Verkauf im Buchhandel ist völlig eingestellt, aus den Leihbüchereien ist die Druckschrift ohnehin schon zurückgezogen.
Zweifellos ist die Druckschrift ›Gilgi, eine von uns‹ in mancher Beziehung unerfreulich. Sie besitzt aber auch eine gewisse menschlich rührende Haltung. Ein Grund zu einem Verbot besteht meiner Auffassung nach nicht. Auch der von der Reichsstelle zur Förderung des deutschen Schrifttums angeführte Satz kann keinen Grund zur Beschlagnahme der Druckschrift bilden. Der Satz will offenbar nicht Telefonbeamtinnen mit Straßendirnen vergleichen, sondern sagt lediglich von Straßendirnen, daß sie beinahe so bieder ausgesehen hätten wie Telefonbeamtinnen. In dieser Darstellung kann ich keine Beleidigung des Beamtenstandes erblicken. Ich bitte daher, von einer Beschlagnahme und Einziehung der Druckschrift abzusehen. Heil Hitler! Im Auftrag Gunther Haupt.«
Die Geheime Staatspolizei aber läßt sich nicht beschwichtigen. Als weitere Anzeigen in Berlin eintreffen, im Dezember 1934 aus Oppeln und im März 1935 aus Bremen, stellt sie – entgegen der Empfehlung der Reichsschrifttumskammer – den beschwerdeführenden Staatspolizeistellen am 21. März 1935 »anheim, die Schrift, sofern sie dort tatsächlich noch vereinzelt verbreitet werden sollte, jeweils zu beschlagnahmen und einzuziehen«.
So geschieht es.
Irmgard Keuns Existenz als Schriftstellerin ist vernichtet.

Die Bücher, die sie geschrieben hat, sind nicht mehr im Handel; das Buch, an dem sie arbeitet, wird nicht veröffentlicht werden. Ihr Antrag auf Aufnahme in die Reichsschrifttumskammer wird Ende 1934 abschlägig beschieden. Weitere Versuche, aufgenommen zu werden, scheitern ebenfalls.
In einem Brief Irmgard Keuns an Arnold Strauss vom 15. Dezember 1933 steht: *Meine Situation ist noch trostloser geworden, als sie es ohnehin schon war. Ich wartete doch so sehr auf das Geld, das mir für bereits gelieferte und angenommene Beiträge zustand. (...) Jetzt kriege ich von Ullstein und anderen Verlagen Briefe, daß sie mich nicht drucken dürften, weil ich nicht zum Reichsverband gehörte. (...) Ich hatte in letzter Zeit so fleißig kleine Geschichten geschrieben und konnte für Januar/Februar mindestens mit 300 Mark rechnen. Im Dezember hatte ich noch ca. 200 Mark zu erwarten. Ich konnte also so ziemlich beruhigt sein. Nun ist wieder alles anders, und alle Arbeit war umsonst. Manchmal könnt' man verrückt werden. – Dann rief vor ein paar Tagen furchtbar aufgeregt der Verlag an. Ich möchte mich sofort beim Reichsverband melden und ihnen was schicken, weil ich sonst überhaupt nicht mehr schreiben dürfte. So wäre noch eine ganz kleine Chance.*
Der Verlag irrt. Irmgard Keun hat keine Chance mehr. Veröffentlichungsmöglichkeiten gibt es für sie nur noch im Ausland. Ausland aber bedeutet Exil: *Die Dächer, die du siehst, sind nicht für dich gebaut. Das Brot, das du riechst, ist nicht für dich gebacken. Und die Sprache, die du hörst, wird nicht für dich gesprochen.*
Es dauert drei lange Jahre, bis Irmgard Keun sich zur Emigration entschließt; drei lange Jahre, in denen sie sich immer wieder um die Veröffentlichung ihrer Texte bemüht; drei lange Jahre unterwegs zwischen Köln, Berlin, Moselkern und Frankfurt, zwischen Eltern, Ehemann und Freunden; drei lange Jahre ohne Erfolg und *Glanz*; drei einsame Jahre.

Wie sie in dieser Zeit das nationalsozialistische Deutschland erlebt, wird sie 1936 in ihrem Roman ›Nach Mitternacht‹ beschreiben; was sie in dieser Zeit tut und wie sie sich fühlt, schreibt sie in langen Briefen ihrem bereits emigrierten Freund – dem jüdischen Arzt Arnold Strauss.
Aber das ist ein anderes Kapitel.

»Unsere Wertmaßstäbe sind verschieden«
Zwischen zwei Männern

Arnold Strauss, um 1932
Vorderseite: Irmgard Keun, um 1933

Es beginnt in Berlin.
Bei den Eltern in Köln hatte sie es nicht mehr ausgehalten; die vorwurfsvollen Blicke der Mutter, wann immer die Rede auf Johannes Tralow kam, die Lobreden des Vaters auf den fleißigen Gerd. Und beider ewiges Lamento: »Wieso arbeitest du nicht? Und wäre es nicht vielleicht möglich, etwas weniger zu trinken?« ließ sie schneller als geplant wieder abreisen.
Dabei hatte sie es sich so schön vorgestellt, nach der Moselkerner November-Einsamkeit wieder in die Eupener Straße zu kommen: in ihre Höhle im Souterrain, an den gedeckten Abendbrottisch, zu Vater, Mutter und Bruder: Ihren Leuten. Andere hat sie nicht. Seit Tralow ist sie sich dessen sicher. Darum hatte sie auch nicht zu ihm gewollt, sondern nach Hause. Nach Köln.
Alltag in der Eupener Straße: In der Küche die Mutter, geräuschvoll am Herd hantierend; im Sessel im Salon der Vater, in die Abendzeitung vertieft; auf der Treppe nach unten Gerds Schritte: »Irmgard, kommst du, gleich gibt es Essen ...« Und sie, die Hände von der Schreibmaschine nehmend: »Sofort! Nur noch schnell diesen Satz zu Ende ...«
So hätte es sein sollen – und alle zufrieden: Die Familie, die Schriftstellerin, der Verleger.
Aber so war es nicht.
Krüger mahnt, die Eltern mahnen. Irmgard ist wie gelähmt. Die Arbeit am ›Hungrigen‹ geht nur langsam voran. Mehr als einmal gellt es durch das Haus: »Wie soll ein Mensch unter diesen Umständen anständig arbeiten?«
Nach dem 30. Januar formuliert sie die Frage um. Die Freunde im Treppchen finden sie geistvoll und ihre rauhe Stimme interessant. Dabei ist sie nur belegt. Jedes Wort schmerzt. Wahrscheinlich hat sie sich neulich nachts erkältet. Eiszeit,

Alkohol und offener Mantel! Kein Wunder! Sie gibt nicht acht auf sich. Ihr Lachen hat nichts Helles mehr.
Nun sagt sie: »Wie soll ein anständiger Mensch unter diesen Umständen arbeiten . . .« Die Freunde stimmen zu und staunen. Selbst nach dem sechsten Glas ist ihr Blick nicht benebelt.
Die Eltern erschreckt das mehr, als wenn sie betrunken wäre. Als eines Tages Johannes Tralow mit einer Flasche Cognac unter dem Arm unangemeldet vor der Tür steht, versucht Eduard Keun, ihn aus dem Haus zu werfen. Er ist der Schuldige! Darüber sind er und Elsa sich einig. »Wollen Sie meine Tochter umbringen?« preßt er heraus und reißt dem fassungslosen Schwiegersohn die Flasche aus der Hand.
Daß Irmgard hinter ihm steht, hat er nicht bemerkt.
»Es reicht«, sagt sie mit schneidender Stimme, »ich glaube, es wird Zeit, daß ich gehe . . .« Und zum Ehemann gewandt: »Aber nicht mit dir.«
Er ist ohne Engagement. Er hat die Pacht des Deutschen Theaters in Hannover aus wirtschaftlichen Gründen aufgeben müssen, und sein letzter Roman, ›Pflicht zum Glück‹, war ein Mißerfolg. Sein Anblick deprimiert sie.
Irmgard Keun will nach Berlin. Allein. Sie will schon seit einiger Zeit nach Berlin. Jetzt hat sie einen Grund.
»Warum nach Berlin?«
»Weil ich dort besser arbeiten kann.«
Ungläubige Blicke.
»Weil ich meinen Verleger sehen muß.«
Das klingt schon besser.
Außerdem ist Ria in Berlin, Ria Hans, die Freundin aus Hamburger Zeiten. Aber das verschweigt sie lieber, solange Tralow dabei ist. Er mag ihre Freundinnen nicht, und sie können ihn nicht ausstehen.

»Der hat dich doch nur geheiratet, weil er einen Kontakt zu Universitas haben wollte«, war noch der freundlichste Kommentar zur Eheschließung gewesen. Rias übrigens. Annemarie hatte ihr nur einen Vogel gezeigt.
Warum also daran rühren? Warum ihn mißtrauisch machen? Sie mag ihn doch noch, irgendwie . . . Es war nicht alles nur schlecht, nein.
Gerührt von ihren Erinnerungen und Wünschen verspricht sie, ihn in Hannover zu besuchen oder in Köln, wo immer er gerade sei. Er freut sich und glaubt ihr nicht.
Bevor er wieder abfährt, bittet sie ihn um Geld. Schließlich sei sie seine Frau, und sie habe kaum noch etwas anzuziehen. »Hannes, für Berlin! Was soll Krüger von mir denken, wenn ich dort so abgerissen erscheine. Gerade jetzt kommt es darauf an, einen guten Eindruck zu machen.«
Er winkt ab. Er hat selber nichts mehr. »Und die Dreihundert vom letzten Monat? Die können doch nicht schon weg sein!«
»Doch«, antwortet sie ohne Zögern.
Er kann es nicht glauben. »Wofür?«
Sie strafft die Schultern. »Hannes, ich bin eine Frau.«
»Wofür – habe ich gefragt!«
»Für Kleider. Ich bin eine Frau.«
»Das sagtest du bereits.«
»Du scheinst es aber nicht verstanden zu haben.« Sie lächelt süß und sieht ihn an – ganz ohne Blick, nur Aufschlag – und doziert.
Oh, wie kennt und fürchtet er diesen Ton!
»Frauen«, sagt sie mit Kanzelstimme, »Frauen brauchen Kleider. Im Winter Winterkleider. Im Sommer Sommerkleider. Winterkleider habe ich, aber der Winter ist bald vorbei. Was mir fehlt, sind Sommerkleider!«
»Verstehe«, sagte er matt, »wieviel?«

»Nochmal dreihundert«, sagt sie sanft und jetzt mit Blick, »ich muß in Berlin ja auch leben ...«

Leben muß Johannes Tralow auch.
Am 23. Juli 1933 schreibt er an den nationalsozialistischen Kulturpolitiker Hans Hinkel im Preußischen Kultusministerium einen Brief, in dem es unter anderem heißt: »Sehr geehrter Herr Hinkel! Ich möchte Sie bitten, mein neuestes Buch, den Cromwell-Roman ›Gewalt aus der Erde‹, von mir entgegenzunehmen. Ferner möchte ich mir die Frage erlauben, ob sich mir nach den aufgestellten Grundsätzen nicht wieder eine Theatertätigkeit erschließen könnte. Es wäre mir gleich, ob als Theaterleiter oder als Regisseur. Als Zeugnis für die innere Richtung meines Schriftwerkes beziehe ich mich auf mein Nibelungen-Drama ›Die Mutter‹, das in bewußtem Gegensatz zu einer Art von Frauenemanzipation geschrieben ist, die der natürlichen Berufung der Frau widerspricht.
Meine positive Einstellung kann m. E. auch der religiöse Ausklang belegen, den ich meiner Nachdichtung der Orestie gegeben habe, und mein vorletzter Roman ›König Neuhoff‹, in dem ich mich abschließend auf Seite 410 und folgende wie auch auf Seite 427 und folgende ganz entschieden von einer nivellierenden Demokratie lossage und die Wichtigkeit der Rasse betone. Ich halte darin den Kapitalismus für ungeeignet und fordere daher eine neue Aristokratie-Führerschicht, wie sie jedes Volk braucht. (...) Heute sehe ich die Erfüllung meines Suchens in den im Schriftwerk des Führers niedergelegten Grundsätzen. Ihnen sehr ergeben – mit deutschem Gruß, Johannes Tralow.«
Ein neues Engagement verschafft ihm dieser Brief nicht, aber er bleibt verschont vom Schreibverbot. Von dem wenigen, was er verdient, kann er seine Frau unterstützen. Auch in Berlin.

Berlin!
Das Romanische, Josty und Kottler ... Sie braucht die Augen nur zu schließen und hat alles wieder vor sich. So viel *Glanz*! Auf dem Kurfürstendamm hat sie das ›Kunstseidene‹ gefunden; bei den Arbeitslosen am Alexanderplatz wird ›Der hungrige Ernährer‹ stehen. Dort hat sie ihn vor einem Jahr zum erstenmal gesehen – und seitdem nie vergessen.
Berlin ist die Lösung!
Strahlend steigt sie aus dem Zug. Strahlend begrüßt sie ihre Freundin. Die ist hingerissen: Meine Güte, ist Irmi hübsch! Und so elegant ... Sie stößt einen anerkennenden Pfiff aus.
»Tralow ...«, sagt Irmgard augenzwinkernd, reibt Daumen und Zeigefinger gegeneinander und dreht sich mit frechem Schwung einmal um sich selbst, die ganze neue Pracht zu präsentieren. Ein braunes Kleid aus leichter Wolle, über dem Arm ein heller Luftikus-Mantel aus Popeline, neue Schuhe, neue Tasche, neuer Hut, ebenfalls braun. Was für ein Bild.
Mit ausgebreiteten Armen bleibt sie vor der Freundin stehen.
Ihre Locken leuchten dick und blond, ihre Augen leuchten knallblau, ihr Gesicht leuchtet wie eine rosa Wolke.
Vielleicht ein bißchen viel Geleuchte, jedenfalls in diesen Zeiten, findet Ria auf den zweiten, den genaueren Blick.
»Wieso Tralow?« fragt sie. »Du verdienst doch mehr als er.«
»Damit ist es vorbei«, entgegnet Irmgard trocken, und plötzlich fällt aller *Glanz* von ihr ab.
Jetzt sieht Ria die Spuren der vergangenen Jahre. Die ersten Linien um den Mund, die Schatten unter den Augen. Aber schlanker ist sie geworden, nicht mehr so schwer wie beim letzten Treffen ...
»Was ist geschehen?«
»Das«, sagt Irmgard, schon wieder lächelnd, »erzähle ich dir lieber beim Wein ...«

Wein. Jeden Abend Wein. Manchmal schon mittags. Manchmal auch Cognac. Wochenlang.

Den ›Hungrigen Ernährer‹ trifft Irmgard Keun nur selten, und dann liegen sie im Streit miteinander: Er ist so anders als das ›Kunstseidene‹ und ›Gilgi‹ . . ., aber sie hängt an ihm.

Ria Hans beginnt sich Sorgen zu machen. Heimlich zählt sie die Gläser mit. Sie beschließt, mit einem alten Freund aus Barmen zu sprechen: Er ist Arzt an der Berliner Charité, vielleicht weiß er Rat.

Eine zufällige Begegnung wird arrangiert. Sie ist ein Erfolg. Etwa zwei Monate später, am 15. Juli 1933, schreibt Arnold Strauss seinen Eltern Lucy und Arthur Strauss nach Barmen: »Ich weiß jetzt übrigens auch, wen ich heiraten möchte. (...) Aber das ist wenig eilig, da ich erst Geld verdienen will, ehe ich an so etwas denke. Besonders deswegen, weil sich ›meine Frau‹ aus dem Nichts große Einnahmen geschaffen hat und es für mich ein bedrückendes Gefühl wäre, selbst wenig zu verdienen und von einer Frau abhängig zu sein, und so etwas sicher der Tod aller Liebe würde. Sie ist das entzückendste Wesen, das ich kennengelernt habe, ebenso lustig wie gescheit.«

Arnold Strauss hat sich Hals über Kopf in Irmgard Keun verliebt. Sie ist für den zweieinhalb Jahre älteren Mann – Ria Hans wird es Jahrzehnte später noch behaupten – »das Erlebnis seines Lebens«. Er ist für sie vor allem – ein Mann. Anfangs wenigstens . . .

Das erste Treffen: Sie reden, rauchen und trinken. Sie lachen und sind, wie es sich gehört. Aber unter dem Tisch pressen sich ihre Beine aneinander, und auf dem Tisch suchen ihre Hände danach, sich zu berühren, ohne daß sie ihnen Einhalt gebieten könnten. Ihre Blicke befehlen Ria zu gehen.

Dann gehen auch sie: Die verheiratete Schriftstellerin, die

nicht mehr gelesen werden darf, und der jüdische Arzt, dem an der Charité gerade die Stellung gekündigt wurde.
Ein fremdes Zimmer. Ein fremdes Bett. So viel Seligkeit und so viel Sinnlosigkeit.
Es ist weich und warm und auch etwas wirr, und es ist ohne Jammer und Scham am anderen Morgen. Ihre Körper haben sich füreinander entschieden. Alles Weitere soll sich finden. Wenige Tage später verreisen sie zusammen nach Lindow. Vorher gibt Irmgard Keun ihm noch ihre Bücher zu lesen. So lerne er sie am besten kennen. Die guten Kritiken legt sie gleich dazu.
Ihrem Mann und ihrer Familie erklärt sie den Aufenthalt in Lindow als Arbeitsurlaub: Sie müsse einfach mal raus! – Warum nicht Moselkern? – Das märkische Lindow liege näher.
Arnold Strauss ist weniger verschwiegen. Im Überschwang seiner Gefühle berichtet er seiner Mutter von seinem großen Glück. Die macht es klein durch abfällige Bemerkungen. Sie ist alarmiert: Irmgard Keun ist verheiratet, sie ist offenbar eine Bohemienne, und sie ist die Autorin unerwünschter Bücher. Als deutsche Staatsbürger jüdischer Abstammung, aber nicht jüdischen Glaubens, denken und fühlen die Eltern Strauss sehr deutsch. Der Arzt Arthur Strauss malt Stilleben und schreibt flammende Gedichte auf sein »heiliges Vaterland«, seine Frau Lucy steht dem großbürgerlichen Haushalt draußen im Grünen vor. Das Dienstmädchen Erna, verlobt mit einem SA-Mann, geht ihr dabei zur Hand. Arnold ist das einzige Kind und seinen Eltern eng verbunden.
Zu eng, wie Irmgard Keun findet. Als sie von seiner Indiskretion hört, bekommt sie einen Wutanfall. Ihre Lage sei schon kompliziert genug, wenn jetzt etwas über die Liaison mit einem Juden herauskäme, könnte sie das als Schriftstellerin

endgültig ruinieren. Daß Lucy Strauss ihre Liebe als »nettes Erlebnis« abzutun versucht, empört sie tief. Noch tiefer allerdings empört sie, daß der Sohn der Mutter überhaupt davon erzählt hat. Sie bietet Arnold Strauss am 28. Juli 1933 die Trennung an: . . . *unsere Wertmaßstäbe sind wohl verschieden, und darum wollen wir deiner Mutter recht geben: Es war nur ein nettes Erlebnis. I.*

Der Brief, in dem das steht, ist der zweite von knapp dreihundert Briefen, die Irmgard Keun zwischen 1933 und 1940 an Arnold Strauss geschrieben hat; zuerst nach Den Haag und Florenz, wo ihr Freund seine Facharztausbildung zum Pathologen fortsetzt, dann – ab August 1935 – in die USA, nach Montgomery und Norfolk in Virginia, seiner »neuen Heimat«.

Die Liebesgeschichte, die so rauschhaft und intensiv begann – mit dem Urlaub in Lindow und zwei gemeinsamen Monaten im Frühherbst 1933 in Berlin –, fand alsbald nur noch auf dem Papier statt.

Arnold Strauss war seit dem Judenboykott-Tag zur Emigration entschlossen. Seine Liebe zu Irmgard Keun ändert an diesen Plänen nichts. Er bittet sie, ihm zu folgen. Sie hält ihn hin, jahrelang. Das Leben in der Fremde lockt sie nicht. Die Eltern, den Mann und die Freunde zu verlassen, fällt ihr schwer. Anders als der jüdische Arzt Arnold Strauss, braucht die deutsche Schriftstellerin Irmgard Keun einige Zeit, um zu begreifen, was sie längst weiß: daß sie im Hitler-Staat unerwünscht ist und keine Chancen hat. Fast bis zuletzt hegt sie Hoffnungen auf neue Veröffentlichungen. Darüber – und wie sie sich immer wieder zerschlagen – schreibt sie in ihren Briefen an den fernen Freund.

22. August 1933:
Bevor ich nicht mit eigenen Augen die Situation draußen gesehen habe, will ich mir auch hier die Wege nicht ganz versperren. (...) Das Schlimme ist jetzt, daß man mir das Arbeiten hier so blödsinnig schwermacht. Und daß ich dem Verlag seit Wochen vorlüge, das Manuskript wäre fertig. Nun sind sie wie die Aasgeier hinterher, und ich muß jeden Tag eine neue Ausrede finden. Ich muß ihnen das Geld markstückweise rauszerren – von Tag zu Tag wird es schlimmer. Ich kann nicht gegen sie klagen und nichts unternehmen. Manchmal bin ich furchtbar müde von dem ganzen Dreck, und dann muß ich lachen, und es kommt mir vor, als wenn ein Geldschrank mit Geld vor mir steht und mir gehört – aber ich kann das Geld nicht kriegen, weil man mir den Schlüssel geklaut hat.

30. Oktober 1933:
Sieh mal, Kleines, eine Seite Romanarbeit in Berlin kostet mich unverhältnismäßig viel Kraft. Ich wußte doch, daß ich eine Scheiße draus würde machen müssen. Ich habe an der Arbeit mal sehr gehangen – und ich hab' mir da furchtbar viel ausgemalt und ausgedacht – und wo ich ging, fuhr, saß oder lag – immer hab' ich an meine Romanleute gedacht und an ihren Schicksalen rumgekaut. Es waren so viele, und es war nicht leicht, mit allen richtig vertraut zu werden. Und das Buch war überhaupt schwerer als die beiden anderen Bücher, aber dafür hatte es ja auch die Chance, besser zu werden. Es wurde alles schon sehr lebendig – dann ist es tot gemacht worden – weißt Du, Abtreibung im 6. Monat – man hätt' das Kind liebend gern gekriegt, aber – na, und nun setz' ich dem armen kleinen Embryo Glasaugen ein, zerr' ihm die Glieder lang bis zur Normallänge, kleb' ihm ein paar Haare an, bis es dann fertig ist. Ein trauriges Geschäft. Aber Motto: Kind tot – Mutter gerettet.

13. November 1933:
Meine Finanzlage fängt an brenzliger als brenzlig zu werden, und ich muß mich da jetzt endlich mit System und Energie herauswinden. Vor allem mußte ich die Romanarbeit ein paar Tage zurückstellen. Ich hab' gestern bis 3 Uhr nachts gearbeitet und von heut' morgen 9 bis 10 Uhr abends. Und zwar als Schriftstellerfabrik. Ich habe 1. die ganze Moselgeschichte mit 5 Durchschlägen noch mal abgetippt – und an 5 verschiedene Zeitungen geschickt. Ich habe das Märchen von der häßlichen Frau noch mal abgetippt – und an drei Zeitungen und drei Magazine geschickt. Ich habe angefangen, die in Berlin geschriebenen kleinen Geschichten endgültig abzuschreiben. Ich habe bei drei weiteren Zeitungen wegen eventueller Mitarbeit angefragt. Alles in allem habe ich jetzt eben sage und schreibe 18 (achtzehn) Briefe in den Kasten geworfen. (...) Wenn ich nur ein bißchen Glück habe, verdien' ich mit dieser Aktion 200 Mark.

15. Dezember 1933:
Ich will jetzt nur genau nach Vertrag den Hungrigen abliefern – selbst wenn ich Scheiße draus mache, muß ich ungefähr Tag und Nacht tippen. Dann noch den anderen Roman, der meine Rettung werden muß. Dann habe ich an alle Verleger geschrieben, ob sie einen Weg wüßten, bei ihnen kleinere Sachen unterzubringen.

9. April 1934:
Wenn der Hungrige fertig ist, fahr' ich erst mal an die Mosel, wahrscheinlich werd' ich da ganz allein sein. Das brauche ich. Werd' dann den neuen Roman sehr schnell schreiben und ein paar kleine Geschichten. Ich werd' dann schon wieder richtig Geld verdienen. Nur erst mal wieder ein paar Trümpfe in der Hand haben.

16. Mai 1934:
– und weiter denken kann ich erst, wenn ich einen nächsten Roman

geschrieben und verkauft habe. Kleines Liebes, ich gebe mir verzweifelte Mühe um die Lebens- und Arbeitsmöglichkeit der nächsten paar Monate. Ich möchte leben können und etwas Gutes arbeiten.

18. Juli 1934:
Kleines, mir ist jetzt hundertmal alles schiefgegangen (...). Aber ich will *jetzt. Ich hab' sehr viel umsonst gearbeitet – aber ich arbeite weiter.*

11. April 1935:
Will in den nächsten Tagen mal an ein paar Verleger schreiben, ob sie Interesse haben, die beiden größeren Novellen (...) als Buch herauszubringen. Ich schicke ihnen dann die Anfänge von je 20 Seiten ein, vielleicht klappt es, und ich bekomme sogar Vorschuß. Wär' ja wunderbar. Allerdings sind sie im Ton beide etwas zersetzend.

19. April 1935:
Ich werde unter keinen Umständen nach Amerika gehen, ehe ich nicht alles *versucht habe, vorher noch in Deutschland resp. Europa eine neue berufliche Grundlage geschaffen zu haben. Aufregungen, Durcheinander und Gemütsbewegungen kann ich dazu nicht brauchen. Die Schwierigkeiten, die ich ohnehin habe, sind mir mehr als genug. Ich weiß auch ganz genau, was ich will. Vor allem erst mal einen neuen Roman fertig haben.*

16. November 1935:
Um ein Haar wäre alles so schön für mich geworden (...). Ich hatte noch ein paar von den Kindersachen, noch viel niedlichere, als Du kennst. Die maßgebenden Leute hier waren begeistert, als ich damit zu ihnen kam. Sie wollten eine Serie davon bringen – jede Woche eine Seite mit pekinesischen Zeichnungen – im Ganzen 15 Stück. Ich sollte im voraus 2000 Mark kriegen, denke Dir. Die Sache sollte groß an-

gekündigt werden mit meinem Bild auf dem Titelblatt. Da kommt ein Brief, und es darf nicht sein.

Der Brief, der kommt, ist von der Reichsschrifttumskammer: Irmgard Keun ist nicht Mitglied, ihre Geschichten vom ›Mädchen, mit dem die anderen Kinder nicht verkehren durften‹ sind unerwünschte Literatur.
Das Verbot schmerzt, aber es überrascht nicht. Das Gegenteil wäre überraschend gewesen. Sie weiß es nur zu gut. Sie hat in den vergangenen zwei Jahren kaum einen Text unterbringen können; selbst in der liberalen Frankfurter Zeitung war es von Monat zu Monat schwieriger geworden. Es ist zum Kotzen! Sie steht vor dem Spiegel und prostet sich zu: Gestern ein *Glanz*, heute ein . . ., ja was eigentlich? Jedenfalls kein *Glanz*! Sie rückt ihr Gesicht näher an das Glas. Scheiß-Spiegel! Was sie sieht, gefällt ihr nicht. Sie sollte abnehmen. Und sie braucht neue Kleider. Ob sie Hannes noch mal bitten kann? Nein, lieber Arnold.
Sie spitzt die Lippen und flötet: *»Mein Kleines, wenn Du noch hast, schick!«*
Ihr Verlobter. Sie hat einen Verlobten und einen Ehemann. Ihr fehlt jetzt nur noch ein Geliebter . . .
Mit Hannes – immer dasselbe, immer dasselbe. Mit Arnold – nichts. Er ist fort, solange sie ihn kennt. Höchstens drei Monate haben sie zusammen verbracht, drei Monate in zwei Jahren. Was ist das schon?
Viel, denkt sie plötzlich, sehr viel für eine wie mich. *Es fällt mir tausendmal leichter, mit einem Mann zu schlafen, als mit ihm zu leben.* Nur mit Hannes, mit Hannes geht es. Nicht immer natürlich, aber oft genug. Er hilft mir. Er läßt mich. Er fragt nicht. Ob er etwas von Arnold ahnt? Wahrscheinlich nicht . . . Woher auch? Alle sind verschwiegen. Die Eltern, Gerd, An-

nemarie, Ria ... Alle sind gegen ihn. Dabei hat er es nicht verdient. Er ist besser, als sie denken, großzügiger, anständiger ...
Sie versucht ein Lächeln. Es mißlingt.
Hoffentlich erzählt ihm meine Mutter in einer schwachen Stunde nichts. Ich hab' ihn ja doch lieb und möchte nicht, daß er mir traurig gemacht wird. Und wenn er jetzt in dieser ekligen Zeit bei mir bliebe, würde ich wohl nie mehr von ihm fortgehen können ... Aber ich muß fort, ich muß! Sie steht vor dem Spiegel und sagt es, so laut sie kann – *... wenn ich nur nicht vorher kaputtgehe.*
Noch nie ist ihr eine Entscheidung so schwergefallen. Immer häufiger trinkt sie mehr, als sie vertragen kann. Als wollte sie sich um ihren Verstand trinken, aber es gelingt ihr nicht. Es gelingt ihr nichts mehr. Sie wird krank. Sie hat Koliken, Mundfäule und Nagelbettentzündungen.
Sie beginnt, sich selbst zu beobachten. Als sie sich langweilig wird, erfindet sie sich. Sie ist die Heldin kleinerer Amouren, mittlerer Nazi-Denunziationen und großer Depressionen. Sie schreibt Krankengeschichten und Alltags-Szenen. Adressat ihrer Erfindungen ist der Freund in Amerika. Irmgard Keun ist Schriftstellerin. Arnold Strauss ist ihr letzter Leser. Und er bezahlt für seine Lektüre.
Vom Herbst 1933 an unterstützt er sie, zuerst unregelmäßig, nach seiner Abreise nach Amerika regelmäßig. Von seiner Mutter läßt er ihr monatlich 100 Mark anweisen. Die tut es widerstrebend. Sie hat Irmgard Keun inzwischen kennengelernt und mißtraut ihr zutiefst. Die Abneigung ist gegenseitig. Lucy ist Irmgard *ekliger als ein Nachtfalter*. Irmgard, warnt die Mutter ihren Sohn, sei verlogen und leichtfertig und werde niemals ihm zuliebe ihren Beruf aufgeben.
Arnold Strauss ist anderer Meinung. Seine Zuwendungen versteht er als Vorschüsse auf die gemeinsame Zukunft. In Mont-

gomery und Norfolk zeigt er Fotos seiner hübschen Braut herum. Sie dankt ihm für seine Hilfe mit Briefen. Manchmal legt sie ihnen Zeitungsausschnitte bei, zum Beispiel ›Die neuen Reichsgesetze‹ vom 17. September 1935 oder einen Artikel über das ›Mischehenverbot‹ vom 22. September. In Moselkern sitzt Johannes Tralow im Nebenzimmer, wenn sie nach Amerika schreibt. Aber das schreibt sie nicht ... Ihre Liebe ist nur noch eine Idee.

Aber auch Trost und Hoffnung: Irgendwohin könnte ich eines Tages gehören, ich, Irmgard Keun, in Deutschland am Ende angekommen.

Spätestens seit dem Sommer 1935 ist ihr klar, daß sie emigrieren muß. Sie knüpft heimlich Kontakte zu ausländischen Verlagen, und sie beantragt einen neuen Paß. Er wird ihr im August 1935 ausgehändigt.

Nun könnte sie reisen. Aber sie bleibt.

Ruhelos zieht sie durch Deutschland. Sie ist noch einmal in Moselkern, in Filsen und Berlin. Sie ist in Frankfurt und Köln. Sie ist allein, sie ist bei Johannes Tralow, sie ist bei ihren Eltern. Sie prägt sich ein, was sie sieht. Vielleicht wird sie es nie wiedersehen. Sie ist wach wie schon lange nicht mehr. Sie macht sich Notizen. Sie kleidet sich neu ein. Sie schreibt kleine Gedichte: Erinnerungen an ihre Kinder- und Jugendjahre.

Sie nimmt Abschied. Und sie nimmt zehn Pfund ab.

Sie holt ihre Pelze aus dem Pfandhaus und packt ihre Manuskripte zusammen. Alles, was an den ›Hungrigen Ernährer‹ erinnert, vernichtet sie.

Sie ist reisefertig.

Nur weiß sie noch nicht, wann sie reisen wird.

Am 29. Oktober 1935 schreibt sie von Köln per Einschreiben an das Landgericht Berlin.

Ich melde hierdurch folgenden Schadenersatzanspruch an: Die Geheime Staatspolizei hat im Juli 1933 die gesamten Bestände meiner beiden Bücher ›Gilgi, eine von uns‹ und ›Das kunstseidene Mädchen‹ in den Räumen der Universitas Verlags Akt. Ges., Berlin W. 50, Passauer Straße 3, beschlagnahmt und an sich genommen. Ein Gerichtsurteil, das diese Beschlagnahme rechtfertigte, ist bis jetzt nicht erfolgt und auch nicht angestrengt worden.
Der mir entstandene Schaden begrenzt sich keineswegs mit meinen Urheberanteilen aller beschlagnahmten Bestände, sondern ergibt sich aus der erweislichen Tatsache, daß mein Monatseinkommen vor der Beschlagnahme sich auf mehrere tausend Mark belief und infolge der Beschlagnahme keine hundert Mark mehr beträgt. Aus diesem Grunde bitte ich auch, mir für diesen Prozeß Armenrecht zu gewähren.
Ich nehme Ihre Zuständigkeit an, da die Beschlagnahme in Berlin erfolgt ist.
Irmgard Keun.
Der Landgerichtspräsident behandelt mangels eines ausreichenden Klageantrags ihren Brief wie eine Beschwerde und leitet ihn am 30. Oktober an die Geheime Staatspolizei weiter. Die schickt ihn am 8. November an die Reichsschrifttumskammer mit der Bitte um Mitteilung, ob die genannten Bücher in die Liste des schädlichen und unerwünschten Schrifttums aufgenommen worden wären. Acht Tage später die Antwort: Ja.
Am 26. November teilt die Gestapo Irmgard Keun ihre Entscheidung mit: »Das Landgericht Berlin hat mir Ihr Schreiben, in dem Sie Schadenersatzansprüche wegen der Beschlagnahme der obengen. Bücher geltend machen wollen, zur Erledigung vorgelegt. Die Bücher sind von dem Herrn Präsidenten der Reichsschrifttumskammer gemäß § 1 der Anordnung der Reichsschrifttumskammer über schädliches und uner-

wünschtes Schrifttum eingereicht und von mir beschlagnahmt und eingezogen worden. Schadenersatzansprüche stehen Ihnen mithin nicht zu.« Der Fall Irmgard Keun wird zu den Akten gelegt.

Anfang 1936 versucht sie es noch einmal. Nun meldet sie gleich bei mehreren Landgerichten Schadenersatzansprüche an, aber wieder wird kein Verfahren eröffnet.

Sie wird nicht verfolgt, sie braucht nicht zu fliehen. Sie muß von selber gehen . . .

Und sie könnte es inzwischen auch ohne Sorgen tun: Der holländische Verlag Allert de Lange, für dessen deutsche Abteilung die ehemaligen Kiepenheuer-Lektoren Walter Landauer und Hermann Kesten verantwortlich sind, hat ihr ein Angebot gemacht: Er will für 500 Gulden Vorschuß ihre Geschichte vom ›Mädchen, mit dem die anderen Kinder nicht verkehren durften‹ veröffentlichen, und er zahlt ihr für den nächsten Roman ein Jahr lang monatlich 150 Gulden Vorschuß.

Nun muß sie es nur noch Tralow sagen, der nichts von ihren Plänen ahnt; und sie will ihn doch nicht verletzen – und auch nicht verlieren . . .

Sie muß sich etwas einfallen lassen.

Sie räkelt sich im Sessel, denkt nach und blitzt mich plötzlich an. Nun macht ihr das Erinnern Spaß. So eine Flucht bei Nacht und Nebel, das ist doch was!

»Also«, sagt sie mit dramatischem Blick, »da sitze ich mit meinem alten Freund Sollmann ganz harmlos und gemütlich im Wirtshaus Zum Treppchen, und auf einmal geht die Tür auf und Robert Ley kommt rein. Kraft-durch-Freude-Ley, Reichsorganisationsleiter, Erfinder der Deutschen Arbeitsfront. Ein Judenfresser! Hat 33 schon in seinem ›Westdeutschen Beobachter‹ auf die Jüdin Kohn schimpfen lassen, ›die sich Keun nennt‹. Das Schwein! Na, und der kommt doch glatt an unseren Tisch und schnarrt: Sollmann, mit diesem Giebel im Gesicht haben Sie hier nichts zu suchen. Raus – bevor ich die Polizei rufe! Da bin ich ganz ruhig aufgestanden und habe ihm wortlos eine geknallt. Danach war natürlich klar, daß ich weg mußte. Noch in derselben Nacht! Die hätten mich geschnappt.«

Ich nicke ermattet.

»Die hatten mich ja schon einmal geschnappt. Nach meinen Anzeigen. Und verhört und gefoltert. Hier, meine Narben!« Sie streckt mir die Innenseite ihrer Hände hin.

Ich sehe die Narben an ihren Handgelenken und sage: »Aber die sind doch von deinem Selbstmordversuch – oder von deinem Sturz damals in Holland.«

Sie spricht unbeirrt weiter.

»Wenn mein Vater mich damals nicht freigekauft hätte, wer weiß ... Zweihunderttausend Mark wollte die Gestapo für mich haben!«

»Hatte dein Vater denn soviel?«

Für einen kurzen Moment ist sie irritiert.

»Selbstverständlich«, erklärt sie dann, ganz Hoheit, »und er hätte alles für mich gegeben.«

»Nicht alles, Eduard, aber wenigstens ein bißchen!« Elsa Keun sieht ihren Ehemann bittend an. »Vielleicht könnten wir ihr das Reisegeld geben und eine kleine Summe für die erste Zeit. Es geht uns doch wirklich nicht mehr schlecht. Gerd ist mit dem Studium fertig und verdient, und die Raffinerie macht seit einem Jahr nur noch Gewinn.«

Sie langt über den Frühstückstisch und nimmt zärtlich seine Hand. Es rührt ihn. Seine Elsa. So sehr liebt sie ihre Tochter!

Sie versteht es nicht, aber sie liebt sie. Ihr verschwenderisches, verrücktes Kind. Wo Irmgard wohl ihr ganzes Geld gelassen hat? Sein Kaufmannsherz krampft sich zusammen. Sie kann doch nicht alles ausgegeben haben . . . Seine Tochter. Nachdenklich sieht er seine Frau an. Irmgard hat ihre Augen. Er lächelt.

Elsa spürt seine Unsicherheit. »Schau«, sagt sie begütigend, »es ist ja nur für den Anfang, bis dieser holländische Verlag zahlt . . . Und sie ist doch deine Tochter, Eduard.«

Den letzten Satz hätte sie sich besser gespart. Er fühlt sich ertappt. Seine Miene verdüstert sich, und der Ton, in dem er antwortet, ist schärfer als beabsichtigt. »Sie ist nicht nur meine Tochter, Elsa! Sie ist außerdem die Freundin eines Juden und die Ehefrau von Johannes Tralow. Warum helfen die ihr nicht?«

Elsa Keun lächelt verlegen. »Ich glaube, Arnold tut es . . . Und Tralow weiß ja noch nicht einmal, daß sie fort will.«

Nun ist Eduard Keun entgeistert. »Er weiß es nicht! Aber es soll doch nächste Woche schon losgehen. Was will sie ihm denn erzählen?«

Elsa Keun zuckt ratlos die Schultern. »Sie muß sich etwas einfallen lassen.«

Und Irmgard Keun läßt sich etwas einfallen: Die Geschichte von der Ohrfeige. Und Johannes Tralow nimmt sie ihr ab und hilft ihr. Nicht abgenommen hat sie ihr Wilhelm Sollmann, vor 1933 ein führender Sozialdemokrat in Köln.

In der ›Rheinischen Zeitung‹ vom 6. Dezember 1947 steht auf Seite 2: »Wilhelm Sollmann schreibt am 26. November: In deutschen Zeitungen ist ein Aufsatz über Irmgard Keun erschienen. In dem Artikel wird geschildert, daß die Dame Dr. Robert Ley geohrfeigt habe, weil er mich in dem Wirtshaus

Zum Treppchen beschimpfte, wo ich mit ihr ein Glas Wein getrunken hätte. Soweit ich in Betracht komme, beruht diese Schilderung auf einem Irrtum. Weder mit Irmgard Keun noch mit sonst jemandem, noch allein, habe ich irgendwo Wein getrunken . . .«

Ich falte den Zeitungsausschnitt, nachdem ich ihn vorgelesen habe, sorgfältig zusammen. Dabei sehe ich Irmgard Keun aufmerksam an.

»Nun?«

»Ach«, antwortet sie gelassen, »dann war es wohl anders« – und erzählt unverzüglich von der Foto-Kampagne in einer Düsseldorfer Zeitung. Typische jüdische und arische Gesichter seien abgebildet gewesen. Sie habe den Artikel mit in ein Wirtshaus genommen, die Bildunterschriften abgedeckt und einige eindeutig arische Gäste die Rassen raten lassen. Sie hätten falsch geraten und sie daraufhin denunziert. Ja, so sei es gewesen, genau so.

»Danach war natürlich klar, daß ich weg mußte. Noch in derselben Nacht . . .«

Am 22. April 1936 schreibt Irmgard Keun Arnold Strauss den letzten Brief aus Deutschland.

»Mein Kleines, weiß nicht, wo mir der Kopf steht vor lauter Arbeit und Hasten. In 14 Tagen muß ich reisen, ist alles perfekt. Ich telegrafiere, wenn ich ankomm' – und schreib' auch gleich einen langen Brief. Hab' jetzt noch wahnsinnig zu tun. (. . .) Mein Mutter bringt mich hin. (. . .) Also bald mehr, bin so aufgeregt. Küsse und alles. D.

D. steht für Deins.

Am 4. Mai kommt Irmgard Keun in Ostende an.

»Ich fuhr zuerst einmal nach Ostende« Im Exil

Der Arzt Arnold Strauss, 1936
Vorderseite: Irmgard Keun in Ostende, 1936

Ich verreiste nicht, ich wanderte aus, und ich war keineswegs sicher, daß ich noch einmal wiedersehen würde, was ich verließ. Gewiß, eines Tages würde es keinen Nationalsozialismus mehr geben in Deutschland. Aber wie viele böse Jahre der Ewigkeit würden bis dahin vergehen? Als der Zug über die Grenze gefahren war, da lag hinter mir ein Land und vor mir eine Welt. Und hinter mir lagen Elternhaus und Ehe, vertraute Sprache und vertrauter Boden. Je ferner alles wurde, um so mehr konnte ich es lieben, während der erste Hauch der Fremde mich mit schwermütiger Freude erfüllte.
Ich fuhr zuerst einmal nach Ostende. Ohne besonderen Grund. Irgendwohin mußte ich ja fahren.

Ostende am Meer.
Irmgard Keun liebt das Meer, weil es *die Gefühle nicht klein und eng werden läßt und brütende Ängste und Traurigkeiten reich und fruchtbar machen kann.* Außerdem liebt sie es, weil sie gern schwimmt. Sonst eher unsportlich, ist sie eine hervorragende Schwimmerin.
Aber noch ist es zu kalt zum Schwimmen. Noch liegt das belgische Seebad halb im Winterschlaf. Die besseren Hotels am Dyk – Zuckerguß-Schönheiten, um die Jahrhundertwende herum erbaut, als Ostende noch ein Weltbad war – haben geschlossen. Der Stuck hat Risse, die Fensterläden könnten einen neuen Anstrich gebrauchen, und selbst in kurzen Momenten, in denen die Sonne durch die Wolken bricht und das welke Weiß ihrer Fronten aufleuchten läßt, sehen sie seltsam verfroren aus. Belle Epoque – Gespenster von mürber Eleganz erinnern sie an die plundrige Pracht fast feiner alter Damen vor der Morgentoilette. Sie sind zu Stein gewordene Träume von Größe und Glanz, sie sind zum Untergang bestimmt. Sie stehen zur falschen Zeit am falschen Ort.

Nirgendwo Mai.
Er bläst ein unfrühlingshaft harter, kalter Wind, und die salzige Gischt, die er auf die Strandpromenade peitscht, hat auch die unerschrockensten Spaziergänger in die wenigen offenen Bistros getrieben. Dort sitzen sie an kleinen runden Marmortischen, vor sich ein dampfendes Getränk, und blättern in den großzügig ausgelegten Zeitungen. Oder sie unterhalten sich mit leisen freundlichen Stimmen. Manche sitzen auch einfach nur da und sehen still auf die unruhige See, und ihre Gesichter sind ohne Schatten.
Glückliches Ostende. Friedliches Ostende.
Erst als zwei Kellner große Tabletts mit frischen rostroten Crevetten in den Gastraum tragen, kommt ein wenig Bewegung in die dort versammelte Gesellschaft. Die Stimmen werden lauter: »Garçon, s'il vous plaît!« Und hier und da wird das erste Glas Rosé geordert.
Sieht schöner aus, als er schmeckt, befindet Irmgard Keun beim dritten und klappt die Kladde, die seit geraumer Zeit aufgeschlagen vor ihr liegt, ohne daß sie den Versuch unternommen hätte, etwas hineinzuschreiben, energisch wieder zu. Nein, sie will sich noch nicht erinnern, sie will sich noch nicht zurückleben in dieses Deutschland, das sie gerade verlassen hat: *... ein Deutschland der Nationalsozialisten ... mit braunen SA-Männern, fischäugigen Gestapo-Mördern und schwachsinnig-fanatischen ›Stürmer‹-Verkäufern. Ein Deutschland, in dem Kolonialwarenhändler und Feldwebelwitwen Nietzsches Philosophie vollstreckten. Ein Deutschland mit unfrohen rohen Gesängen und drohenden Rundfunkreden, mit der künstlichen Dauer-Ekstase von Aufmärschen, Partei-Tagen, Heil-Jubeln und Feiern. Ein Deutschland voll berauschter Spießbürger. Berauscht, weil sie es sein sollten – berauscht, weil man ihnen Vernunftlosigkeit als Tugend pries – berauscht, weil sie gehorchen und Angst haben durften, und berauscht,*

weil sie Macht bekommen hatten. Genügte nicht ein Gang zur Gestapo, um sämtliche Stammtischgenossen zumindest ein bißchen unter Verfolgung zu setzen? Ein Deutschland zynischer Geschäftemacher, breit behäbiger Gleichgültigkeit und lauer Zufriedenheit mit dem eigenen Wohlergehen. Ein Deutschland verworrener Hoffnungen und zaghafter Zweifel. Und noch ein Deutschland – voll von schmerzlichem Aufzucken und stillem Jammer, müder Resignation, verzweifelter Ratlosigkeit und dumpfem Zorn. Ein armes, geschlagenes, sehr kleines Deutschland, dieses letzte Deutschland, verweht und verstreut im eigenen Land, verweht und verstreut über fremde Länder.
Nein, dahin will sie nicht zurück, nicht einmal in Gedanken, noch nicht ... Erst einmal atmen, erst einmal leben! Und bis zum Oktober hat sie ja auch noch Zeit; fünf lange Monate! Sie schreibt schnell, das weiß sie, und sie hat ein Thema, und sie hat einen Verlag. Was für ein Glück! Sie kann es kaum glauben. Nun wird alles anders, nun wird alles wie früher ... Ein paar Tage noch, bitte. Von heut auf morgen schreibt sich so was nicht, Herr Landauer! Und merken Sie sich, das wird mein bester Roman. *Gott verzeih mir die Sünde – aber ich kann wirklich schreiben.* Doch das weiß Landauer gewiß, sonst hätte er sie ja nicht geholt, der reizende Walter Landauer, ihr Lektor bei Allert de Lange ... Sie lächelt. Drei Orchideen hat er ihr zur Begrüßung ins Hotel geschickt und drei Banknoten über insgesamt 200 Gulden. Das erste selbstverdiente Geld seit Monaten. Arnold könnte davon zwei Monate leben ... Sie lächelt wieder. Sie nicht einmal einen. Sie ist eine Frau. Das muß sie Arnold unbedingt schreiben. Und anderes. Aber erst später. Jetzt hat sie Hunger. Jetzt muß sie etwas essen. Sie bestellt eine Portion Crevetten und das vierte Glas Rosé. Das Lächeln des Kellners wärmt sie. Wofür er sie wohl hält? Wahrscheinlich für einen verfrühten Sommergast.
In den wenigen Tagen, die sie hier ist, hat ihr Gesicht frische

Farben angenommen, und ihre Locken sind vom Wind zerzaust. Sie trägt eine rot-weiße Flanellbluse, ganz klein kariert, mit Bubikragen, und einen dunkelblauen warmen Wollrock. Auf dem Stuhl neben ihr liegt zusammengeknüllt ihr Trenchcoat, und aus der offenen Handtasche, die an ihrer Armlehne hängt, lugt ein buntes Kopftuch. Ein Geschenk von Arnold. Seide. Die Säume handgerollt. Sie hat ihn sich gut erzogen. Die Crevetten kommen. Sie würden ihr besser schmecken, wenn der Schöpfer vor ihren Verzehr weniger Schweiß gesetzt hätte. Elende Pulerei! Warum hat sie sich nicht Spiegeleier bestellt? Sie greift eine Krabbe mit der linken Hand am Kopf, so wie sie es den Mann am Nebentisch tun sieht, und versucht, mit einem kurzen Dreh der rechten Hand, die das Schwanzende hält, die durchsichtig schimmernde Schale vom Fleisch zu ziehen. Es sieht so einfach aus. Aber es ist nicht einfach. Sie schiebt den Teller zurück, obwohl er noch halb voll ist und sie alles andere als satt, und bestellt ein letztes Glas. Es wird Zeit, daß sie geht. Sie hat eine gute halbe Stunde Weg zurückzulegen bis zu ihrem Hotel in der Nähe der Gare maritime im Zentrum der Stadt, und es ist schon bald acht. Ein angenehmer Ort, dieses Hôtel de la Couronne, gut geführt und nicht zu teuer, mit eigener Bar und eigenem Briefpapier. Außerdem gefällt ihr der Blick über den Fährhafen auf das Meer, und ihr Zimmer ist fast so niedlich eingerichtet wie das im Bergischen Hof in Bonn, wo sie sich manchmal mit Arnold getroffen hat.

Arnold . . . Sie seufzt. Sie muß ihm wirklich schreiben.

Er darf nicht schlapp werden, gerade jetzt nicht. So ein Neuanfang kostet etwas, das muß er doch einsehen. Und es ist ja auch für ihn. Bevor sie hier nicht etwas ist, fährt sie bestimmt nicht nach Amerika . . . – Merk dir das, Arnold, *ich würde mich lieber in einem deutschen Konzentrationslager totprügeln lassen, als*

mein Dasein dankbar und demütig an Deiner Seite zu Ende zu leben ... – Er muß schicken. Einen neuen Schwimmanzug braucht sie und einen Bademantel und zwei Seidenblusen, und der Trenchcoat taugt auch nicht mehr viel. Und dann die Cremes, gegen Seeluft, Salz und Sonne, wenn ihr das einer in Köln erzählt hätte, und alles Arden, teures Zeug! Ganz zu schweigen von den Preisen für einigermaßen brauchbaren Alkohol hier. *Man müßte als Schriftsteller so viel verdienen, daß man zumindest in den letzten 8–9 Wochen der Romanarbeit täglich 1–2 Flaschen* anständigen *trockenen Champagner trinken könnte. Da hätte man in dieser Scheißzeit die richtige Arbeitsstimmung und würde nicht krank.*
Aber was weiß Arnold davon! Arnold, der Arzt, der ideale Emigrant, wohlhabend, fleißig und anpassungsfähig. Fast schon ein Amerikaner: *Kräftig und stolz auf amerikanischem Boden* zu Hause ... Welch ein Land! Wie sie seine ewigen Hymnen auf das Leben in der Fremde haßt! – Gewiß, Herr Strauss, *alle Menschen sind reizend zu Ihnen. Denn erstens haben Sie Geld, zweitens können Sie was und sind fleißig dazu, drittens sind Sie von sanft freundlicher und trotzdem störrischer Gemütsart – das heißt, Sie gehören nicht zu denen, die gehaßt werden, weil sie sich prügeln lassen, denn in letzter Sekunde fangen Sie an, sich zu wehren. Viertens ist es Ihnen höchste sinnliche Lust, sich einmal gegebenen Gesetzen, Sitten, Gebräuchen zu fügen.* – Darüber muß sie auch schreiben, über diesen verdammten Unterschied zwischen Emigranten wie Arnold, für die die Emigration nicht viel mehr als einen Wechsel des Arbeitsplatzes bedeutet – Ja, *Blut und Eiter sind Ihre Heimat*, Herr Strauss! –, und den anderen, die unvorbereitet *hinausgingen, weil sie wollten oder mußten. Die kein Geld haben, keine Stellung, keine einflußreichen Verwandten ... Mögen es Arier oder Juden sein, Straßenarbeiter oder Gelehrte, ihre Armut bereitet ihnen ein gleiches Schicksal ...* Aber was

weiß Arnold davon, Arnold, der Arzt ... Mit diesem Beruf wirst du doch überall was! Aber sie, sie muß schreiben ... Das Allerschwerste in diesen Zeiten. *Man braucht ja nur eine Zeitung aufzumachen, und es kommt einem idiotisch vor, daß man überhaupt noch schreibt. Man muß diesen Gedanken und das Wissen um den Zusammenbruch einer Welt, das Wissen um kommende Sintflut, Krieg usw. verdrängen, wenn man schreiben will. Man kann sonst nicht schreiben. Dazu braucht man Alkohol. Es kommt dabei nur darauf an, gut und weise zu trinken. Ein Künstlerberuf ist nun mal unrettbar, unentrinnbar von Stimmungen abhängig.* Merken Sie sich das, Herr Strauss! – Ach, Arnold; Arnold, mein liebes kleines Blödsinniges, *der Alkohol ist meine einzige Gefahr ...*

Den Kopf in die Hände gestützt, sitzt Irmgard Keun an ihrem kleinen Hotelschreibtisch. Sie hat ihn extra ans Fenster gerückt, aber seitdem sie sich dort eingerichtet hat, noch nicht ein einziges Mal hinausgesehen. Vor ihr liegt das Briefpapier. Zierliche Bögen in zartestem Gelb mit königsblauem Aufdruck: Hôtel de la Couronne, im Halbkreis darunter eine Krone und unter der Krone die Adresse. Sonst steht nichts auf dem Papier, und ihr Federhalter ist noch zugeschraubt.
Es ist still im Raum. Durch das geschlossene Fenster dringen nur wenige Geräusche, und außer ihr gibt es keine anderen Gäste auf der Etage.
Sie hebt den Kopf, streicht mit einer müden Bewegung die Haare aus der Stirn und schickt einen langen Blick über den Hafenvorplatz. Was für ein Menschengewimmel! Raus aus dem einen Bistro, rein in das andere Bistro, und keiner ist allein ...
Sie steht auf und zieht den Vorhang zu.
Sie sollte glücklich sein. Statt dessen ist sie – ja, was eigentlich? Dieses Gefühl aus Wut und Traurigkeit, sie weiß nicht,

wie sie es nennen soll. Sie weiß nur, daß es sie immer häufiger befällt, wenn sie an Arnold denkt. Er macht es sich so leicht. Er weiß immer, was er tut. Sie nie. *Sicher ist es hübscher, vom Felsen zu springen, wenn man die Wassertiefe kennt.* Sie ist in die Untiefe gesprungen. Und nun? Würde er sie wirklich lieben, wäre er bei ihr geblieben! Aber wahrscheinlich liebt er nur seine Mutter, diesen Nachtfalter! Mein Bomm hier, mein Bibulein da – so redet doch keine anständige Frau mit ihrem Sohn! Und er mit seinem ewigen Mütterli! Kann er nicht Mutter sagen wie andere Leute auch! Ekelhaft. Nein, gegen diese Frau ist kein Ankommen, und gegen diese Liebe auch nicht . . . Oder doch? Es käme auf einen Versuch an. Sie muß ihm wirklich schreiben. Sie muß ihm erzählen, was sie alles durchgemacht hat, wie lange sie manchmal auf ihr Geld warten mußte, auf diese lächerlichen 100 Mark. Jawohl, ihr Geld! Schließlich ist sie seine Braut. Da kann er sie doch nicht verhungern lassen! Da muß er doch zu ihr halten! Auch wenn's seinen Eltern nicht gefällt: Dem Vater Arthur, Meister des schlüpfrigen Händedrucks. Widerlich, dieser kitzelnde Altmännerdaumen an ihrer Handfläche, wenn er sie begrüßt! Der Mutter Lucy, Meisterin der üblen Nachrede. Ob sie wirklich eine Detektei beauftragt hat, ihren Lebenswandel zu überprüfen? Zuzutrauen wäre es ihr! Um dem Sohn dann mitteilen zu können: Treibt sich rum, trinkt und verkehrt mit Kommunisten. Diese *eifersüchtige Gans*. Nur weil ihr Sohn eine andere liebt, nur weil ihr Sohn dieser anderen Geld gibt . . .
Sie lacht rauh auf. So geht es nicht weiter. Es muß etwas geschehen. Sei nicht faul, Irmgard! Schreib endlich!
Sie zieht aus der Schreibmappe ein Kuvert, halb so groß wie der Bogen, der vor ihr liegt, aber ebenso wie dieser mit Krone und Schriftzug in königlichem Blau geschmückt, schraubt den Füllfederhalter auf, den schwarzen Montblanc, ein Weih-

nachtsgeschenk des Vaters, und beginnt, das Kuvert zu beschriften: Mr. Dr. Arnold Strauss, Montgomery Clinic, Montgomery, Westvirginia, U. S. A.
Ein schwungvoller Strich unter U. S. A., ein weiterer, nicht mehr ganz so schwungvoller, unter Montgomery, und schon läßt sie die Feder wieder sinken.
»Montgomery . . .«
Wie das schon klingt!
Vor ihrem inneren Auge erstehen erhabene Berge, stille Wasser und holprige Feldwege. Und da soll sie leben! *Wieviel Häuser sind denn in Montgomery? Gibt es auch Hotels und Pensionen und ulkige Lokale? Es muß Lokale geben, in die ich allein gehen kann. Wenn man es dort nicht tut, führe ich es ein –. Wenn man gut und natürlich schreiben will, kann man nicht leben wie eine artige Gesellschaftsdame.* Wie eine Mrs. Arnold Strauss, geborene Irmgard Keun. – Ob sie ihm wirklich irgendwann dorthin folgen wird? Sie weiß es nicht. Sie hat doch noch so viele Wünsche. Sie weiß nur: Es ist *tausendmal leichter, mit einem Menschen zu schlafen, als mit ihm zu leben.*
Wie lange ist es jetzt schon her, daß sie Arnold nicht mehr gesehen hat? Ein dreiviertel Jahr, und eigentlich hat er ihr nie gefehlt, egal wie allein sie sich gefühlt hat. Zugegeben: Sie fühlt sich oft allein, ohne daß ihr jemand fehlt . . . Vielleicht sollte sie ein Foto von ihm aufstellen? Das freut das Zimmermädchen. Arnold ist Arzt. Er hat es ihr zum Abschied gegeben. Weißer Kittel, Eierkopf. Eine hohe Stirn, tiefliegende Augen mit Stiefmütterchenblick, eine große schwere Nase, ein schön geschwungener Mund. Tralow war ihr im Vergleich regelrecht lippenlos erschienen. Tralow . . .
Sie lächelt. Der gute Tralow. Bis zuletzt hat er ihr geholfen und wußte nicht wobei. Sie muß ihm alles erklären. Sie muß ihm schreiben, jetzt gleich. Er wird es leichter haben ohne sie.

Sie greift zum Stift: Hanni adieu. *Als deutscher Nationalsozialist* werde er sicher verstehen, daß sie nicht zurückwolle.
Sie lächelt. Er wird es verstehen. Er wird die Scheidung einreichen – und mehr: Er wird seinen Entschluß am 24. Mai der Reichsschrifttumskammer mitteilen und seinem Schreiben ihren Brief beilegen . . .
Hanni adieu.
Und nun zur Zukunft.
Aber Arnold ist nicht die Zukunft. Arnold ist etwas anderes. Sie kramt in ihrer Handtasche und findet schließlich sein Bild und sieht es an mit strengem Blick. Woher nimmt dieser Mensch seine Ansprüche? Für 100 Mark im Monat soll sie ihm ihr Leben zu Füßen legen . . . Warum? Nur weil er in sie investiert hat, klammert er sich an sie – und nennt es Liebe. Nein, Arnold.
Langsam und sorgfältig zerreißt sie sein Foto in viele kleine Stücke. Sie steht auf und steckt die Fetzen in die Tasche ihres Trenchcoats, der an einem Haken an der Tür hängt. Morgen wird sie sie von der Mole ins Wasser werfen, und vielleicht wird sie eine kleine Rede dabei halten . . . Arnold, könnte sie sagen . . . *du weißt, daß ich dir dankbar bin – aber ich schwöre dir bei allem, was mir heilig ist, daß ich dieses Geld auch von einem anderen Mann bekommen hätte.* Und das wäre nicht einmal gelogen.
Sie lacht.

»Ich war glücklich! In Ostende war ich glücklich.«
Irmgard Keun spricht Ostende französisch aus. Das irritiert mich. Und ihr Blick. Mißtrauisch bohrt er sich in meinen.
»Warum hast du mich das gefragt?«
»Was?«
»Ob ich glücklich war.«

Ich zucke die Achseln.
»Es hätte doch sein können, daß du plötzlich Heimweh bekommst . . .«
Sie lacht verächtlich. »Ich und Heimweh! Heimweh nach diesem braunen Pack! Sei nicht blöd!«
Sie beugt sich vor. »Du, gib mir mal 'ne Zigarette, aber eine von deinen.«
Ich reiche ihr mein Päckchen, nachdem ich zwei Zigaretten herausgeklopft habe.
Sie nimmt eine, betrachtet sie nachdenklich und gibt sie mir dann zurück.
»Rauch du sie für mich an.«
Ich tue es.
Sie nimmt einen Zug, inhaliert ihn mit halbgeschlossenen Augen, genießt – und träumt. Eine schwarze Zigarette wie früher?

Ostende.
Ich sehe sie, den Mantelkragen hochgestellt, auf der Mole stehen und in die Ferne blicken. Ich sehe sie im Bistro bei Wein und Crevetten. Ich sehe sie am Zeitungsstand die Schlagzeilen überfliegen und heimlich nach den Horoskopen schielen. (Sie liebt Horoskope fast so sehr wie Kreuzworträtsel.) Ich sehe sie meistens allein.
Die Schriftstellerfreunde sind noch nicht angekommen. Nur Hermann Kesten hat sie einmal gesehen. Sie fand ihn *furchtbar nett, witzig, klug und natürlich*. Er war von ihr hingerissen: »In der Halle des Hotels fand ich ein hübsches, junges Mädchen, blond und blauäugig, in einer weißen Bluse, das lieb lächelte und wie ein Fräulein aussah, mit dem man gleich tanzen gehen möchte. Aber wir saßen noch nicht am Tisch bei einer Tasse Kaffee und einem Glas Wein, da sprach sie schon von Deutsch-

land, mit blitzenden Augen und roten, witzigen Lippen. Sie erzählte vom neuen exotischen Germanien mit vorsichtig gesenkter Stimme und tollkühnen Wendungen und Bildern. Ihre weiße, seidene Bluse und ihre blonden Haare flatterten wie in einem wilden Wind, ihre Augen und Hände schienen mitzusprechen, und es sprachen ihr Verstand und ihr Herz. Sie war naiv und brillant, witzig und verzweifelt, volkstümlich und feurig und kein Fräulein mehr, mit dem man tanzen gehen wollte, sondern eine Prophetin, die anklagt, ein Prediger, der schilt, ein politischer Mensch, der eine ganze Zivilisation verschlämmen sah. Alles an ihr sprach und lachte und höhnte und trauerte.«

Ostende. Eine Schriftstellerin im Exil.

Sie hat gerade die Korrekturfahnen vom ›Mädchen, mit dem die Kinder nicht verkehren durften‹ bekommen. *Hübscher Druck*, teilt sie dem Freund in Amerika mit, *liest sich, glaub' ich, recht nett. Mich kotzen die Sachen ja an, die ich grad fertig habe. An und für sich ist dieses Buch ja auch nicht weiter so wichtig – wichtig ist das nächste.*

Zwar freuen sie die Komplimente der Freunde und gute Kritiken – besonders der lobende Vergleich mit Charles Dickens, Meister des Humors –, ihr Herz und ihre Gedanken aber gehören dem neuen Roman, ihrer Abrechnung mit dem Nazi-Deutschland. ›Nach Mitternacht‹ soll er heißen.

Ich sehe sie an einem Kaffeehaustisch ihr Büro eröffnen. Ihre Feder fliegt über das Papier. Seite um Seite füllt sich – mit der Geschichte der Susanna Moder, der Kleinbürgertochter aus einem Moseldorf, die unter dem Druck der nationalsozialistischen Verhältnisse erkennt, daß es kein richtiges Leben im falschen geben kann.

Kunstvoll komponiert aus Erinnerungen und Erleben, aus Beobachtungen und Handlung, läßt Irmgard Keun ihre Hel-

din Sanna erzählen, wie es dazu kommt, daß sie mit ihrem Verlobten Franz ins Ausland fliehen muß. Sie läßt sie berichten von ihrem Leben an der Mosel, in Köln und in Frankfurt, sie läßt sie ihre Wünsche und Hoffnungen verraten, und sie schenkt ihr die Liebe zu Franz. Sannas Milieu: das Kleinbürgertum und – vermittelt durch ihren Stiefbruder Algin, einen erfolgreichen Schriftsteller – bürgerliche Intellektuelle. Sannas Blick: unvoreingenommen und genau. Sie schreibt, was sie kennt, was sie sieht, was sie hört. Von politischen Zusammenhängen hat sie keine Ahnung. Sie läßt die Ereignisse für sich sprechen: Sie schildert Aufmärsche und Jubelfeiern, und wie sie von ihrer Tante denunziert wird; sie beschreibt ihre Festnahme, die Gestapoverhöre und ihre Freilassung; sie sieht den klugen Journalisten Heini Selbstmord begehen und Algin sich anpassen und historische Romane schreiben; sie trauert mit ihrer Freundin Gerti, die einen Juden liebt; sie wundert sich über die Heimatgefühle des reichen jüdischen Arztes Dr. Breslauer, den in Amerika sein Geld und eine neue Stelle erwartet; und sie hat Verständnis für Franz, der den Denunzianten umbringt, der seine Zukunft zerstört hat.
Sanna beobachtet, wie sich die Menschen und die Verhältnisse verändern, und sie merkt, wie auch sie sich immer mehr verändert. Anfangs ängstlich darauf bedacht, nicht aufzufallen, wird sie mutiger, je unmenschlicher die Verhältnisse um sie herum werden. Sie will sich nicht anpassen. Sie will leben – frei und unbedroht. Zusammen mit Franz verläßt sie Deutschland. *Wir fahren durch die Nacht, alle Lichter fahren schwebend mit. Mein Kopf liegt in Franz' Schoß. Ich muß mich schwächer zeigen, als ich bin, damit er sich stark fühlen und mich lieben kann.*
Endlich macht Irmgard Keun das Schreiben wieder Spaß. Sie liebt ihre Personen. Sie lebt mit ihnen. Ab Seite 60 sind sie ihre Familie.

Die kleinen Geschichten, die sie in der letzten Zeit schreiben mußte, wie hat sie sie gehaßt! Und dann wurden die meisten nicht einmal gedruckt ... »Im Ton zersetzend, Frau Keun«, hieß es – oder, mit maliziöser Stimme: »Was macht denn Ihr Antrag auf Aufnahme in die Reichsschrifttumskammer?«
Auch davon muß sie erzählen in ›Nach Mitternacht‹:
Algin ist gekommen. Blaß und dunkel sitzt er da, düstere Höhlen sind seine Augen, seine Hände liegen bleich auf dem Tisch. Wieder hat er einen Brief von der Reichsschrifttumskammer bekommen. Eine neue Säuberungsaktion unter den Schriftstellern soll stattfinden, bei der man Algin wahrscheinlich aussieben wird. Vielleicht würde es ihn retten, wenn er jetzt ein längeres Gedicht auf den Führer macht, was ihm bisher immer noch widerstrebte. Aber auch das kann gefährlich werden. Denn vielleicht werden die nationalsozialistischen Schriftsteller böse, daß er wagt, den Führer anzudichten, ohne ein alter Kämpfer zu sein. Er darf auch nicht wagen, einen nationalsozialistischen Roman zu schreiben, weil ihm das nicht zukommt. Wenn er aber keinen nationalsozialistischen Roman schreibt, ist er unerwünscht. Er wird immer noch gern gelesen und gedruckt, das soll auch nicht sein.
Algin arrangiert sich mit den Verhältnissen. Seiner Frau, seiner Wohnung und seinen Möbeln zuliebe entdeckt er sein Herz für den historischen Roman. Für die Schilderung gegenwärtiger Wirklichkeit mangelt es ihm an Mut, und vor dem ungewissen Leben im Exil hat er Angst. Algin bleibt.
Irmgard Keun ist gegangen.
Ihr Talent war nicht gefragt. Und Talent zur Verstellung besaß sie nicht.

»Und außerdem ... nach mir wurde geschickt! Also ... irgendwie ... ich war schon jemand!«
Die Zigarette ist ausgedrückt, das Glas leer, wir sind wieder in Köln. Zwei Zimmer unter dem Dach, Endstation eines No-

madenlebens in Luxus und in Armut. Irmgard Keun sitzt wie eine Fürstin da. Die Couch ist ein Thron, wir trinken Korn aus Kelchen, und ihre Stimme hat das Befehlen nicht verlernt.

»Hörst du! Ich war jemand!«

»Ich weiß.«

»Nur die besten waren bei Allert de Lange, alles Juden, fabelhafte Leute.«

Ich nicke und zähle einige Namen auf: Plivier, Alfred Neumann, Theodor Wolff, Schalom Asch, Joseph Roth, Egon Erwin Kisch ... Ihr Gesicht wird immer wehmütiger.

»Dat Egonek« unterbricht sie mich leise und plötzlich kölsch sprechend, »wat war dat Egonek zärtlich ...«

»Egon Erwin Kisch?« Ich bin verblüfft. »Ich dachte, Joseph Roth war dein Freund.«

»Den habe ich geliebt ... irgendwie.« Sie sagt es, ohne den Kopf zu heben.

»Ich wollte, daß er lebte« Begegnung mit Joseph Roth

Joseph Roth in Nizza, 1934

Hotel Bristol in Wien, wo Irmgard Keun und Joseph Roth 1936 wohnten.

Stefan Zweig und Joseph Roth, Ostende, 1936
Vorderseite: Irmgard Keun in Ostende, August 1937

M*ensch sein . . . da heißt's, allein sein.* Fünf Jahre zuvor hatte Irmgard Keun diese Worte geschrieben, in ›Gilgi‹. In Ostende lebt sie sie – drei Monate lang.

Dann kommen die Kollegen.

Es kommen Egon Erwin Kisch und Hermann Kesten, Stefan Zweig und Ernst Toller; es kommt Joseph Roth.

Als ich Joseph Roth zum erstenmal in Ostende sah, da hatte ich das Gefühl, einen Menschen zu sehen, der einfach vor Traurigkeit in den nächsten Stunden stirbt. Seine runden blauen Augen starrten beinahe blicklos vor Verzweiflung, und seine Stimme klang wie verschüttet unter Lasten von Gram. Später verwischte sich dieser Eindruck, denn Roth war damals nicht nur traurig, sondern auch noch der beste und lebendigste Hasser . . .

In seinen Büchern versenkte Roth sich gern in die Welt der alten österreichischen Monarchie – in eine Welt, von der er mit verzweifelter Anstrengung und Inbrunst glauben wollte, daß sie ihm – zumindest früher einmal – Heimat des Denkens und Fühlens war. Doch er wußte, daß er ewig heimatlos war und sein würde. Alles, was seinem Wesen nahe kam – Menschen, Dinge, Ideen –, erkannte er bis in die verborgenste Unzulänglichkeit hinein und bis in jene Kälte, die auch den lebendigsten wärmsten Atem einmal erstarren macht. So suchte er denn nach Welten, die ihm wesensfremd waren und von denen er hoffte, daß sie ihm unerkennbarer und wärmend bleiben würden. Doch was seiner rastlos schaffenden Phantasie gelang, zerstörte ihm immer wieder sein bitterböser unerbittlicher Verstand. Er hätte den Teufel gesegnet und Gott genannt, wenn er ihm geholfen hätte, an ihn zu glauben. Zuweilen sah er sich selbst in geisterhaft leerem Raum zwischen Rationalismus und Mystik, gelöst von der Wirklichkeit und das Unerreichbare nicht erreichend und wissend dabei, daß es nicht zu erreichen war. Er war gequält und wollte sich selbst loswerden und unter allen Umständen etwas sein, was er nicht war. Bis zur

Erschöpfung spielte er zuweilen die Rolle eines von ihm erfundenen Menschen, der Eigenschaften und Empfindungen in sich barg, die er selbst nicht hatte. Es gelang ihm nicht, an seine Rolle zu glauben, doch er empfand flüchtige Genugtuung und Trost, wenn er andere daran glauben machen konnte. Seine eigene Persönlichkeit war viel zu stark, um nicht immer wieder das erfundene Schattenwesen zu durchtränken, und so empfand er sich manchmal als ein seltsam wandelndes Gemisch von Dichtung und Wahrheit, das ihn selbst zu einem etwas erschrockenen Lachen reizte.

Roth konnte damals noch seine Qualen und Traurigkeiten vergessen und gern und gut lachen. Er konnte auch zuweilen noch sehr gut, sehr intensiv und äußerst lebendig in der Wirklichkeit leben. Wenn er nicht an seinem Roman arbeitete, schrieb er Artikel gegen den Nationalsozialismus. Ich kenne niemand, der so unerbittlich klar, so überzeugend stark, so leidenschaftlich kompromißlos darüber und dagegen schrieb wie Roth. Ich kenne niemand, der so erbarmungslos auch die kleinste politische Schwäche prominenter und prominentester Emigranten entdeckte und so furcht- und rücksichtslos angriff. Ich kenne niemand, der besser und folgerichtiger hassen konnte. Und ich kenne niemand, dessen Haß so nobel, so großzügig, so weltenweit entfernt von jeder kleinlichen persönlichen Beleidigung war. Ich kenne niemand, der immer so sauber und mutig Stellung nahm gegen jede Ungerechtigkeit – ganz gleich, wer sie beging, ganz gleich, wo sie begangen wurde. Ich habe nie wieder einen Menschen gekannt, der so viel reiner Empörung fähig war, nie wieder einen Menschen, der weniger Rücksicht auf eigenen Schaden oder Nutzen nahm. Und nie wieder einen Menschen, der andere so souverän nach eigenem Ermessen wertete – völlig unfähig, jemals auch nur die Spur eines sozialen Unterschiedes gelten lassen zu können. Erst recht nicht, als ihm gelegentlich einfiel, die Rolle eines dem österreichischen Adel Ergebenen zu spielen.

Roth starb noch vor dem Krieg in Paris. Auch er hatte zuletzt nicht mehr gehaßt, sondern war nur noch traurig gewesen.

1947. Erinnerungen an Joseph Roth, Romancier, Erzähler und Journalist, Jude. Erinnerungen an den einzigen Mann, der es ja vermochte, Irmgard Keun zu fesseln.
Ein Mann voller Widersprüche, der allen, die sich ihm nahe fühlten, Rätsel aufgab. Schwermütig nannten sie ihn und leichtlebig, monarchistisch und sozialistisch seine Gesinnung. Sie schimpften ihn einen Phantasten, und sie priesen seine minutiöse Beobachtungsgabe. Ein Wahrheitssucher sei er gewesen und ein Geschichtenerfinder, einsam und gesellig. Ein großer Charmeur und ein großer Trinker, gescheit und böse. Und fast am Ende, als Irmgard Keun ihm zum erstenmal begegnet.
Beide haben Angst vor dem Alleinsein. Sie finden zusammen. Sie sind sich ähnlich. Sie sind für kurze Zeit ein Paar.
Wie oft hat sie schon davon berichten müssen! Soll ich sie wirklich noch einmal danach fragen?
Sie hält den Kopf immer noch gesenkt. Was mag in ihr vorgehen? Was mag sie denken? Roth, immer wieder Roth . . .?

Überall hatten seine Biographen sie aufgestöbert: in Köln im Haus der Eltern, in ihrem Untermietzimmer in Weiden, selbst im Landeskrankenhaus in Bonn, wo sie, krank vom Alkohol, sechs Jahre, von 1966 bis 1972, lebte.
Der erste war Ende der fünfziger Jahre Hermann Kesten gewesen. Er hatte ihr einen Fragebogen geschickt: »Fragen an Frau Irmgard Keun zu Joseph Roth.« Sie weiß es noch wie heute. Wahrscheinlich bereitete er gerade sein Buch ›Meine Freunde – die Poeten‹ vor. Gräßliche Fragen waren es gewesen.
»1. Wann, wo und durch wen haben Sie Joseph Roth kennengelernt?

2. Was war Ihr erster Eindruck? Wie sah Roth aus?
3. Wie lange haben Sie mit ihm gelebt, und wo? Welche Reisen machten Sie zusammen? Wie war die Reise nach Polen?
4. Sie haben Roth bei verschiedenen Gelegenheiten dargestellt in ›Kind aller Länder‹. In Ihrem Erinnerungsbuch ist er nicht nur ein großer Romancier, sondern auch eine eminente Romanfigur? Lebte er nicht ein leidenschaftliches romanhaftes Leben?
5. Hatte Roth Einfluß auf Ihre Romane?
6. Roth und die Frauen. War er ein Kavalier? Ein Frauenliebhaber, Frauenverächter und Frauenverehrer? Roth und die Liebe? Ein Erotiker?
7. Wie war es, als Sie die Nachricht von seinem Tod erhielten?«

Sie hatte versucht zu antworten – schließlich war Kesten einmal ihr Freund gewesen –, aber es war ihr nicht gelungen. Statt dessen war sie immer wütender geworden. Was waren das nur für Fragen?

Roth, der Erotiker?

Schwarzbrot, Mutter. Roth würde mich noch im Grab versohlen, wenn ich auf solche Fragen antworten würde.

Roth, der Vater vom ›Kind aller Länder‹!

Stimmt nicht. Wie kann einer, der Roth kannte, das behaupten!

Kopfschüttelnd hatte sie die Fragen überflogen. Nichts stimmte, gar nichts, nur eines: Daß Roth tot war.

Unvermittelt hatte der Schmerz sie mit einer Heftigkeit überfallen, die sie selbst überraschte. Wie damals war es gewesen, als sie in Amsterdam die Nachricht von seinem Tod erhalten hatte. Merkwürdig, dabei war die Zeit, die sie miteinander verbracht hatten, kurz gewesen – und ihre Trennung schon lange her.

Warum war sie nicht zu seiner Beerdigung gefahren? Aus Angst vor den Fragen der Freunde, oder aus Angst vor ihren Antworten auf diese Fragen . . .?

– Warum hast du ihn verlassen?
– Er nahm mir die Luft zum Atmen. Er beschlagnahmte mich.
– Er war ein kranker Mann. Er brauchte dich.
– Er brauchte niemanden, es sei denn – zum Quälen.
– Zum Quälen?
– Er war eifersüchtig, ohne mich zu lieben. Und wenn er betrunken war – und er war oft betrunken – haßte er mich – *klar, grausam, hellsichtig und begründet.*
– Aber du liebtest ihn?
– Ja.

Ja, sie hatte ihn geliebt; sehenden Auges von Anfang an. Aber nur einem hatte sie von ihrer Not erzählt: Arnold Strauss in einem Brief vom 23. August 1936:

Ich bin dem bösen Dämon Roth erlegen. Mißversteh mich um Gottes willen nicht. Er ist kein Mann mehr, nur Geist. Unendlich klug, unheimlich genial, zuweilen bösartig, boshaft. Dunkel und tragisch. Irgendwo lebt er in weiten unirdischen Welten, die einem verschlossen sind. Frauen mag er nicht, und es ist schrecklich deprimierend, wenn er einem die Unzulänglichkeit des weiblichen Geschlechts beweist. Und er hat eine Art zu sprechen, daß ich jedes seiner Worte wie das Evangelium hinnehme. Ich ließe mir bedenkenlos einen Finger abhakken, wenn ich mir dafür ein paar gute freundschaftliche Gefühle erkaufen könnte.

Arme Irmgard!

Sie liebte. Sie litt. Sie verließ ihn.

Dann hatte Roth sie verlassen.

Die Trauer, Freund, macht meine Hände dumm,
Wie soll ich aus dem schwarzen Blut der Grachten Kränze winden?
Das Leid, mein Freund, macht meine Kehle stumm,
Wo bist Du, Freund, ich muß Dich wiederfinden.

Die Tränen sterben mir, denn Du bist tot,
Zerbrochene Gräber scheinen mir die Sterne,
Es fließt, es fließt der Strom der großen Not
Aus jedem Grab der unerreichten Ferne.

Ich möchte einen Mantel weben aus dem Leid
Einsamer Stunden, kann man Tote noch beschenken?
Man kann nur dankbar sein für jede Stunde Zeit,
Die Gott noch gibt, um liebend zu gedenken.

Für Joseph Roth. Geschrieben in Amsterdam, während er in Paris beerdigt wurde. Anschließend hatte sie sich betrunken. Es hatte nicht geholfen.
Ja, genauso war es gewesen. Aber was geht Kesten das an! *Ich war traurig und litt. Ich wollte, daß er lebte – ihn wiedersehen wollte ich trotzdem nicht.*
Sie hatte ihren Federhalter wieder aufgeschraubt, diese zwei Sätze geschrieben, und dann hatte sie den Fragebogen zusammengefaltet und zu ihren Papieren gelegt.
Was sie berichten wollte, hatte sie berichtet: 1947, in ihren ›Bildern und Gedichten aus der Emigration‹ – die Begegnungen mit den Einheimischen, die Freundschaft mit Kisch, Kesten, Toller und den anderen Emigranten, die vielen Gespräche über Literatur und die wenigen über Politik, die Nähe zu Roth, das gemeinsame Schreiben am Kaffeehaustisch . . .
Und plötzlich, den Karton mit den Papieren noch in den Händen, geriet sie wider Willen doch ins Erinnern . . .

Ostende im Juli. Ein Café an der Place d'Armes. Im hintersten Winkel sitzt Roth. Die Luft steht von Staub und Stille. Nur das Kratzen seiner Feder ist von Zeit zu Zeit zu hören und das Rascheln des Papiers, wenn er eine beschriebene Seite umwendet, um die nächste in Angriff zu nehmen. Er ist ein rastloser Arbeiter, und nur, um zum Glas zu greifen, bereit, die Feder abzusetzen.

Draußen glüht der Sommer. Hier drinnen ist es angenehm kühl. Der Wirt hat schon am frühen Morgen, als die Sonne noch längst nicht aufs Haus schien, die Markise so weit wie möglich herabgelassen. Er kennt die Wünsche seiner Gäste. Joseph Roth zum Beispiel liebt den Schatten. Er verträgt das helle Licht nicht. Seine Augen neigen zu Entzündungen. Immer wieder hebt er die schmalen weißen Hände, um sie zu kühlen.

Hände aus Glas, denkt Irmgard Keun. Sie sitzt in der Nähe der geöffneten Tür an einem Tisch am Fenster. Wenn sie den Kopf hebt, überblickt sie die Straßenszene: Sommerbunte Paare auf dem Weg zum Strand, Frauen mit Einkaufstaschen, ballspielende Kinder, ein Zeitungsjunge, der die Schlagzeilen ausruft, einige wenige Flaneure mit Zeitungen unter dem Arm, ein Handlungsreisender mit Köfferchen – und am Blumenstand ein Mann, der gerade glücklich lächelnd dem nicht minder glücklichen Blumenmädchen alle roten Rosen abkauft . . .

Ein wenig erinnern sie die weichen, aber entschlossenen Gebärden des Fremden an ihren fernen Freund. Was Arnold wohl in diesem Augenblick macht? Sie hat ihm seit einem Monat nicht mehr geschrieben. Keine Zeit für Briefe! Das muß er verstehen; Tralow hat es auch verstanden. Sie hat jetzt anderes zu schreiben: ›Nach Mitternacht‹.

Der Verlag drängt. Roth drängt. Kisch und Kesten drängen.

Alle, die den Anfang des Romans gelesen haben, sind hingerissen und können sein Ende kaum erwarten.

Da schreibt eine, was sie sich mangels Anschauung schon lange nicht mehr trauen, da schreibt eine über das nationalsozialistische Deutschland. Da gibt es eine, die sich nicht flüchten muß in den historischen Roman oder in jenseits aller Zeit und aller Realität angesiedelte Traumgeschichten, sondern die bleiben kann, was sie war: eine kritische Chronistin gegenwärtiger Wirklichkeit.

Das ›Pariser Tageblatt‹, die einflußreichste Zeitung der deutschen Emigranten, hat sich bereits die Rechte für den Vorabdruck gesichert. Sie wollen im Herbst damit anfangen. Nun muß es schnell gehen.

Es ist die *reinste Schreibolympiade.* Mehr als einmal gebraucht Irmgard Keun müde seufzend diese Wendung, wenn sich die Freunde nach dem Fortgang der Arbeit erkundigen. Roth hetzt sie maßlos. Abends fragt er sie ab, und sie vergleichen, was sie am Tag geschafft haben. Meistens hat er mehr als sie. Er ist ein noch schnellerer Schreiber, er ist ihr Lehrer. Ist er auch ihr Freund?

Gestern, als sie vor Erschöpfung kaum hochkam, hat er doch tatsächlich gesagt: »*Wie kommen Sie dazu, im Bett zu liegen? Sie sind ein Schriftsteller, Sie haben keine Frau zu sein, sondern ein Soldat.*« Und sie hatte ihm prompt *geschworen, nachzuholen und heute 35 Seiten zu schreiben.*

Ob er sie nachher zählt? Zuzutrauen wäre es ihm ... Sie hebt den Kopf und sieht zu ihm hinüber. Was er wohl gerade schreibt? Sie kennt nur seine Schrift. Sie ist zierlich und seltsam krakelig, als widersetzte sich seine Hand, die die Feder führt, seinen Vorstellungen von einer seinem Denken angemessenen Schreibgeschwindigkeit.

Ihre ist ganz anders. Man sieht ihr das Tempo an. Sie ist

schnörkellos und schnell – wie ihre Texte es sind. Subjekt, Prädikat, Objekt, eine Frage, eine Antwort, wörtliche Rede: *»Ich verstehe übrigens nicht, was Sie immer gegen die Rassengesetze haben, Breslauer. Unerhört human sind diese Gesetze. Stellen Sie sich mal vor, die Juden würden gesetzlich gezwungen, wöchentlich dreimal mit Mitgliedern der NS-Frauenschaft zu schlafen.«*
»Heini, lieber Freund, Sie wissen doch, wie ernst alles ist, hören Sie doch mit Ihren rohen Scherzen auf.«
Irmgard Keun kommt gut voran: Der jüdische Arzt Dr. Breslauer wird bald in Amerika sein und der Journalist Heini tot . . . Sie ist zufrieden. Aber lieber noch wäre sie jetzt draußen im Glanz, im Sommertaumel bei den anderen, stürmte mit Gisela Kisch durch die Dünen von Bredène – dort haben sich die Kischs eingemietet – oder tobte mit Ernst Toller über den breiten Strand ins Meer. Er ist ein ebenso guter Schwimmer wie sie, und sie liebt es, sich weit mit ihm hinaustreiben zu lassen. Er gefällt ihr. Seine wilden dunklen Locken, seine stürmischen Bewegungen, sein altersloser, braungebrannter Körper. Sie lacht mit ihm, wie sie mit Gisela und mit Kisch lacht. Sie findet sie *klug, lebendig, voll Humor und ehrlichem Idealismus. Bezaubernde Leute.*
Stefan Zweig liegt ihr weniger. Aber das verrät sie nur Arnold Strauss. Schließlich ist Zweig Roths Freund und Mäzen. *Ein feiner Mann, ganz und gar samtig, triefend vor Güte und Menschenliebe. Ich kann weder mit ihm noch mit seinen Büchern was anfangen.*
Wenn sie ehrlich ist, muß sie zugeben, daß sie seine häufigen Besuche an Roths Tisch regelrecht stören.
Auch für diesen Nachmittag hat er sich angekündigt, und pünktlich um fünf, als handle es sich um eine Einladung zum Tee, betritt er das Bistro – eine schmale, elegante Erscheinung. Ein kurzer Gruß in ihre Richtung, dann eilt er zu seinem Freund. Sie sieht ihn den Arm um Roth legen und hört

ihn mit milder Stimme irgend etwas sagen wie: Aber doch nicht mit den Habsburgern; und Kesten habe recht, er halte ihn wirklich »für das Muster eines wahren Poeten«; und ob er nicht eine neue Hose brauche; und wenn er so weitertrinke, dann ...

»Was dann?« knurrt Roth. »So kann ich wenigstens manchmal lachen.« Und lacht.

Irmgard Keun fühlt sich ausgeschlossen. Nur Roths grimmige Miene und seine böse krächzende Stimme – vom sechsten Glas an krächzt er! – beruhigen sie ein wenig.

Eine seltsame Freundschaft ist das! Zweig wirbt und wird zurückgewiesen und wirbt weiter.

So sieht sie es. Sie sieht es mit Staunen.

Unangenehm, denkt sie, sehr unangenehm, um gleich darauf zu erschrecken, denn plötzlich sieht sie sich selbst dort an Roths Tisch sitzen – zärtlich zugewandt, hilfsbereit, voller Bewunderung und voller Angst.

Ihr ist kalt. Sie muß raus hier. In die Sonne. Sofort! Zum erstenmal ahnt sie, wie gefährdet sie durch Joseph Roth ist. Er macht mit Menschen, was er will. Er will über sie gebieten. Aber er liebt sie nicht. Jedenfalls sie nicht.

Sie muß sich retten! Sie muß ihn verlassen! Gleich. Bald. In einem Monat. In einem Jahr.

Sie ist wie gelähmt. Wieder einmal. Es ist ein Ende von Anfang an.

Sie wird mit ihm nach Österreich und Polen reisen, sie wird ihn nach Paris, Amsterdam und Brüssel begleiten, sie werden einen weiteren Sommer in Ostende verbringen.

Sie werden in den teuersten Hotels wohnen, oft erster Klasse fahren und immer Schulden haben. Sie werden betrunken nebeneinander einschlafen, und sie wird ihm den Kopf halten, wenn er sich am Morgen erbricht. Er wird sie verfolgen mit

seiner Eifersucht und sie bezaubern mit seinem Witz und seiner Phantasie. Sie werden sich Gewohnheit werden und daran leiden. Dann werden sie sich trennen. Erst dann.
Sie weiß es schon heute.
Im Frühherbst 1937 ist es soweit, daß sie es das erste Mal versuchen. Sie bleibt in Belgien. Er kehrt nach Paris zurück. Dort erlebt er, wie das Hôtel Foyot in der Rue de Tournon, in dem er sechzehn Jahre gewohnt hat und dessen letzter Mieter er zum Schluß war, abgerissen wird.
Er schreibt einen verzweifelten Bericht für ›Das Neue Tage-Buch‹. »Jetzt sitze ich gegenüber dem leeren Platz und höre die Stunden rinnen. Man verliert eine Heimat nach der anderen, sage ich mir. Hier sitze ich am Wanderstab. Die Füße sind wund, das Herz ist müde, die Augen sind trocken. Das Elend hockt sich neben mich, wird immer sanfter und größer, und der Schmerz bleibt stehen, wird gewaltig und gütig, der Schrecken schmettert heran und kann nicht mehr erschrecken. Und dies ist eben das Trostlose.«
Anfang November zieht er in das Hôtel Paris-Dinard, ein paar Straßen weiter, in der Rue Cassette im 6. Bezirk; ein großes Haus, in dem er niemand kennt.
Etwa zur selben Zeit hat sich Irmgard Keun im Grand Hôtel Cosmopolite in Brüssel einquartiert. Es geht ihr mindestens so schlecht wie ihm. Sie leidet unter Schlaflosigkeit und Schweißausbrüchen. Sie ißt kaum noch und hat Angst, auf die Straße zu gehen. Die letzten Monate mit Roth waren die Hölle gewesen. Nichts hatte sie mehr freuen können, weder die Verkündung ihrer Scheidung am 26. Mai 1937 noch die begeisterten Kritiken nach Erscheinen von ›Nach Mitternacht‹ Anfang 1937.
Der Kommunist Franz Erpenbeck hatte in der ›Internationalen Literatur. Deutsche Blätter‹ (1937) den Roman »ein anti-

faschistisches Buch von starker Durchschlagskraft« genannt und seinen hohen Unterhaltungswert gerühmt; der linksbürgerliche Klaus Mann hatte in der *Neuen Weltbühne* (1937) geschrieben: »Es ist ein wichtiges Buch«, denn »in seiner Schilderung des Alltags im Dritten Reich gibt es die Wahrheit«, und er hatte konstatiert, diese Frau »kann erzählen«. Na und, hatte sie gedacht – es war ihr egal gewesen.
Sie ist verstört. Sie ist allein. Ohne Roth ist es auch nicht besser.
Sie überlegt, erwägt, zu ihm zurückzukehren. Sie weiß nicht, was sie tun soll. Als auch Arnold Strauss, des ewigen Wartens und Zahlens müde, droht, sich von ihr zurückzuziehen, bricht sie zusammen. Er war ihre letzte Hoffnung. Wenigstens er muß bleiben! Sie schreibt ihm einen Brief.
Kleines, ich bin elend und verzweifelt. Ich finde mich allein nicht mehr zurecht. Was soll ich tun? Wie soll ich's tun – um nach Amerika zu kommen. – Kannst Du herkommen und mich abholen? Ich brauche Dich, wie ich Dich damals in Berlin brauchte. Ich brauche Dich, ich halte dieses Leben nicht mehr aus. Die Juden sind genau solche Schweine wie die Nazis. Ich flehe Dich an, komm und hilf mir und zwinge mich, mit Dir zu kommen. Ich bin verzweifelt, ich weiß nicht weiter. Ich habe heute abend 39 Grad Fieber und bin vollkommen durcheinander. Hast Du mich noch lieb, Arnold? – Dann mußt Du kommen und mir helfen wie damals. Telegrafier mir, ob Du kommen wirst, ob Du mich noch liebhast. Ich muß es wissen. Du bist so schlaff geworden in Deinen Gefühlen. Ich habe Dich lieb, Kleines, und ich bitte Dich: Komm, komm, komm, und hole mich zu Dir, wenn Du mich liebhast.
Ich habe Sehnsucht nach Dir. Komm. Es muß sein. Wenn Du mich noch liebhast und an mich glaubst, mußt Du kommen. Mein Kleines, mein Liebes, wir werden wieder glücklich zusammensein.
Arnold Strauss kommt nicht. Er teilt ihr mit, daß er krank sei,

und nun werden seine Briefe so selten wie ihre. Er ist mißtrauisch geworden. Sie hat ihn zu lange hingehalten und zu oft belogen. Er verlangt Erklärungen – und damit Unmögliches. Denn – Unerklärliches ist Irmgard Keun geschehen: Sie hat geliebt, ohne Hoffnungen geliebt – einen Mann, der sich selbst bereits aufgegeben hatte.
In einem Brief Joseph Roths an Stefan Zweig vom 12. November 1935 steht: »Und es handelt sich für mich darum: *Nicht das Leben zu verlängern, sondern den unmittelbaren Tod zu verhindern.* Ich kann nicht auf Jahre hinaus rechnen. Ich versetze gewissermaßen die letzten 20 Jahre meines Lebens beim Alkohol, weil ich noch 7 oder 14 Tage Leben in mir gewinnen muß. Freilich kommt dann, um im Bilde zu bleiben, plötzlich ein Punkt, wo der Wucherer *vor* der Zeit über einen herfällt. So ungefähr ist die Situation.«

So ungefähr ist die Situation, als Irmgard Keun und Joseph Roth sich kennenlernen, im Café Flore in Ostende, aber sie verkennt sie.
Kischs haben sie mitgenommen. Sie wollen Roth begrüßen, der auf Einladung Stefan Zweigs gerade aus Paris gekommen ist, um den Sommer in Ostende in der Nähe seiner Freunde zu verbringen. Seit der Trennung von Andrea Manga Bell fühlt er sich oft einsam. Er hat fünf Jahre mit ihr und ihren zwei Kindern zusammengelebt, und obwohl das gemeinsame Leben ihm am Ende zur Last geworden war, fehlt es ihm nun doch: die Wärme und fraglose Hilfsbereitschaft seiner Freundin, die Phantasie und Fröhlichkeit von Sohn und Tochter, ja, selbst die ewigen Geldsorgen ... – wiewohl er sich, kaum daß ihm dieser Gedanke gekommen ist, eingestehen muß, daß die ihm mit hoher Wahrscheinlichkeit erhalten bleiben werden, egal, ob er nun vier Personen oder nur sich allein zu versorgen

hat. Er ist ein schlechter Rechner. Er kann mit Geld nicht umgehen. Er kann es nur ausgeben. Es zerrinnt ihm zwischen den Fingern. Wenn er keines mehr hat, schnorrt er. Es gibt Kollegen, die nennen ihn »den reinsten Staubsauger«. Als Irmgard Keun zum erstenmal davon hört, muß sie lachen. Wie ich, denkt sie. Aber was ist schon dabei! Wer hat, soll geben!

Als Kisch sie einlädt, Roths Bekanntschaft zu machen, ist sie entzückt. Sie ist neugierig auf ihn. Sie hofft, daß er ihr gefällt. Und er gefällt ihr tatsächlich. Obwohl er alles andere als schön ist. Sein kurzer Körper erinnert sie an den einer Kreuzspinne: der aufgequollene runde Bauch und die viel zu dünnen Arme und Beine. Seine Haare sind schütter, sein Gesicht fahl und gedunsen, und dem ungepflegten Schnurrbart gelingt es nicht, die defekten Zahnreihen zu verbergen. Aber unter dem Schnurrbart sitzt der sinnlichste Mund, und seine Augen haben das Blau des Himmels und ganz lange Wimpern.

Irmgard Keun kann den Blick nicht von ihm abwenden. Sie registriert seine Bewegungen – aufreizend langsam und kontrolliert wie bei einem Tier, das seine Beute belauert. Und sie sieht, wie schön seine Hände sind, schmal und langfingrig. Wie mag es sein, von ihnen berührt zu werden?

Daß Roth betrunken ist, stört sie nicht.

Noch nie in ihrem Leben ist sie einem Mann mit soviel sexueller Anziehungskraft begegnet; noch nie hat ein Mann sie so beeindruckt; noch nie hat sie sich einem Mann so verwandt gefühlt.

Wie soll sie ihn beschreiben? Wie alle? Als gescheit und charmant, als witzig und böse?

Er ist mehr, viel mehr. Dieses Mehr ist ihr Geheimnis.

Ihr erster Gedanke ist: Ich will alles von ihm lesen. Ihr zweiter: Lieber will ich mit ihm leben. Daß sie ihm gefällt, daran

zweifelt sie nicht. In diesem Punkt kennt sie sich aus mit Männern.
Wenige Tage später zieht er zu ihr ins Hôtel de la Couronne. Sie bleiben dort bis Oktober. Ihre Tage sind ausgefüllt mit Arbeit. Joseph Roth macht die letzten Korrekturen an seinem Roman ›Beichte eines Mörders‹, während der nächste – begonnen noch während des Zusammenlebens mit Andrea Manga Bell – bereits im Entstehen ist: ›Die Kapuzinergruft‹. Irmgard Keun stellt – bis auf das letzte Kapitel – ›Nach Mitternacht‹ fertig. Von Mitte Oktober an erscheint der Roman in Fortsetzungen im ›Pariser Tageblatt‹. Sie läßt die Zeitung an Arnold Strauss schicken. Ebenso die ersten hymnischen Reaktionen der Kritiker. Und manchmal berichtet sie ihm von Joseph Roth.
Ein Paar im Exil. Ein seltsames Paar. Arbeit und Alkohol – mehr scheint die beiden nicht zu verbinden. Die Freunde reagieren irritiert. So recht kann keiner von ihnen begreifen, was die anziehende junge Keun mit dem heruntergekommenen, vorzeitig gealterten Roth verbindet, auch wenn sie sich, zugegeben, in vielem ähneln. Beide sind zu den ungeheuerlichsten Entgleisungen fähig und zu den schönsten Gesten der Freundschaft, beide sind begabte Verschwender, beide sind Meister der Beobachtung – auch der Selbstbeobachtung –, und beide leiden an sich ... Beide sind Heimatlose, immer auf der Suche nach einem Halt und einem Sinn, bereit, nach allem zu greifen, was ihnen Versöhnung mit dem Leben und Ausweg aus ihrer Isolierung verspricht: nach Menschen, nach Ideen und nach Alkohol.
Sie sind possessiv, verbohrt und oft betrunken.
Egon Erwin Kisch verrät kein Geheimnis, wenn er seinem Bruder schreibt: »Wenn Du sie kennenlernst, werde ich mich sehr freuen, aber besauf Dich nicht dabei, die beiden trinken

wie die Löcher.« Es ist ein Brief, mit dem Kisch seinem Bruder den Besuch Irmgard Keuns und Joseph Roths in Wien ankündigt. Dorthin und nach Salzburg wollen sie als nächstes reisen. Und von dort aus hofft Irmgard Keun, endlich mit Energie ihr Scheidungsverfahren zum Abschluß bringen zu können. Sie hat sich in der letzten Zeit wenig darum gekümmert, und die Prozedur ist schwierig, obwohl Tralow sein möglichstes tut, um sie zu vereinfachen.
Über Weihnachten werden sie bei seinen Verwandten in Lemberg sein. Anschließend ist eine Vortragsreise durch Polen geplant, zu der der polnische PEN-Club Roth eingeladen hat. Irmgard Keun wird ihn begleiten. Sie wird polnischen Zeitungen Interviews geben und sich langweilen. Izidor Bermann von der Kaszja Opinja wird schreiben: »Engel, schöner blonder Engel, möge doch der süße reine Spott deiner Augen, deiner Stimme und deiner Worte leuchten über unsere Politik hinaus.« Auf polnisch. Sie wird es für Arnold Strauss übersetzen.

In Ostende ist es unterdessen ungemütlich geworden. Der strahlende Sommer ist einem wilden Herbst gewichen. Nach und nach hat sich die Emigranten-Kolonie aufgelöst. *Toller war nach London, Zweig nach Salzburg, Kisch nach Versailles, Kesten nach Brüssel gereist.* Der Abschied war herzlich, aber nicht schwer gewesen. Die Welt war für sie *klein geworden, über kurz oder lang würden* sie sich *immer wieder irgendwo treffen.* Irmgard Keun ist der letzte Gast im Hôtel de la Couronne. Roth ist wegen irgendwelcher Verlagsgespräche nach Amsterdam vorausgefahren, sie will noch ein paar Tage allein sein, bevor sie ihm über Brüssel nachreist. In Brüssel ist sie mit ihrer Mutter verabredet, die ihr Winterkleidung und – hoffentlich! – Geld bringen wird. Trotz der Verlagsrente und der

Gelder, die Arnold Strauss ihr schickt, ist sie ständig knapp bei Kasse. Sie weiß nicht, wo das Geld bleibt. Sie hat auch keine Lust, darüber nachzudenken. Ihr Leben ist schon kompliziert genug.

Ein letztes Mal geht sie den Dyk entlang. Die ersten Hotels sind bereits geschlossen, die Fensterläden verriegelt. Die Saison ist vorbei. Es ist kalt. Kalt wie im Mai . . . Ist es wirklich erst fünf Monate her, daß sie angekommen ist? Es kommt ihr wie ein halbes Leben vor.

Ein halbes Leben mit Joseph Roth.

Alles andere ist dahinter zurückgetreten: Arnold Strauss, Johannes Tralow, die Eltern, die wenigen Freunde in Deutschland, Ria und Annemarie.

Aber was hätte sie ihnen auch schreiben sollen? Die Wahrheit? Sie weiß sie selbst nicht. Es gibt so viele Wahrheiten, seitdem sie mit Joseph Roth zusammen ist, noch mehr als früher. Wie soll sie Arnold die Reise nach Polen erklären?

Am besten mit Verlagsschwierigkeiten. Denn die gibt es wirklich.

Am 6. November 1936 schickt Irmgard Keun ihrem Verleger van Alfen einen Brief:

Eden-Hotel, Amsterdam.

Geehrter Herr van Alfen,

ich bestätige den Inhalt unserer gestrigen Unterredung. Sie haben mir Folgendes gesagt:

»Ich möchte mit einem Manuskript wie dem Ihrigen kein Geld verdienen.«

»Ihr Manuskript ist gehässig, ungütig und ohne Verständnis für die Menschen in Deutschland.«

»Man muß auch andere Überzeugungen achten.«

»Sie greifen einen Mann wie Hitler an, der von unzähligen Menschen verehrt wird.«

»Vielleicht werden Sie später einmal lernen, anders zu denken und zu schreiben.«
Hierauf gaben Sie mir meinen Roman (›Nach Mitternacht‹), der die Zustände im heutigen Deutschland schildert, zurück mit der Bemerkung: Sie könnten so deutliche Bücher in Ihrem Verlag nicht bringen.
Bei dieser Unterredung waren anwesend:
1. Herr Landauer, der Leiter Ihrer deutschen Verlagsabteilung.
2. Ihr Angestellter Herr Cronenburg.
Hochachtungsvoll
Irmgard Keun
Den Hintergrund für van Alfens Ablehnung teilt sie am 23. November aus Wien Arnold Strauss mit: Er mache Inseratengeschäfte mit Deutschland, und seine deutschen Geschäftspartner hätten ihm einen Wink gegeben, daß es besser für seine Geschäfte sei, wenn ›Nach Mitternacht‹ nicht bei ihm erscheine.
Die Folge: Der Roman wird von Querido übernommen, dem zweiten holländischen Verlag mit einer deutschen Abteilung, geleitet von Walter Landauers Freund und früherem Kiepenheuer-Kollegen Fritz Landshoff.
Alles, was sonst noch in ihrem Brief an Arnold Strauss steht – Nervenzusammenbruch, Verhaftung und Flucht aus Holland –, erfindet Irmgard Keun, um den Freund in Amerika zu beruhigen. Denn wie sollte er sonst ihr Verhalten verstehen, das lange Schweigen und den überstürzten Aufbruch nach Polen?
Außerdem braucht sie Geld. *Drahte, was du kannst und magst.* Für die Scheidung, behauptet sie.
Die betreibt unterdessen mit Energie Johannes Tralow von Deutschland aus. Er hat Armenrecht beantragt. Ihr Hanni. Er hat ihr ein Treffen in Italien vorgeschlagen, und er ist bereit, auf alle ihre Wünsche einzugehen. Guter Hanni.

Seine Auftragslage wird sich bestimmt rasch verbessern, wenn er erst einmal offiziell von ihr getrennt ist.
Sie sind übereingekommen, einen befreundeten Anwalt, den Juden Dr. Rosenmeyer, mit der Abwicklung der Angelegenheit zu betrauen. Sie wird alle Schuld auf sich nehmen. Sie ist Antifaschistin. Das ist Scheidungsgrund genug. Alles Weitere sollen sich Tralow und Rosenmeyer einfallen lassen. Sie hat andere Sorgen.
Ob es richtig ist, Roth zu folgen?
Sie friert. Der Wind ist feucht und kühl, dann setzt leiser Regen ein. In Polen wird es noch kälter sein. Sie haßt diese Jahreszeit.
Vielleicht sollte sie sich in eines der verwaisten Cafés flüchten und einen Amer Picon trinken? Oder lieber einen heißen Tee mit Rum? Während sie ihn bestellt, ahnt sie bereits, daß ihr auch davon nicht wärmer werden wird.
Sie nimmt Abschied. Er fällt ihr schwer. Erschrocken stellt sie fest, daß sie bereits Wurzeln geschlagen hat. Das wird sie sich abgewöhnen müssen im Exil.

»Das habe ich mir gründlich abgewöhnt.«
Endlich hat Irmgard Keun den Kopf wieder gehoben. Ihre Stimme ist tief und klar, und sie sieht mich geradeheraus an.
»Irgendwie ... war ich nie besonders seßhaft ..., weißt du ...«
»Ein Schwirrvogel?«
Sie nickt. Eine Nomadin sei sie gewesen von jeher, und eine Bohemienne, und das Exil habe das noch verstärkt. Und es klingt durchaus zufrieden, wie sie es sagt. Sie hat etwas erlebt, sie hat etwas gesehen, sie hat etwas getan. Nein, nicht politisch, politisch engagiert sei sie – bei aller Sympathie für

die Kommunisten – nie gewesen. Sie habe geschrieben. »Drei Romane in zwei Jahren!«
Drei Romane in zwei Jahren: Einen über Deutschland – ›Nach Mitternacht‹, einen übers Exil – ›Kind aller Länder‹ und einen über die Beziehung zu Roth – ›D-Zug Dritter Klasse‹, entstanden während der gemeinsamen Zeit.
»Du hast ihn gelesen?«
Ich nicke.
»Du«, platzt sie heraus, »den lieb ich. Er ist nur etwas verrückt.«
»Kann man wohl sagen! Die Geschichte und die Konstruktion: viele Rückblenden, viele Schicksale, viele Katastrophen.«
Sie ist entzückt. Erwartet sie, daß ich ihr den Inhalt erzähle?
Eine Handvoll Menschen fährt durch die Nacht, von Deutschland nach Frankreich: Einer kommt gerade aus dem Gefängnis, einer ist seiner Frau durchgebrannt, einer glaubt, eine Prostituierte umgebracht zu haben, einer will Gold schmuggeln . . . Sie werden Freunde für Stunden – oder Feinde. Und mittendrin sitzt das brave Lenchen mit ihrem eifersüchtigen, betrunkenen Karl und denkt abwechselnd an Bruno in Brasilien und Alfred in Stuttgart, ihre beiden anderen Verlobten. Eine Frau zwischen drei Männern, einem verfallen – Karl. *Seit sie ihn kannte, warf er ihr mit Überzeugung vor, daß sie ihn betrogen habe. Sie hatte es nie getan, bei Gott nicht. Alfred Lieder und Bruno Gottlieb waren nicht zu rechnen, denen schrieb sie ja nur Briefe ohne Sehnsucht und ohne Gefühl. Sie hatte immer nur an Karl gedacht und nie an einen anderen Mann.«*
Ich halte das Buch aufgeschlagen auf den Knien und lese ihr daraus vor.
»Ach«, fällt sie mir ins Wort, »wie schön, daß du darüber

sprichst. Du, ich freu mich, daß dir das gefällt. Du bist die erste.«

Nun bin ich erstaunt. Wieso wurde dieser Roman so wenig beachtet, und wenn, dann so heftig kritisiert? Weil er zu privat war, so ohne deutliche Zeitbezüge? Nur Klara Blum hatte sich in ihrer Besprechung in der ›Internationalen Literatur. Deutsche Blätter‹ (1939) auf sein Thema eingelassen: »Der Groll über die Unterdrückung der Frau ist bei Irmgard Keun erneut zum Ausbruch gekommen und erfüllt den Roman so stark, daß für größere Dinge einfach kein Platz ist. Wieder, wie in alten ›Gilgi‹-Zeiten, steht das Verhältnis von Mann und Weib im Mittelpunkt der Welt. Dennoch sieht man auch hier, wie Irmgard Keun die Verfasserin der ›Gilgi‹ überragt. Ihr Atem ist tiefer, ihre Farben sind brennender, ihr Griff ist härter geworden.«

Ich lese weiter.

»Schnaps konnte ihn besessen machen von Haß, es war schrecklich, Anlaß seines Hasses zu sein. Denn er haßte klar, grausam, hellsichtig und begründet. Er verriet ihr ihre Lügen, er verriet ihr ihre lieblosen Gedanken, er verriet ihr ihre Schuld. Er kämpfte gegen sie wie gegen seinen bösesten Feind und machte sie gleichzeitig zu seinem Mitkämpfer gegen sich selbst. Er bewies ihr, daß sie schlecht war, wenn sie glaubte, gut zu sein. Er zwang sie, das Gift seiner Trunkenheit aufzunehmen, er wurde seinen Rausch an ihr los, er vernebelte ihr Hirn. Und wenn er müde und nüchtern geworden war, vergaß er sie . . .«

Ich lese und lese, Irmgard Keun hört mir begeistert zu. Schließlich kann sie nicht mehr an sich halten. »Das ist doch ausgezeichnet«, sagt sie und sieht mich beifallheischend an, »besonders als Film.«

»Gibt es da einen Film?« frage ich verblüfft.

»Nein. Aber das wär doch was!«

Leben wie Film. Auch Joseph Roth hat eine Szene dazu beigetragen. Sie steht in seinem Roman ›Beichte eines Mörders‹:
»›Ich soll achttausend Francs für Dich bezahlen‹ – sagte ich – ›warum hast Du's nicht gesagt?‹
›Ich muß Dir nicht alles sagen‹ – erwiderte sie.
›Doch, alles!‹ – sagte ich.
›Nicht Kleinigkeiten!‹ – sagte Lutetia. Sie stützte die gefalteten Hände unter das Kinn und sah mich an, kampfsüchtig und beinahe böse. ›Nicht alles!‹ – wiederholte sie.
›Weshalb nicht?‹ – fragte ich.
›So!‹ –
›Was heißt: so?‹
›Ich bin eine Frau!‹ – sagte sie.
Welch ein Argument – dachte ich – und nahm mich zusammen, wie man sagt, und sagte: ›Ich habe nie daran gezweifelt, daß du eine Frau bist!‹
›Du hast es aber nie verstanden!‹ – sagte sie.
›Sprechen wir praktisch und sachlich‹ – sagte ich, immer noch ruhig – ›warum hast Du mir nichts von den Kleidern gesagt?‹
›Kleinigkeit!‹ – erwiderte sie – ›was kosten sie schon?‹
›Achttausend!‹ – sagte ich . . .
›Kleinigkeit!‹ – sagte sie. ›Ich bin eine Frau. Ich brauche Kleider!‹
›Warum sagst Du mir nichts vorher?‹
›Ich bin eine Frau!‹
›Das weiß ich!‹
›Das weißt Du nicht! Sonst würdest Du darüber kein Wort verlieren.‹«
Leben wie Film? Joseph Roths Held bleibt bei seiner Lutetia, wenn auch unter den schlechtesten Bedingungen; Irmgard Keuns Lenchen verliert ihren Karl – zufällig, verzweifelt und bereits beschützt vom nächsten Mann.

Anfang 1938 treffen sich Irmgard Keun und Joseph Roth ein letztes Mal in Paris. Sie wohnen zusammen im Hôtel Paris-Dinard.
Es ist wie immer.
Es ist das Ende.

»... und hat überhaupt keine Lust hinzufahren«
Die Reise nach Amerika

Irmgard Keun in Nizza, 1938

Arnold Strauss mit seiner Verlobten Marjory, Sommer 1941
Vorderseite: Irmgard Keun, Virginia Beach, 1938

»DeWitt Cottage«, wo Irmgard Keun 1938 bei ihrem Aufenthalt in Virginia Beach wohnte.

Paris, den 2. 1. 1938
Kleines! Kleines! Kleines!
Nichts gehört – nichts, nichts, nichts.
Vollkommen verzweifelt. Was soll ich tun? Mache alles an Reisevorbereitungen – mit Angst im Herzen, da ich ja nicht weiß, was mit Dir ist. Hast Du mich nicht mehr lieb? Bist Du kränker geworden? Hast Du mich vergessen? Kein Brief zu Weihnachten, kein Brief zu Neujahr – kein Lebenszeichen seit Monaten. Und ich warte, warte, warte. Wie soll ich denn Mut behalten? Du mußt mir doch etwas helfen – ich muß doch alles andere tun. Du weißt doch, wie schwer mir alles andere ist. Warum hast Du mir denn nicht telegrafiert? (...) Du weißt doch, wieviel Hetzerei und Arbeit und Traurigkeit ich jetzt habe – warum läßt Du mich so im Stich? Wie kann ich denn nur kommen, wenn Du so furchtbar lieblos bist?
Deins.

Am 3. Januar überweist Arnold Strauss Irmgard Keun das Reisegeld nach Paris. Sie fährt damit eine Woche später nach Bordighera an der italienischen Riviera, einem bei Deutschen und Engländern gleichermaßen beliebten Badeort, berühmt wegen seiner Dattelpalmen und seiner friedlichen Stimmung und berüchtigt wegen seines staubigen Steinstrandes und seiner biederen Familienpensionen. Sie verabscheut diese Art von Unterbringung, aber ihre Mutter hat sie dazu eingeladen. Sie will zusammen mit ihrer Tochter ein paar Tage Ferien machen. Die Eltern Keun können sich endlich etwas leisten, die C.B.R. steht blendend da. Technische Benzine werden für die Rüstungsindustrie gebraucht. Auch Irmgards Eskapaden haben dem Geschäft nicht schaden können. Eduard Keun ist zufrieden: Sogar für ein zweites Haus hat es gereicht, in der Raschdorffstraße am Stadtwald. Und Elsa Keun ist glücklich: Endlich kann sie die ins Ausland gegangene Tochter hin und wieder unterstützen. Ungefährlich ist das nicht, denn die freie Ausfuhr von Devisen ist verboten, und seit Inkrafttreten des Vierjahresplanes im Oktober 1936 sind die Grenzkontrollen verschärft worden. Aber Elsas Sorge um die Tochter und die Liebe zu ihr sind größer als ihre Angst. Sie versteckt das Geld in ihrer Wäsche oder in der Thermosflasche und einmal sogar in einer Leberwurst. Was Eduard wohl sagte, wenn er das wüßte?

Eduard weiß es und sagt nichts. Auch er hat Sehnsucht nach Irmgard und würde sie gern wiedersehen. Er erwägt, sie im Frühjahr ans Schiff zu bringen, wenn sie nach Amerika fährt. Ob sie bei diesem Dr. Strauss bleiben wird? Seit der Scheidung von Tralow ist sie frei ... Eduard Keun macht keinen Hehl daraus, wie froh er ist, dieses Kapitel beendet zu wissen.

Er irrt. Es ist nicht beendet. Auf dem Weg nach Bordighera macht seine Tochter Station in Marseille und Nizza, um ihren geschiedenen Mann zu treffen. Ganz abgebrochen war der Kontakt zwischen ihnen nie; von Zeit zu Zeit hat er ihr Geld zukommen lassen und sie ihm einen Brief – freundlich, mit ein paar Herztönen und etwas Sehnsucht zwischen den Zeilen. Auch aus Paris, aus dem Hôtel Paris-Dinard ...

Liebi nennt sie ihn. Liebi soll helfen. Liebi verdient gut.

Seit ihrer Trennung kann sich Johannes Tralow nicht über Auftragsmangel beklagen. Er hat es selbst zugegeben. Warum also sollte es nicht für zwei reichen?

Das tue es durchaus, erklärt der glücklich Geschiedene. Aber diese zweite sei nicht mehr sie. Er habe eine neue Freundin. Astrid Faust.

Irmgard Keun ist empört. Die Seidenstrümpfe, die er ihr mitgebracht hat – Astrid hat sie besorgen müssen –, können sie nicht beruhigen. Geizhals, denkt sie, nur ein Paar! Als sie sein kleines grünes Portemonnaie mit Reißverschluß sieht, ist

ihr alles klar. Früher trug er das Geld lose in der Tasche. Ob er diese Astrid etwa heiraten wolle, will sie wissen.
Er zuckt die Achseln: Vielleicht.
Sie findet sein Betragen unerhört: Eine andere Frau Tralow! Noch gehört dieser Name ihr. Er schützt sie. Er steht in ihrem Paß. Niemand an der Grenze weiß, daß sie Irmgard Keun ist. Sie ist Irmgard Charlotte Tralow, eine harmlose Weltenbummlerin, heute in Marseille, morgen in Nizza und übermorgen in Bordighera bei ihrer Mutter . . . Ihre Augen schleudern Blitze.
Tralow bleibt ungerührt: »Ich könnte dir meinen Namen auch aberkennen lassen.«
»Das würdest du tun!«
Er nickt: »Wenn es sein muß . . .« Daß er die Aberkennung bereits eingeleitet hat, sagt er lieber nicht.
»Schwein«, sagt sie, »du Schwein.«
Er ist begeistert. Sie ist reizend, wenn sie vor Wut funkelt! Und immer noch gut gekleidet. Das dunkelblaue Schneiderkostüm, eng in der Taille – sie hat wieder eine! – und mit großer roter Blume am breiten Revers, die cremefarbene Seidenbluse, der helle Hut mit blauem Band, schräg aufgesetzt, Schuhe, Tasche und Handschuhe passend – das war gewiß nicht billig. Er lächelt. Er will nicht wissen, wer es ihr bezahlt hat. Er will diese Begegnung genießen.
»Meine Liebe«, sagt er, *»Sie müssen früher einmal sehr schön gewesen sein.«*
»Ach, Hannes«, sagt sie, »du bist gemein, aber wenigstens ehrlich.« Ihr Gesicht ist nun ernst und müde. Er sieht es und nimmt ihre Hand. »Bordighera wird dir guttun.«
»Bestimmt«, erwidert sie lustlos und denkt mit Grauen an das, was sie erwartet: ein kleines Pensionszimmer ohne Schreibtisch und Briefpapier, Horden greiser Deutscher auf

den harten bunten Promenadenbänken und eine besorgte Mutter voller Fragen und Furcht, daß die Tochter sich verraten könnte. Wenn wenigstens Hannes dabei wäre . . .

Johannes Tralow war dabei.
Beide gehen in Briefen auf dieses Treffen ein.
Er, sehr freundlich, drei Jahre später, am 29. Januar 1941, in einem Brief an sie; sie, sehr unfreundlich, sofort, am 5. Februar 1938, in einem Brief an Arnold Strauss.
Italien war mir greulich. Außerdem tauchte Tr. dort auf – ich lag ahnungslos mit meiner Mutter in Liegestühlen auf einer Kaffee-Terrasse. Er war mit einer Frau dort, von der behauptet wird, daß sie Nazi-Spionin sei, und diese Frau hatte er als seine Frau unter meinem *Namen angemeldet. Dadurch ergaben sich Peinlichkeiten – für mich natürlich. (. . .) Ich bin furchtbar aufgeregt, habe große Sehnsucht nach Dir und kann nun die Abreise selbst nicht mehr erwarten. Ich erwarte hier in Nizza, Hôtel Felix Faure, Dein Antworttelegramm auf diesen Brief. Drahte mir einen Kuß und ob ich erster oder zweiter Klasse fahren kann. Schicke mir so viel Geld wie möglich.*
So viel Geld wie möglich braucht sie, weil sie statt einer einfachen eine Rückfahrkarte kaufen muß, um das Visum zu bekommen. Außerdem möchte sie sich neu einkleiden – in Frankreich sei alles viel billiger als in Amerika, und angenommen, sie bliebe gleich bei ihm, habe man auf Jahre ausgesorgt und könne tüchtig sparen.
Arnold Strauss überweist ihr sein letztes Geld und telegrafiert: »Fahre möglichst Touristklasse Geldquellen erschöpft.«
Irmgard Keun verpaßt prompt das Schiff und fährt nach Amsterdam zurück. Ihren Freund vertröstet sie auf den Mai. Sie habe in Amsterdam noch Wichtiges zu regeln. Sowie ›D-Zug Dritter Klasse‹ erschienen sei, müsse sie mit Fritz

Landshoff vom Querido-Verlag über einen neuen Vorschuß verhandeln.
Er ist seit ›Nach Mitternacht‹ ihr Verleger. Ende 1936 hat er die Autorin Keun von seinem Freund und Kollegen Walter Landauer übernommen.
Die beiden mögen sich. Ihm gefällt, was sie schreibt. Besonders ›D-Zug Dritter Klasse‹, obwohl er ahnt, daß dieses Buch kein Erfolg werden wird. Er ist ein guter Verleger – und überzeugt: Ihr nächstes Buch wird sich wieder besser verkaufen.
Auch Irmgard Keun ist davon überzeugt. In ihrem Weihnachtsbrief an Arnold Strauss steht: *Und jetzt schreibe ich eins, das uns die ganz große Chance sein wird, weil es nur auf den Titel und die ersten 15 Zeilen hin überall – an alle Länder verkauft wird. Es heißt: Kind aller Länder. Child of all countries. L'enfant cosmopolite. Es handelt von einem kleinen Mädchen, das mit seinen Eltern auswanderte, überall in den Hotels als Pfand zurückgelassen wird usw. Du wirst begeistert sein.*
Sie selbst ist es bereits.
Kully, so heißt das ›Kind aller Länder‹, ist Teil ihres Lebens geworden, ein anderes Ich. Sie waren zusammen in Ostende, Brüssel und Amsterdam, sie kennen Paris und Polen, sie besuchen in Salzburg das Café Bazar und das Café Glockenspiel, und selbst nach Marseille, Nizza und Bordighera hat sie sie mitgenommen. Meistens sind sie in teuren Pullmanzügen gereist, weil man dort vor allzu gründlichen Paßkontrollen am sichersten ist, und am liebsten wohnen sie in feinen Hotels – auf Kredit. Sie wissen, wo man am günstigsten seinen Mantel verpfändet und wo es den besten Champagner gibt. Sie essen zusammen Kaviar – und manchmal auch tagelang nichts –, und sie verstehen es, Verleger- und andere Herzen zu rühren – für einen weiteren Vorschuß, eine warme Mahlzeit oder einen Zahlungsaufschub.

Kaum eine Erfahrung gibt es, die Irmgard Keun nicht mit dem ›Kind aller Länder‹ teilt, der ernsten Schwester des ›Mädchens, mit dem die anderen Kinder nicht verkehren durften‹: Die Angst vor Hotelrechnungen, Fremdenpolizei und Grenzbeamten; die Sorge um Paß, Visum und Geld; und die Sehnsucht nach Geborgenheit und einem Zuhause.
Kullys Held ist ihr Vater, ein bekannter deutscher Schriftsteller und Journalist, der aus politischen Gründen emigrieren mußte und der das Leben in der Fremde zu genießen scheint. Einfallsreich und seltsam sorglos, obwohl er doch Frau und Tochter zu versorgen hat, stellt er sich jeder Herausforderung. Ein Abenteurer, der das gute Leben, die Frauen und den Alkohol liebt; charmant, begabt und nicht selten todtraurig – so zieht er durch die Länder, manchmal mit Familie, meistens aber ohne.
Annchen, die Frau, leidet an diesem Leben; Kully, das Kind, nimmt es, wie es kommt; kummerlos, unsentimental und neugierig. Ihr Blick ist unbestechlich und ihre Kommentare sind gescheit und voller Witz.
Ein gutes halbes Jahr lang ist Kully Irmgard Keuns Vertraute. Für sie stellt sie die wenigen schönen Augenblicke mit Joseph Roth nach; ihr verrät sie ihre Wünsche nach einem *braven, ordentlichen Leben*; sie ist Zeugin ihrer Depressionen und ihrer Verrücktheiten; und mit ihr zusammen fährt sie zu Arnold Strauss nach Amerika ...

Am 13. Mai 1938 ist es soweit. Ihre Eltern bringen sie ans Schiff. Rührung und Tränen. Wer weiß, wann man sich wiedersehen wird. Im letzten Moment zieht Eduard Keun die Perlennadel aus seiner Krawatte und gibt sie der Tochter für den künftigen Schwiegersohn. Elsa Keun sieht es und weint noch heftiger. Ihr Eduard! Dabei war er immer gegen die Verbindung mit dem jüdischen Arzt gewesen.

»Ich komme ja wieder«, sagt Irmgard, von den Gefühlsausbrüchen der Mutter gerührt, und umarmt sie, »ganz bestimmt, ich komme wieder.«

Dann geht sie an Bord.

Sie steht an der Reling zwischen den anderen Reisenden. Eine Erste-Klasse-Erscheinung in teurem Tuchmantel. Ihr *blondes Haar weht lachend und winkend* im Wind, aber ihre Miene ist ernst. Der Vater nickt ihr zu. Sie hebt grüßend die Hand. Es sieht ungeschickt aus. Sie haßt Abschiede. Warum geht es nicht ohne? *Sie haßt Amerika und hat überhaupt keine Lust hinzufahren.* Warum geht es nicht ohne?

»Wie lange hat sie Arnold eigentlich nicht gesehen?« fragt unten der Vater.

Fast drei Jahre . . ., denkt oben die Tochter. Sie versucht, sich sein Gesicht vorzustellen. Vergeblich. Es fallen ihr nur seine Hände ein. Kurz und breit. Ob er wohl noch Nägel kaut? In vierzehn Tagen wird sie es wissen.

Arnold Strauss erwartet sie in New York. Sie wollen einige Tage dort bleiben, bevor sie nach Norfolk in Virginia fahren, wo er seit einem guten Jahr lebt und arbeitet. Im Hotel The Park Central, Seventh Avenue, 55 to 56 Street in Midtown Manhattan sind bereits zwei Zimmer reserviert. Getrennt zu schlafen war ihr Wunsch. Alles andere mache einen schlechten Eindruck, außerdem habe sie viel zu erledigen, wobei er nur stören würde.

Sie beabsichtigt, Frau Knopf, ihre amerikanische Verlegerin von ›Nach Mitternacht‹, zu treffen, um ihr die neuen Bücher, ›D-Zug Dritter Klasse‹ und ›Kind aller Länder‹ anzubieten; sie möchte Ernst Toller wiedersehen, den es wie so viele Emigranten in der Zwischenzeit nach New York verschlagen hat; sie hat gehört, daß auch Anton Kuh unterdessen in der Ostküstenmetropole eingetroffen sei.

Auf ihn freut sie sich besonders. Ein Lebenskünstler. Ein großer Schnorrer. Sie hat ihn durch Roth in Wien kennengelernt. Er wohnte wie sie im Bristol, und seiner Chuzpe war zu verdanken, daß sie mit Roth, ohne daß die Rezeption etwas davon merkte, das Zimmer teilen konnte. Kuh war ihr Strohmann, Nacht für Nacht tauschten sie die Betten.
Warum hatten Roth und sie nicht gleich ein Doppelzimmer gemietet? Sie weiß es nicht mehr. Nein, sie will es nicht mehr wissen.
Ein neues Leben beginnen! Ein neues Leben in der Neuen Welt! Nicht sentimental werden, Irmgard!
Sie sitzt in einem Deckstuhl und träumt sich zurück. Sie erinnert sich an jede Sekunde, an jedes Wort und jeden Ort. Seine Finger, in ihrem Haar verkrallt, wenn sie morgens nebeneinander erwachen; sein ironisches Lächeln, wenn er behauptete, *keine treusorgenden Frauenhände* zu mögen; ihre Wutanfälle, wenn er zu anderen zu charmant war. Von weit her hört sie seine Stimme, ganz nah.
»Ach, wo sind die schönen guten alten Zeiten, wo die braven bürgerlichen Frauen einander noch mit Regenschirmen auf den Kopf gehauen haben, wenn sie eifersüchtig waren – und die unangenehmeren Frauen nette anonyme Briefe schrieben? Heutzutage arbeiten schon die guten mit politischen Repressalien. Die Politik scheint wirklich alle Menschen und alle menschlichen Beziehungen vergiftet zu haben.«
Sie sitzt in ihrer Kabine und schreibt. Sie schreibt, wie Kully mit ihrem Vater nach Amerika reist. Die Mutter hat in Amsterdam das Schiff verpaßt.
Früher las sie Roth abends vor, was sie am Tag geschafft hatte, und wenn es ihm gefiel, war sie glücklich. Früher. Das gemeinsame Schreiben an Kaffeehaustischen, die nächtlichen Diskussionen mit Freunden, eine Schlittenfahrt durchs tief-

verschneite Lemberg, zum Tee bei Zweigs in Salzburg, die langen Abende in Hotelbars.
Schön war die Bar im Hotel Stein in Salzburg gewesen. Ein bißchen wie das Herrenzimmer, das sie ihrem Vater immer gewünscht hatte. Die Wände holzgetäfelt, aber nicht zu dunkel, die Sitzmöbel mit mildgrünem Samt bezogen, an der Wand ein Gobelin mit einer Jagdszene, auf dem Boden persisch gemusterte Teppiche und auf den Glasborden vor der Spiegelwand Batterien bunter Flaschen. Warmes gelbes Licht aus flachen großen Deckenschalen überflutete den Raum und verwischte weich alle Konturen und ließ die Gesichter der Damen kostbar seiden leuchten. Sie hatte sich hinter den Flaschen im Spiegel gesehen und geliebt. Sie liebt auch Seide, *manchmal liebt sie Seide mehr als Menschen.*
Aber die Zimmer im Hotel Stein waren nicht besonders gut gewesen – Acht-Schillings-Zimmer eben: kein Bad, kein Schreibtisch, kein Briefpapier, und darum war sie froh, als sie wieder in Wien im Bristol waren.
Ein schöneres Hotel kennt sie nicht. Kristallene Lüster, Möbel mit kostbaren Intarsien, an den Wänden Gemälde alter Meister, überall Marmor und Gold und Samt und Seide. Im Entree, in der Halle, im Café, im Tea-Room, im Restaurant und in der Bar. Die Treppen sind königlich, und der Aufzug ist ein kleiner Salon mit Samtbank und Ablagen. Und erst die Zimmer! Wände mit Ballkleidstoffen bespannt, Betten, die täglich frisch bezogen werden.
Irmgard Keun blickt um sich und seufzt. Ihre Kabine ist kleiner als das Bad im Bristol, und wer weiß, was sie in Amerika noch alles erwartet. Das Park Central ist allenfalls Mittelklasse. Arnold ist kein Verschwender. Sie wird sich umstellen müssen. Adieu, Wien. Adieu, liebes Bristol, ich werde dich nie wiedersehen.

Seit dem 13. April, dem Tag des Anschlusses Österreichs an das Deutsche Reich, zweifelt sie nicht mehr daran, daß die Nazis ganz Europa wollen, Land für Land, und daß es Krieg geben wird.

Sollte sie vielleicht doch in Amerika bleiben?

Immer wieder stellt sie sich diese Frage, und immer wieder kommt sie zu dem Schluß: Nicht, solange es hier noch Hoffnung gibt.

An Arnold denkt sie dabei nicht.

Dafür denkt Arnold um so mehr an sie.

Er hat seine Lebensversicherung verdoppelt; er hat für sie ein hübsches Zimmer mit Meerblick im DeWitt Cottage in Virginia Beach in der Nähe seiner Wohnung gemietet; er hat einen A.B.C.-Store gefunden, in dem es guten, nicht zu teuren Wein gibt; und er hat begonnen, die Unterlagen für ein Affidavid für sie zusammenzustellen. Er fühlt sich der Erfüllung seiner Wünsche sehr nahe.

Am 4. April 1938 schreibt er an seine Eltern: »Ich werde vielleicht nie ein schrecklich reicher Mann sein, aber ich verdiene schon heute über dem Durchschnitt der amerikanischen Ärzte, der bei etwa 300 Dollar liegt. Heute könnte ich hier mit 100 Dollar ganz leidlich ohne Not leben. Man muß nur wissen, wie. Ich will gar nicht mit Irmgards Möglichkeiten hier rechnen. Die Einnahmen, die aus Filmen, aus Kurzgeschichten von den Leuten hier verdient werden, sind phantastisch. Viele Kurzgeschichtenschreiber verdienen im Jahr über 100 000 Dollar. Wenn Irmgard mit ihrem Instinkt, was die Leute wollen, entweder mit einem guten Übersetzer zusammenarbeitet oder nach einigen Jahren anfängt, englisch zu schreiben wie Conrad, der doch Pole war, wird sie hier mehr verdienen als in Deutschland, wo sie es schon auf 30 000 Mark im Jahr und mehr gebracht hatte. Und unter meiner strengen Hand fließt ihr das Geld ja nicht so fort wie in der Zeit, wo niemand auf sie aufpaßte. Schon in Berlin bekam ich ja die ganzen Einnahmen abgeliefert, damit sie nicht sofort verschwanden. Also bitte, macht Euch keine Sorgen wegen mir.«

Sorgen macht sich nur seine Braut. Was wird sie erwarten? Sie sieht es vor sich: Wenig Stadt, viel Land, langweilige Leute. Darunter ein deutscher Jude, der stolz darauf ist, bald Amerikaner zu sein – und der jetzt schon dazugehört, zur Honoratiorengesellschaft.
»Mr. Kimmelstiel, darf ich Ihnen meine künftige Frau vorstellen. Ich habe Ihnen doch sicher von ihr erzählt. Sie ist Schriftstellerin.«
Oh, wie sie seine Sätze kennt! Er ist ein Snob, ein sozialer Snob, und sie soll die Blume im Knopfloch seines Gesellschaftsanzugs sein. Wie erschrocken war sie gewesen, als er sich bei einem ihrer ersten Treffen rühmte, bereits als Zehnjähriger die Herkunft seiner Klassenkameraden am Geruch des Schulbrots erkannt zu haben. »Arnold«, hatte sie damals gesagt, »du bist ein kleiner berechnender Jude, und ich möchte dich nicht zum Feind haben.« Er aber hatte nur gelacht und ihr nicht geglaubt. Er hielt sich für einen guten Menschen. Alle hielten ihn für einen guten Menschen. Und wahrscheinlich ist das immer noch so.
Der artige Arnold: »Liebes, sei bitte freundlich zu Mrs. Jaffe, sie hat sehr viel Geld für die Klinik gespendet.«
Der fürsorgliche Arnold: »Hat mein Kleines nicht genug getrunken?«
Der verliebte Arnold: »Hat mich mein Süßes ein kleines bißchen gern?«
Sie lehnt an der Reling und wünscht sich weit weg und weiß

nicht, wohin. Morgen um diese Zeit wird die *Volendam* in Hoboken anlegen – und dann? Wenn sie wenigstens noch etwas eigenes Geld hätte! Mit einem Vorschuß von Frau Knopf kann sie nicht rechnen, Toller ist bestimmt wie immer pleite, und Kuh wird garantiert versuchen, sie anzupumpen. Es ist zum Verzweifeln! Sie möchte nicht Arnold um jeden Pfennig bitten müssen. Er erwartet Dank und doppelte Buchführung. Und zum Versetzen hat sie auch nichts bei sich. Sie muß mit Toller sprechen. Er kennt sich aus in New York. Vielleicht weiß er einen Rat.

Am 27. Mai 1938 wird Irmgard Keun vom American Guild for Culturel Freedom ein Scheck über 30 Dollar in ihr New Yorker Hotel geschickt. Ernst Toller hatte sie auf die von Hubertus Prinz zu Löwenstein gegründete Hilfsorganisation hingewiesen, die sich die »Erhaltung der deutschen Kultur« zur Aufgabe gemacht hat. Der AmGuild sammelt Spenden und unterstützt damit notleidende Künstler. Er vergibt Stipendien und Preise und hilft bei der Beschaffung von Affidavits und Visa. Irmgard Keun schreibt in ihrem Antrag: *Geb. 6. 2. 1909. Ich lebte in Köln. Schrieb mit 21 Jahren mein erstes Buch: ›Gilgi, eine von uns‹ (verlegt bei Universitas, Berlin) – ein halbes Jahr später ›Das kunstseidende Mädchen‹. Mein dritter Roman ›Der hungrige Ernährer‹ blieb in Deutschland unveröffentlicht, da ich mich weigerte, der Reichsschrifttumskammer anzugehören.*
Ich blieb bis 1936 in Deutschland, ohne schriftstellerisch arbeiten zu dürfen und – dort – zu wollen.
Im Mai 1936 verließ ich endgültig Deutschland, meine Eltern und meinen Mann.
Zuerst erschien mein Buch ›Das Mädchen, mit dem die anderen Kinder nicht verkehren durften‹, danach mein Buch über nationalsozialistisches Deutschland ›Nach Mitternacht‹ bei Querido.

Mein letztes Buch ›D-Zug Dritter Klasse‹ ist vor einem Monat erschienen. Jetzt schreibe ich die Geschichte eines Emigrantenkindes: ›Kind aller Länder‹.
Meine finanzielle Situation ist so geworden, daß ich nicht weiß, ob und wie ich diesen Roman noch zu Ende schreiben werde.
Drei Wochen später, am 17. Juni, erbittet sie aus Virginia Beach, hauptpostlagernd, eine weitere Unterstützung: *Es geht mir nicht gut. Geben Sie mir bitte noch die Möglichkeit, meinen Roman zu Ende zu schreiben.*
Am 5. Juli werden ihr vom AmGuild weitere 30 Dollar angewiesen.
Zusammen mit dem, was sie von Arnold bekommt, hat sie mehr Geld zur Verfügung als die meisten anderen Emigranten. Aber die leben in New York oder in Los Angeles, haben Anregungen und Ablenkungen und das Vergnügen, unter ihresgleichen zu sein, während sie in Virginia Beach lebendig begraben ist! Keine Promenaden, keine Geschäfte, keine Cafés. Nur Natur.
New York hat ihr gefallen, sogar der Pineapple and Cheese Salad zu 25 Cents und das Large Root Beer zu 15 Cents im Restaurant des Empire State Building. Der Blick über die Stadt war in sie gefahren wie eine wilde Melodie, von der sie sich gern hätte davontragen lassen, vorbei an lichtsprudelnden Wolkenkratzern und buntem Broadway-Glitzer-Glück in die Märchenstille des Central Park. Statt dessen war sie in Norfolk/Virginia gelandet, Ortsteil Virginia Beach.
Eine Gegend ohne Geheimnis. Eine flache Dünenlandschaft; ein breiter Strand, soweit das Auge reicht; Muscheln, zehnmal so groß wie in Ostende; zwei weit ins Meer hinaus gebaute Bootsstege; und ein Cottage neben dem anderen. Alle mit einer zur Seeseite hin offenen Holzveranda im Südstaatenstil. Auf der Veranda sitzen Menschen und genießen den Meeres-

blick und ihren klebrigen Mintjulip. Beides hängt Irmgard Keun nach kurzer Zeit zum Hals heraus. Sie ist froh, daß sie ihre Arbeit hat. Sie ist froh, daß Arnold täglich in die Klinik muß. Sie ist froh über das Zimmer, das sie für sich allein hat. Nach dem ersten Schreck hat sie es liebgewonnen. Das knarrende Bett aus der Pionierzeit mit Säulchen an Kopf- und Fußende, der Kleiderschrank auf Löwenfüßen, dessen Tür sich bei jedem Luftzug öffnet und den Blick freigibt auf die neuen Sommerkleider, und der kleine wacklige Schreibtisch unter dem Fenster vermitteln ihr ein Gefühl von Geborgenheit, wie sie es seit dem Auszug aus der Eupener Straße nicht mehr gehabt hat.

Es ist einfach, wie im Gasthof zur Traube in Moselkern, und Julia DeWitt ist aufmerksam wie Adam Stuntz.

Achtundvierzig Jahre nach Irmgard Keuns Besuch erinnert sie sich noch deutlich an sie. Schlampig sei sie gewesen und nicht besonders gut gekleidet. Und: »We thought, she was a German spy, because she kept to herself and typed late at night, but we knew Dr. Strauss wouldn't have such a friend.«

Bis zum 8. Juli bleibt Irmgard Keun in Virginia Beach. Arnold Strauss ist glücklich, jedenfalls klingt der Brief so, den er am 13. Juni seinen Eltern schreibt: »Meine Liebsten, die Tage gehen so schnell herum, daß ich kaum merke, daß schon wieder Sonntag ist. Irmgard arbeitet sehr viel, und meistens sehen wir uns erst abends um 6 oder 7, wenn ich nach der Beach herausfahre. Es ist herrlich, dort zu wohnen. Täglich werde ich brauner. Abends kocht Irmgard meistens in meinem neuen Apartment, und wir sparen so das Abendessen im Restaurant. Sie ist eine ebenso phantasievolle Köchin wie Schreiberin. Es gibt lauter Sachen, die es noch nie gegeben hat, und sie schmecken ausgezeichnet. Unser Sonntagessen war ein Eintopfgericht aus Huhn, gekocht mit Paprikaschoten, grünem Salat und Tomaten. Das Gemüse war, glaube ich, geschmort.«

Was er nicht schreibt: daß seine Braut in der Regel nach dem Abendessen ins DeWitt Cottage zurückkehrt, um noch etwas zu arbeiten.

Irmgard Keun ist nicht die Frau, die es schätzt, einem Mann das Frühstück zu bereiten. Sie ist nicht die Frau, die Arnold Strauss erwartet hat. Seiner Gesellschaft zieht sie das Alleinsein vor. Sie weiß nicht, worüber sie mit ihm sprechen soll. Über Roth? Ausgeschlossen. Daß sie Heinrich Mann in Nizza begegnet ist? Geht ihn nichts an. Warum sie schreibt? Er wird es nicht verstehen.

Und sie versteht ihn nicht.

Abends in ihrem Zimmer bespricht sie sich mit Kully. Kully findet Virginia Beach gar nicht so schlecht. Sie liebt den endlosen Strand, und sie hat hinter den Dünen einen wilden Wald mit Klapperschlangen und kostenlosen Kamelien entdeckt. Außerdem gibt es freilaufende Schildkröten, wunderschöne Negermädchen und elektrische Eisschränke, die den ganzen Tag Eis machen. Schade, daß ihrem Vater Amerika so wenig gefällt und daß seine Sehnsucht nach Europa so groß ist und daß er seinen Freund verabscheut.

Schreib es auf, Kully!

Was?

Den Besuch deines Vaters bei seinem Jugendfreund.

Irmgard Keun spannt ein neues Blatt in die kleine Reiseschreibmaschine, die Arnold ihr ins Zimmer hat stellen lassen. Es wird eine lange Nacht. She typed late at night . . .

Wir waren selig, daß wir diesen Mann endlich gefunden hatten. Wir liebten ihn, weil wir schon fast verloren gewesen waren, und weil er es wirklich war. Deshalb hörten wir gar nicht, was er sprach, und sahen nicht, wie er aussah (. . .) Er erzählte, er habe eine gesellschaft-

liche Stellung unter echten Amerikanern erobert, wir hörten gar nicht hin.
Wir küßten ihn.
Ich auch.
Dann wollte sich der Jugendfreund mit meinem Vater an die Jugend erinnern, und jeder erzählte andere Erinnerungen, dabei stellte sich heraus, daß sie einander verwechselt hatten und gar nicht zusammen zur Schule gegangen waren, sich ja überhaupt nicht gekannt hatten.
Mein Vater rief, nun sei seine Freude doppelt groß, und er lachte und sprach aufgeregt. Es gelang ihm mit der Zeit, sogar eine Art frühere Verwandtschaft zwischen sich und dem Jugendfreund zu entdecken.
Nach einiger Zeit glaubten beide, doch Jugendfreunde gewesen zu sein.
Der Jugendfreund beneidete meinen Vater, weil er so ein berühmter Schriftsteller geworden sei und so viel Geld und ein interessantes Leben haben müsse. Er war stolz auf meinen Vater und hatte allen Bekannten von ihm erzählt und auch ein Buch von ihm gelesen.
Das Buch war aber nicht von meinem Vater.
Abends mußte er immer mit dem Jugendfreund stundenlang auf der Veranda sitzen, die von Glühwürmchen umschwirrt war, obwohl er nicht mehr wußte, was er mit dem Jugendfreund noch sprechen sollte.
Kurz darauf verlassen Vater und Tochter Virginia Beach. Das Abenteuer Amerika ist beendet.
Irmgard Keun hat eine Rückfahrkarte. Sie möchte sie nicht verfallen lassen. Ihr Schiff geht am 11. Juli. Die letzten drei Tage vor der Abfahrt verbringt sie in New York. Diesmal wohnt sie im Bedford, einem besseren Hotel zwischen Park und Lexington Avenue in der 40. Straße. Es liegt in der Nähe von Rockefeller Center, Theater-Distrikt und feinen Fifth-Avenue-Geschäften.
Noch einmal wirbelt sie durch die Stadt, trifft Verabredungen und verpaßt sie, ist die berühmte deutsche Schriftstellerin auf Stippvisite. Noch einmal begegnet sie Ernst Toller und Anton

Kuh. Toller sieht noch elender aus als im Mai: Ein müder Mann – *ratlos, mutlos, zweifelnd an der eigenen Kampfeskraft, am eigenen Können, am Sinn weiterer Arbeit.* Kuh ist eine gierige Klette geworden und kaum loszuwerden.

Sie ist froh, als sie endlich an Bord ist. Sie kann sich nicht vorstellen, je in Amerika zu leben. Sie kann sich gut vorstellen, daß sie bald nach Amerika zurückkehren muß.

Sie liegt in ihrer Kabine, und *schauerlichste Depressionen* wechseln sich ab mit *guter, fruchtbarer Arbeitsstimmung – gute Einfälle, gute Formulierungen und eine Fülle lebendiger Gedanken.*

Sie schreibt und schreibt.

Drüben bleiben werden wir natürlich nicht, unsere Heimat ist Europa, das liegt mir am Herzen, und wenn es wirklich zugrunde geht, will ich dabeisein.

Sie schreibt auch einen liebevollen Brief an Arnold.

Am 23. September fährt die Volendam *zurück. Da möcht ich mitfahren. Grüße, was u. wen Du magst u. erzähle mir* detailliert *von allen Menschen u. Dingen dort, damit sie mir vertraut bleiben. Leb wohl, mein Liebling. Ich küsse dich. I.*

Danach überkommt sie *eine schöne sanfte Ruhe. Ein Aufgelöstsein in Nichts, ohne jede Qual.* Die Gedankenraserei hat ein Ende. Ach, wenn es doch nur so bliebe!

Nachdenklich starrt sie vor sich hin. Es ist dunkel geworden. Ich kann ihr Gesicht kaum noch erkennen.

»Hast du irgendwann einmal überlegt, nach Amerika zu emigrieren, Irmgard?«

Ihre Antwort kommt ohne Zögern, kurz und hart: »Nein.«

»Warum nicht?«

»Warum . . .?« fragt sie gedehnt. Sie wirft mir einen schnellen, mißtrauischen Blick zu, bevor sie weiterspricht.

»Irgendwie . . . mochte ich dieses Land nicht.«

»Aber es war für viele Emigranten die letzte Rettung.«
»Ich konnte mich selbst retten.«
Das klingt nicht stolz, sondern trotzig. Das klingt wie: Bitte keine weiteren Fragen.
Wir sehen uns schweigend an. Sie fährt sich ein paarmal mit der Zunge über die Lippen, schluckt, lächelt, holt tief Luft, aber sie sagt nichts.
Ich räuspere mich. »Warst du mal in Virginia?«
»Wie kommst du denn darauf?« fragt sie grob zurück. Ist sie empört?
»Weil das ›Kind aller Länder‹ dort war.«
Sie sieht mich erstaunt an, als verstünde sie nicht, wovon ich spreche.
»Kully«, sage ich, »Kully und ihr Vater besuchen einen Jugendfreund in Virginia Beach.«
Unverständliches Gemurmel ist die Reaktion.
»Was hast du gesagt, Irmgard?«
Sie rührt sich nicht.
»Du hast dir das alles ausgedacht . . .?«
Völlig bewegungslos sitzt sie da, und ihr Blick geht durch mich hindurch.

Sie hatte endlich alles richtig machen wollen! Sie wollte zu ihm, ganz bestimmt, sie hatte es geschworen beim Leben ihrer Mutter. Aber plötzlich wollte er nicht mehr.
Krank vor Angst und Einsamkeit hatte sie in ihrem Bett im American Hotel in Amsterdam gelegen und auf eine Nachricht gewartet, auf *ein liebes Wort. Ich brauche es, ich brauche es zum Leben*, hatte sie gefleht. Aber nichts war gekommen, nichts!
Hatte er eine andere? Hatte er sie nicht mehr lieb?
Mit letzter Kraft hatte sie ihren Roman druckfertig gemacht,

dann hatten eine schwere Bronchitis und eine Lungenentzündung sie niedergestreckt. Auf Leben und Tod hatte sie gelegen. Ihre Mutter war gekommen, um sie zu pflegen; sie hatte Arnold von ihrem Zustand in Kenntnis gesetzt. Keine Antwort. Dabei war nicht mehr viel Zeit zu verlieren gewesen! Seit der Sudetenkrise hatte sie gewußt: Der Zweite Weltkrieg steht vor der Tür. Kein deutscher Emigrant kann in Europa länger sicher sein. Sie hatte weggewollt, so schnell wie möglich. Nach Amerika.

Weil die amerikanischen Einwanderungsquoten auf unbestimmte Zeit gesperrt waren, hatte sie sich um ein Touristenvisum bemüht, überzeugt, daß sich an Ort und Stelle schon eine Möglichkeit finden würde, legal in den USA zu bleiben. Arnold mußte eben Amerikaner werden und sie heiraten, ganz einfach! Unmöglich, hatte Arnold ihr geantwortet und ihr empfohlen, auf ein Quotavisum zu warten.

Sie war ratlos gewesen und verzweifelt. *Ganz Deins* hatte sie unter ihre letzten Briefe geschrieben. Was hatte Arnold so verändert?

Selbst seinen Eltern hatte er nicht mehr geholfen. Obwohl er wußte, was in Europa los war, obwohl er wußte, wie schwer es war, aus Deutschland herauszukommen, obwohl er wußte, daß kein europäisches Land mehr Aufenthaltsgenehmigungen erteilte – er hatte nichts unternommen. Wenn sich nicht sein in Den Haag lebender Cousin Fritz Strauss um Onkel und Tante gekümmert hätte, nicht auszudenken – erschlagen, vergast, verbrannt ... So lebten sie immerhin noch anderthalb Jahre »in Freiheit«, bis zu ihrem Selbstmord im September 1940.

Anderthalb Jahre in ihrer Nähe. Eine schlimme Zeit. Und immer, wenn es am schlimmsten war, war sie schuld, die zukünftige Schwiegertochter. Davon waren Lucy und Arthur nicht abzubringen gewesen. Und sie hatten ja auch recht

gehabt, auf ihre Weise. Sie hatte wirklich nichts ausgelassen. Sie hatte sich verschwendet. Immer.
Auch an Arnold. Aber das war ihr erst zu spät klargeworden. Sie hatte letzte Briefe geschrieben, ein letztes Telegramm geschickt: *Flehe vor Pfingsten.* Dann hatte sie untertauchen müssen, im Mai 1940.
Im September 1940 war sie illegal nach Köln zurückgekehrt. Sie hatte noch ein paar Briefe an Arnold geschrieben. Vergeblich. Im März 1947 waren plötzlich Care-Pakete aus Norfolk gekommen. Care-Pakete, aber keine Briefe! Ihre Antwort: *Kleines, dieser Hitler hat in unser äußeres Leben recht entscheidend qualvoll eingegriffen – aber ich denke doch, daß er nicht die Macht hatte, auch unsere Gefühle zu verändern. Oder konnten Deine Gefühle verändert werden, Kleines?*
Er hatte ihr nicht geantwortet.
Das muß das Ende sein, hatte sie gedacht.

Das Ende?
Ein Besuch im Zoo. Im Sommer 1974, keine zwei Jahre nach ihrer Entlassung aus dem Bonner Landeskrankenhaus. Mit ihrer Kladde, ihrem »Geschichtenbuch«. Auf der Suche nach einer Geschichte. Ich weiß, sie wollte wieder schreiben.
Ich sehe sie durch die Anlagen gehen, mit langsamen, vorsichtigen Schritten. Sie geht wie eine Frau, die Angst hat zu stürzen; sie balanciert auf einem unsichtbaren Seil. Die Absätze ihrer Sandalen sind schiefgelaufen, und ihr Mantel ist zu leicht für die Jahreszeit. Aber das scheint sie nicht zu merken. Sie geht und schaut und geht und schaut . . . Jetzt bleibt sie stehen . . . vor dem Vogelgehege. Der Strauss. Eine Geschichte über den Vogel Strauss. Der Strauss und seine Taktik. Sie kichert vor Freude. Es ist ihr gleich, ob die Umstehenden sich über sie wundern oder nicht.

Frühling. Ein neuer Anfang. Sie wird einen Dialog schreiben: Vater, Mutter und Kind im Zoo. Ein Streit vor dem Vogelgehege. Ist der Strauss überhaupt ein Vogel? Was soll er sonst sein . . .

Sie kichert lauter.

Keiner kennt den Strauss. Ach, wie gut, daß niemand weiß . . .

Was?

Nichts.

Die Umstehenden lächeln über die alte Frau, die mit den Vögeln spricht. Die alte Frau lächelt ebenfalls, aber es sieht nicht besonders freundlich aus.

Sie hat eine Geschichte gefunden. Nun wird sie heimgehen in ihr Zimmer in der Breiten Straße in Bonn und schreiben. Endlich wieder schreiben. Nach sechs Jahren in Mehrbettzimmern in der Bonner Anstalt und einem Jahr als Gast bei einer alten Freundin in Bad Godesberg in der Kronprinzenstraße – im eigenen Zimmer sitzen und schreiben . . .

Sie sieht sich um. Sie hat weiß Gott schon schlechter gewohnt. *Mit Annelies Hilfe, Blumen und Blümchen ist es ganz nett geworden. Eigener Kühlschrank mit Kochplatten. Eigenes Duschbad mit Toilette und Klo. Blick auf sanftgraue Schieferdächer, einen phallusartigen Schornstein und plustrige Taubenklatschtanten. Alles gut zum Schreiben. Zum Schreiben, das sein muß. Nicht nur des Geldes wegen. Wegen der Ängste, der Melancholien, der Depressionen.*

Sie sitzt vor dem aufgeschlagenen Heft und weiß nicht weiter. Wo ist ihr Einfall geblieben?

Schreibe endlich, Du Idiotin Keun, sei doch nicht so matt und faul. Sei doch nicht vor Deinem leiblichen Tod verfault. Sie fügt mit Fleiß Wörter zu Sätzen zusammen. Nach zwei Sätzen hat sie es satt. *Mutter: Der Strauss macht das! – Vater: Potthäßlich, der Strauss!*

Sie klappt das Heft zu. Ende –

bis zu dem Tag im Mai 1980, an dem ein Brief aus Norfolk/Virginia bei ihr ankam ... Absenderin: Marjory S. Strauss.
»Dear Irmgard Keun, you will know immediatly, from the name and address, that I am Arnold Strauss' wife, widow since his death in 1965.«
Einen Briefumschlag macht man auf und zieht etwas heraus, das beißt und sticht, obwohl es kein Tier ist. Heute kam so ein Brief.
Sanna hat das gesagt in ›Nach Mitternacht‹, und wie Sanna hatte sich Irmgard Keun plötzlich gefühlt. Sie hatte eine Mitwisserin.
»I haven't wanted to talk about Arnold. He was a kind and loving husband who, I think, could never have as strong a relationship with any woman as he had with you.«
Marjory Strauss hatte ihre Briefe gefunden und wollte sie nun in Köln besuchen. Eine entsetzliche Vorstellung. Arnold ist Vergangenheit. Arnold soll Vergangenheit bleiben.
Sie wollte dieses Treffen nicht. Um keinen Preis der Welt. Sie hatte sich runtergeschleppt ins Büdchen, zu Kurt und den anderen, hatte Runde um Runde ausgegeben, und plötzlich, nach der sechsten oder siebten, hatte sie – nach drei Jahrzehnten zum erstenmal wieder – von Arnold Strauss gesprochen, dem nach Amerika emigrierten jüdischen Arzt, der sie hatte heiraten wollen und am Ende doch sitzen ließ, wegen einer anderen.
Arme Irmgard, hatten alle gefunden, und als sie nach zwei weiteren Runden auf dem Stuhl zusammengesunken war, hatten Kurt und ein Freund sie hinaufgeschleppt in ihre Mansarde, und sie waren sich einig gewesen, daß ihre Freundin wirklich kein Glück mit Männern gehabt habe in ihrem Leben.

Aber dafür war sie oft ein *Glanz* – auch 1938 noch, soeben in Amsterdam angekommen.

Fritz Landshoff und Walter Landauer von Querido sind hocherfreut, daß sie wieder da ist – mit einem fast fertigen neuen Roman im Gepäck. Sorgsam pflegen sie all ihre Launen und Melancholien, hingebungsvoll gehen sie auf jede ihrer Depressionen ein, wenn es nur ihrer Schreibstimmung förderlich ist. Sie behandeln sie – so berichtet sie Arnold Strauss am 28. Juli – wie *ihre liebste literarische Kostbarkeit.*

Im Herbst 1938 erscheint ›Kind aller Länder‹. Der Roman ist fast ein so großer Erfolg wie ›Nach Mitternacht‹.

Fritz Erpenbeck lobt ihn im ›Wort. Literarische Monatsschrift‹ (1939) als ein Buch, das »den Leser von der ersten bis zur letzten Zeile packt«. Er schreibt: »Es gibt darin Stellen, an denen man befreit und beglückt auflacht, – kurz zuvor ist einem gewesen, als könne man die Tränen nicht mehr zurückhalten. (. . .) Also, das typische Schicksal tausender Exilierter: eine endlose Kette trauriger, manchmal tragikomischer Alltagssituationen ohne ›dramatische‹ Höhepunkte. Noch dazu erzählt von einem Kinde: sprunghaft, Großes und Kleines, Graues und Glitzerndes schroff nebeneinandergestellt und durcheinandergewürfelt. Muß da nicht alles zerflattern, muß sich da nicht die künstlerische Form unter den Händen der Schriftstellerin auflösen, noch dazu einer Schriftstellerin, deren stilistische Hauptmerkmale die graziöse, kapriziöse Leichtigkeit, deren Lieblingsform die mit Schnoddrigkeit überdeckte Sentimentalität, deren Stärke die witzige Pointierung des (scheinbar) Unbedeutenden ist? – Es zerflattert nicht. Irmgard Keun erweist sich auch hier wieder (. . .) nicht nur als außergewöhnliches Erzählertalent, sondern auch als Meister origineller Komposition.«

Ganz anderes rühmt Klara Blum in ›Internationale Literatur.

Deutsche Blätter‹ (1939): »Nur wenige Dichter verstehen das Denken, Fühlen und Wollen des Kindes so tief wie Irmgard Keun. – Irmgard Keuns große Stärke ist das Verstehen, und ihre große Stärke ist zugleich ihr Haß.«

Endlich wieder ein Erfolg: Wenn sie ihn nur genießen könnte! Aber Irmgard Keun ist krank, zum erstenmal in ihrem Leben wirklich krank. Sie raucht nicht mehr, und sie trinkt nicht mehr. Sie liegt in ihrem unbezahlten Zimmer im teuren American Hotel in Amsterdam und hat weder Kraft noch Geld, sich eine billigere Bleibe zu suchen. Von Arnold Strauss hört sie immer weniger, Dollars kommen nur noch selten. Sie reagiert darauf mit Verständnis und Liebesangeboten. Sie will an etwas glauben: *Zu zweien würde man es besser aushalten*, schreibt sie ihm am 5. Dezember 1938.

Er scheint nicht mehr dieser Meinung zu sein, jedenfalls, was sie angeht, aber er scheut ein klares Wort.

Anfang 1939 zieht Irmgard Keun in ein billiges kleines Zimmer bei der Familie van Schaik in Amsterdam, Van Eeghenstraat 58. Ihre letzte offizielle Adresse im Exil.

Sie versucht zu schreiben, aber für längere Texte fehlt ihr die Ruhe. Manchmal gelingt ihr ein Gedicht:

Liebe

Oft war ich böse, manchmal war ich gut
Zu dir?
Zu mir?
Ich kann uns nicht mehr auseinanderhalten.
Des hellsten Sterns lebendige Gestalten
Verzaubern mich.
In deinen Adern fließt mein Blut
Von dir

Zu mir –
Ich liebe dich.
Ich war sehr krank.
Durch meine Adern floß der Tod
So schwer und tief,
Daß ich im Schlaf ertrank.
Als ich erwachend nur nach Güte rief,
Ward mir ein Morgen ohne Morgenrot,
So grau und bang.

Sie schickt es Arnold Strauss.

Eine Woche später trifft sie seine Eltern, die seit Jahresbeginn in Den Haag leben. Es ist für alle Beteiligten ein angenehmer Tag, und es wird viel über Arnold gesprochen.

»Ich habe zum erstenmal das Gefühl gehabt, daß ich gern für Irmgard sorgen würde«, schreibt ihm tags darauf seine Mutter.

Und Irmgard berichtet: *Ich fange an, Deine Eltern wirklich liebzuhaben, besonders Deine Mutter. Ich bin glücklich darüber. Es bedeutet für mich viel, jemand liebzuhaben, und ich kann ihm dann auch viel sein. Ich möchte jetzt gern mit Deinen Eltern zusammenleben, bis ich zu Dir kann.*

Sie verabreden, sich häufiger zu sehen. Sie schmieden Pläne für die Zeit danach, sie machen Entwürfe für ein besseres Leben, sie rücken unter dem Druck der Verhältnisse zusammen. Sie geben sich Mühe, alles Trennende zu ignorieren.

Es gelingt nur für Augenblicke. Der Rest ist Konkurrenz und Katastrophe, Intrige und Irritation, Argwohn und Angst.

Das Leben in Amsterdam ist zur Hölle geworden. Mitte Mai schreibt Irmgard Keun: *Es ist grauenhaft, hier in Amsterdam zu sein und eingesperrt zu warten – auf was? Krieg, Tod, Qual, Konzentrationslager? (...) Vielleicht oder sicher wäre es besser gewe-*

sen, überhaupt nicht auf das Quota-Visum zu warten, sondern mit einem Tourist-Visum zu Dir zu fahren. Aber Du wolltest es ja so. Und daß Du es so wolltest, erscheint mir jetzt manchmal fast als Mord. Alles ist schrecklich hier, Liebling, so unbeschreiblich schrecklich. Und ich möchte so gern leben, auch für Dich leben.

Sie beginnt wieder zu trinken. Sie ißt kaum noch. Sie magert ab. Wenn sie Zeit hat, kümmert sie sich um Arnolds Eltern. Sie hat immer noch nicht die Hoffnung aufgegeben, für sich und sie ein Visum beschaffen zu können. Ende September, einen Monat nach Kriegsausbruch, schreibt sie Arnold: *Ich habe hier für uns alle die schlimmsten Befürchtungen. Was heißt Befürchtungen? Es ist wohl völlig sicher, daß in absehbarer Zeit die Deutschen nach Holland kommen. Vielleicht auf ganz friedliche Art, unter dem Vorwand, das arme gute Holland zu beschützen. Man merkt aus den deutschen Zeitungen, daß sie durchdrungen sind von diesen Absichten.*

Irmgard Keun weiß genau, wie gefährlich dann ihre Situation werden wird. Seit ›Nach Mitternacht‹ besteht bei den Nationalsozialisten kein Zweifel mehr an ihrer politischen Einstellung.

Sie läßt nichts unversucht, um an ein Visum zu kommen. Es gelingt ihr nicht. Arnolds Eltern werden ihr mehr und mehr zur Last: Ihre Zuneigung, ihre Fragen, ihre Forderungen. Sie meidet sie, wann immer sie kann.

Sie wird von Sekunde zu Sekunde empfindlicher. Sie fürchtet sich, allein zu sein, kann aber Menschen nicht ertragen. Nachts hat sie Angst vor dem nächsten Tag, und am Tag hat sie Angst vor der nächsten Nacht. Eine Welt zerbricht, und der Schmerz darüber zerreißt sie fast.

Warum steht Arnold ihr nicht bei? Warum ist Hannes nicht da?

An beide schreibt sie Anfang 1940 sehnsüchtige Briefe.

Kleines, an Arnold Strauss, *mit Dir zusammen hätte ich vor gar nichts Angst, und wenn es uns noch so schlecht gehen würde. Mit Dir zusammen könnte ich alles tausendmal leichter ertragen, nur allein ist alles furchtbar schwer.*
Liebi, an Johannes Tralow, *Du solltest jeden Tag schreiben. Ich denke dauernd an Dich und habe schreckliche Sehnsucht nach Dir! Ach, warum sind wir getrennt. Hätte ich Dich doch bei mir. Ich bin ja so verzweifelt!* Und sie schickt ihm ihr Gedicht ›Liebe‹.
Sie trinkt nun unmäßig, und wenn sie betrunken ist, tobt sie wie noch nie in ihrem Leben. *Ich bin so böse, Hanni, ich bin so wahnsinnig böse. Gar nichts Gutes und Liebevolles ist mehr in mir, nur Wut, Wut, Wut. Und ich leide maßlos. Ich weiß mir nicht mehr zu helfen, und andere können mir auch nicht helfen.* Manchmal hat sie Angst, verrückt zu werden. Dann schlägt sie um sich.
Lucy und Arthur Strauss reagieren empört, fassungslos, mitleidig. Ohne jedes Verständnis.
Mitte Mai 1940, nach dem Einmarsch der deutschen Truppen in Holland, taucht Irmgard Keun unter. Sie hat keine feste Adresse mehr. Manchmal beherbergen sie ihre Schwiegereltern. Sie wird in Kneipen gesehen und in Restaurants und auf der Straße. Ihre Hände zittern beständig. Sie hat vierzig Pfund abgenommen. Manchmal ist sie in Begleitung von Männern.
Irgendwann in dieser Zeit gelingt es ihr, mit ihrer Familie in Köln Kontakt aufzunehmen. Sie will zurück.
Sie findet Menschen, die ihr helfen; darunter – so hat sie es später berichtet – einen deutschen Offizier, der ihr die fehlenden Papiere beschafft.
Hilfreich ist, daß sie ihren Paß auf den Namen Tralow noch hat; die Namensaberkennung vom 19. Juli 1938 hatte nie eingetragen werden können.
Am 22. September 1940 schreibt ihr Bruder Gerd Keun in einem Brief an seinen Freund Karl Koesters: »Meine Schwester

habe ich die ganze Zeit vergeblich erwartet, nachdem sie ihre Ankunft schon angekündigt hatte. (...) Am vorletzten Tag vor meiner Abreise nach Polen kam meine Schwester schließlich doch noch an. Eine fremde, fremde Welt!
Was werden soll, rein praktisch gesehen, ist mir ziemlich unvorstellbar. Das, was geschrieben ist, ist allzu deutlich feindlich und wird kaum verziehen werden. Mir graust davor, daß das Schicksal Ernst in einem aus Leichtsinn und ehrlichem Bemühen seltsam gemischten Dasein macht.«

»Wir wollen einander nicht ganz verlieren«
Krieg und Kapitulation

Gerd Keun, 1939, Irmgard Keuns Bruder, der 1940 fiel.
Vorderseite: Das Hotel Gülden in Bad Hönningen am Rhein, wo Irmgard Keun seit der Ausbombung in Köln im Sommer 1943 bis 1945 mit ihren Eltern wohnte.

Doch Irmgard Keun hat noch einmal Glück. ›Die neue Literatur‹, die von Will Vesper herausgegebene führende Literaturzeitschrift des Dritten Reiches, feiert in ihrer Septemberausgabe 1940 ihren Selbstmord: »Der ›Daily Telegraph‹ vom 16. August meldet, der emigrierte Schriftsteller Walter Hasenclever habe sich in Port Bou erhängt. Auch Irmgard Keun soll nach der gleichen Quelle in Amsterdam Selbstmord begangen haben. Denn alle Schuld rächt sich auf Erden!«
Aber nicht nur diese Falschmeldung schützt sie, sondern auch die Hilfe von Eltern und Freunden, die sie decken und verstekken – soweit das bei einer Frau wie ihr möglich ist . . . Schon nach kurzer Zeit bewegt sich Irmgard Keun relativ unbekümmert durch Deutschland. Sie besucht alte Freunde und findet neue. Sie trifft Ria Hans in Breslau; sie reist mit Annemarie Schäfer nach München, Moselkern und Bad Godesberg; sie wird in Berlin bei Kottler gesehen und in Köln bei Papa Dierse. Sie heißt Charlotte Tralow und wohnt in der Raschdorffstraße 18 in Köln-Braunsfeld.
Über das, was hinter ihr liegt, spricht sie nicht. Es ist noch zu nah, es ist noch keine Geschichte. Die Wunden, die sie davongetragen hat, weiß sie zu verbergen.
Sie sucht Menschen und meidet sie. Sie will wirken und wirkt. Das »Zersetzen« von Volksgenossen, vorzugsweise von Soldaten und ihrer »Wehrkraft«, zählt zu ihren liebsten Zerstreuungen. Nach sechs Jahren zum erstenmal wieder in Moselkern, zerstreut sie sich so exzessiv, daß Sanna Stuntz vom Gasthof zur Traube sie empört des Hauses verweist. So recht hat ihr die Frau Tralow noch nie gefallen. Kein Wunder, daß der Herr Tralow eine Freundin hat. Astrid Faust.
Irmgard Keun will es nicht glauben. Ihr Hanni und eine Frau ohne Talente? Ausgeschlossen!

Kaum nach Köln zurückgekehrt, hat sich Irmgard Keun bei ihrem geschiedenen Mann gemeldet. Sie möchte wieder mit ihm zusammenleben. Er schlägt es ihr ab. Am 29. Januar 1941 schreibt er: »*Daß ich mich immer freuen werde, Dich wiederzusehen, schicke ich voraus.* Aber sonst? Ist ein Zusammengehen zwischen uns tatsächlich möglich? Diese Frage muß so ernsthaft untersucht werden, wie sich das zwischen zwei erwachsenen Menschen ziemt. Gehen wir von einer Formulierung aus, die Du machtest, und die ihrer Wirkung bei Deinem Publikum absolut sicher ist. Du sagtest: *Einen Mann kriegt man immer mal wieder. Aber eine Mutter hat man nur einmal.* Für *DICH* stimmt das vollkommen. Denn Du *kannst* Deiner Mutter ja gar nicht antun, was einem Manne zuzufügen Dir als größte Selbstverständlichkeit erscheint. Aus diesem Grunde kann Dir aber auch selbst ein Mann von der größten Hartnäckigkeit der Gefühle (und die habe ich), auf die Dauer nicht dasselbe wie eine Mutter sein.«
Mehr als Freundschaft mag sich Johannes Tralow nicht mehr zumuten. Ihre Affären, ihre hohen Ansprüche, die falschen Freunde und der Alkohol hätten die Grundlage für alles andere zerstört.
Daß ihm das bis zu ihrem letzten Treffen im Herbst 1940 nicht in dieser Deutlichkeit bewußt gewesen sei, gibt er zu: »Ich liebte Dich wieder einmal sehr und kam dann ja auch ganz kindlich mit drei Koffern angetost und mit Geld genug, daß uns ein netter, kleiner Überfluß nicht hätte zu fehlen brauchen. Leider nicht mit genug Geld, um Deine Ansprüche, wie sie Dir inzwischen zugewachsen sind, auf die Dauer zu befriedigen und meine Schwächen gegen Dich ausgleichen zu können. Dabei sage ich nichts gegen einen einzigen Deiner Wünsche, von denen keiner an sich unbillig war, nur in der Zusammenballung lag ihre Schwierigkeit. Was aber wäre,

wenn ich finanziell versagen müßte? Ich kann, was man gut bürgerlich ›eine Frau ernähren‹ nennt, sie qualitativ und quantitativ anständig kleiden, sie bestimmt besser behausen als Du behaust bist und sie wenigstens ebensogut füttern, und weder an Alkohol noch an sonstigen kleinen Freuden des Lebens braucht es ihr zu fehlen. Seit Mitte 37 kann ich das. Aber mit Deinen Nebenausgaben könnte ich nicht fertigwerden. Und was wäre dann? – Das kann ich Dir sagen. Ich erinnere mich nämlich noch sehr gut der Schwierigkeiten meiner notgedrungenen Umstellung Sommer 33, als Du mich nach Köln abschobst, und der nach meinem Mißerfolg mit dem Roman ›Pflicht zum Glück‹. Ich weiß also, was dann kommen würde. Die anderen würden kommen. Und jetzt würde mir kein naives Vertrauen den Blick mehr trüben. (...) Was kann ein Ehemann dagegen machen? Er kann sich scheiden lassen. Und wenn er geschieden ist, was kann er dann tun? Er kann dem guten Geschmack der großen Künstlerin anheimstellen, bei etwaiger Ausübung dessen, was sie ihr Persönlichkeitsrecht nennt, sich doch freundlichst der Flagge zu bedienen, unter der sie ihre literarischen Zeugnisse vertreibt, von denen sie dieses Recht herleitet.
Mehr wäre darüber nicht zu sagen.
Und daß Du nach diesem Brief genug von mir hättest, könnte ich zur Not auch noch begreifen. Aber das ändert nichts an der Tatsache, daß er geschrieben werden mußte. Wenn Du dagegen meine Meinung teilen solltest, man könnte sich trotzdem noch in Freundschaft begegnen –, so würde mich das freuen. Wie es mich auch gefreut hat, Dich wiederzusehen.
In unvergänglicher Herzlichkeit der Gesinnung gegen Dich: Hans.«
1942 heiratet Johannes Tralow Astrid Faust.
Es gibt Freunde, die der Meinung sind, er habe es getan, um

sich vor Irmgard Keun zu schützen. Fest steht: Ihre Treffen werden von nun an seltener. Der Ton ihrer Briefe jedoch bleibt herzlich und zugewandt, und nach wie vor äußert Irmgard Keun unbefangen ihre Wünsche – so am 10. April 1943 nach einem echten Kamelhaarmantel im Wert von 197 Mark oder im Frühjahr 1944 nach einem gemeinsamen Wochenende im Rheinhotel in Koblenz: sie würde es ihm auch bezahlen.
Finanzielle Sorgen hat sie nicht mehr, seit ihr Vater sich Anfang 1941 im Alter von 72 Jahren zur Ruhe gesetzt und seinen Anteil an der Cölner Benzin-Raffinerie an seinen Kompagnon Kroseberg verkauft hat. Sie lebt vom Geld der Familie. Sie ist wieder Tochter im Hause.
Sie lebt in den Tag hinein. Keine Aufgaben, aber Alkohol. Ihre Haare sind strähnig, und ihr Gesicht hat seinen Glanz verloren. Nur ihr Blick ist noch so wach wie früher.
Sie ist jetzt 38 Jahre alt.
»Wenn sie wenigstens noch schriebe!«
Die Eltern wissen sich keinen Rat, sie wissen nur: »Sie ist unsere Tochter, wir müssen für sie sorgen.«
Im Sommer 1943, nachdem ihre beiden Häuser in Köln bei Fliegerangriffen teilweise zerstört worden sind, ziehen sie zusammen nach Hönningen am Rhein in den Gasthof Gülden, Hauptstraße 144, Hotel mit Vollpension, 22 Betten, die Nacht 5 Mark.
Irmgard Keun teilt es unverzüglich Johannes Tralow mit. Und sie legt dem Brief eine Locke bei. Im Frühjahr 1944 schreibt sie: *Wir wollen einander nicht ganz verlieren, Hanni. Alles Liebe und Herzliche, Deine Irmgard.*
Er ist ihr Vertrauter, vielleicht der einzige. Ihm berichtet sie, was sie gern tut, und was sie gern tun möchte – Alltagsgeschichten. Über ihre Kunst verliert sie kein Wort. Dafür phantasiert sie von einem Dolmetscherexamen für Englisch,

Französisch, Spanisch und Holländisch. Oder von einer Dienstverpflichtung – am liebsten *zur Betreuung des deutschen Soldatennachwuchses*. Warum gerade Soldaten? Sie will sie »zersetzen« – mit einem einzigen Ziel: Keinem mehr soll passieren, was ihrem Bruder Gerd passiert ist.
Gerd Keun ist 1943 in Rußland gefallen.

»Er hätte nicht sterben müssen . . .«
Trauer und Verachtung mischen sich in der alten Stimme. Und eine große Müdigkeit. Langsam senkt Irmgard Keun den Kopf. Ich sehe, wie ihre Lippen sich lautlos bewegen, als probe sie den nächsten Satz. Aber sie schweigt. Es ist spät. Ich sollte gehen und morgen wiederkommen, wie gemeinsame Freunde es mir geraten haben. »Wenn Irmgard erst mal getrunken hat, kriegt sie keinen Satz mehr zu Ende.«
Die Freunde irrten, sie spricht weiter. Aber es macht ihr große Mühe. Sie bewegt die Wörter im Mund wie schwere Steine.
»Er hat mich einmal in Holland besucht«, sagt sie, »irgendwie . . . sagte ich: Gerd, bleib hier, ich kann dich rauskriegen.«
»Und warum ist er nicht geblieben?«
Sie zieht die Augenbrauen hoch. »Er hatte schlechten Umgang. Er ließ sich beeinflussen . . . Und vorher war er so dagegen gewesen!«
»Wer beeinflußte ihn?«
»Irgendwie . . . Koesters hieß er wohl. Karl Koesters. Wenn ich den gesehen habe, kam alles in mir hoch, was in mir böse ist . . .«
»Warum?«
»Er war ein Bertram-Schüler.«
»Bertram?«
»Ernst Bertram. Ein Kölner Germanist. Stand den Nazis

nahe. Ein Opportunist. Trat auf wie George! Und reichte mir die Hand von oben, als er kondolierte . . . – *Die* haben den Gerd verdorben!«
Alle Müdigkeit scheint plötzlich wie weggewischt. Sie ist noch immer eine Hasserin. Die Jahre haben ihr nichts davon nehmen können.
»Was willst du *noch* wissen?« Auch der Befehlston ist wieder da.
»Ob du Gerd dafür verachtet hast . . .«
»Meinen Bruder!« blitzt es zurück. »Ich habe ihn geliebt . . . Seine letzten Briefe, da war soviel Liebe drin, ja . . . Ich habe ihn geliebt. Ich habe geweint, als er starb . . .«

Ja, sie hat geweint.
Renate Kruse, Gerd Keuns Verlobte, die die Todesnachricht überbrachte, bestätigt es mir. Sie erinnert sich noch genau an diesen Tag. »Es war ein schwerer Gang, und ich war selbst halbtot. Irmgard stand ganz still bei den verzweifelten Eltern, und die Tränen liefen ihr über das Gesicht. Auch zu mir war sie sehr liebevoll, schloß mich in die Arme und sagte: Ich kann den Gerd schon verstehen, daß er Dich liebhat. – Ich blieb ein paar Tage in dem Hotel. Irmgard war sehr gut zu den Eltern. Die Mutter liebte sie wohl besonders: Es tut mir weh, sie hat so gar keinen Glanz mehr in den Augen. Aber schon am zweiten oder dritten Tag benutzte sie die Situation, zum Kummer der Mutter, und verschaffte sich vom Hotelwirt, der viel Mitgefühl für die Eltern Keun hatte, Wein, der für gewöhnliche Leute nicht zu bekommen war, und betrank sich weidlich.«
Und öffentlich.
Hönningen, das brave Städtchen in den Rheinauen, 6000 Einwohner und vor jeder Gastwirtschaft ein Schild aus besseren Zeiten »Wein aus eigenem Anbau«, hat allen Grund zu staunen. Zwar ist man einiges gewohnt, seitdem die Bombennächte

immer mehr Kölner aufs Land getrieben haben, aber diese Frau stellt alles und alle in den Schatten. Nicht nur, daß sie oft schon am hellen Tag weinselig ihrer Wege geht und auf ihr Äußeres so gar keinen Wert zu legen scheint, nein, viel schlimmer, egal wo und mit wem sie ist – sie nimmt kein Blatt vor den Mund. Jede Bombe, die auf Köln fällt, feiert sie lautstark. Und der Mut, mit dem sie eines Nachts die Polizei vertreibt, die gekommen ist, um Minna Helmis' Sohn abzuholen, der sich in Hönningen vor dem Militär versteckt hält, ist schnell Legende. Sie habe sich weit aus dem Fenster gelehnt und gebrüllt: Unverschämtheit! Wie soll bei dem Krach ein Mensch schlafen! Nicht genug dieser Scheißbombenalarm, jetzt fängt auch noch die Polizei an, unnötig herumzuschreien! Machen Sie, daß Sie verschwinden! Und tatsächlich: Die Polizei sei unverrichteter Dinge wieder abgezogen. Für den jungen Helmis vielleicht die Rettung . . .

Die Familie Helmis ist gegen die Nazis, das ist bekannt, und die Zahl derer, die das verstehen, wächst.

Die Leute begegnen Irmgard Keun alias Charlotte Tralow mit einiger Achtung. Manche wissen, daß sie vor dem Krieg eine bekannte Schriftstellerin gewesen ist. Fragen stellt niemand, Fragen läßt diese Frau nicht zu. Sie ist äußerst extrovertiert und äußerst zurückhaltend. Eine Künstlernatur, sagen alle. August Gülden, der Wirt, versteht sie. Er dichtet selbst: »Am Rhein liegt eine Perle, / Dort kehr ich durstig ein. / Ich weile da so gerne / Und trinke ihren Wein. / Er labt und stärkt die Glieder / Auf wunderliche Art, / Mich locken seine Lieder / Und seine Mägdlein zart. / Wie heißt der schöne Ort, / Wo niemand möchte fort? / (Refrain:) Bad Hönningen am Rhein, / Dort möcht ich immer sein. / Was kann es Schön'res geben, / Als froh beim Wein zu leben / In Hönningen am Rhein / Mit süßen Mägdelein.« Zu singen auf eine Walzermelodie.

»Bravo«, sagt Irmgard Keun, »darauf laß uns noch einen trinken«, und sie befindet bei sich, daß das Hotel Gülden wirklich keine schlechte Wahl ist: Der Mann hat Humor, der Mann hat Vorräte, und der Mann hat schon 1935 den Verkauf des ›Stürmer‹ in seinem Hause verboten. Genau der richtige Ort also, um den Tag der bedingungslosen Kapitulation zu feiern!
Daß er kommen wird, davon ist sie überzeugt. Je mehr Bomben fallen, desto vergnügter wird sie. Endlich geschieht etwas! Lange kann es nicht mehr dauern . . .
Es dauert noch bis zum 9. Mai 1945.
Irmgard Keun erlebt das Kriegsende zusammen mit ihren Eltern in Hönningen. Hermann Kesten berichtet sie darüber in einem langen Brief vom 10. Oktober 1946: *Zum Schluß hatten wir dann noch 12 Tage Artilleriebeschuß und mußten Tag und Nacht im Keller sein, aber das war nicht mehr schlimm. Nach den Bomben kamen mir die Artilleriegranaten so niedlich und harmlos vor. Immerhin war das Dorf sehr zerschossen, als endlich die Amerikaner einmarschierten.* Das war in der ersten Märzwoche 1945. Am 7. März nehmen die Amerikaner Köln. Familie Keun beschließt, in Hönningen zu bleiben und hier die weiteren Entwicklungen abzuwarten. Hier haben sie wenigstens ein Dach über dem Kopf. Das Haus in der Raschdorffstraße in Köln ist ein Schutthaufen, und das in der Eupener Straße eine Ruine. Als die Besatzung das Hotel Gülden als Standortquartier beschlagnahmt, ziehen sie, bis sie eine eigene kleine Wohnung finden, zu Bauern. Vom 11. Dezember 1945 bis zum 10. Februar 1946 sind sie in der Neustraße 48 in Hönningen gemeldet.
Dort besucht sie Franz Gülden, der Sohn des Gülden-Wirts. Ein holländisches Tafelbild war aus dem Hotel verschwunden, nach dem wollte er sich erkundigen. Er sitzt am blankgescheu-

erten Küchentisch, auf den Herdplatten liegen Spitzendeckchen, und die alten Keuns freuen sich so sehr über seinen Besuch, daß es ihm schwerfällt, den Anlaß zu sagen. Kreuzbrave, solide Leute, denkt er, ein junger Mann Mitte Zwanzig, und er verabschiedet sich, ohne nach dem Bild gefragt zu haben.

Aber nach Irmgard fragt er. Die Antwort: Sie sei nach Köln gefahren, um zu prüfen, ob das Haus in der Eupener Straße nicht vielleicht doch noch bewohnbar sei . . .

Es ist bewohnbar. Jedenfalls für sie.

Es gibt noch das Zimmer im Souterrain, es gibt noch Reste vom Erdgeschoß – ein Stück Küche, ein bißchen Salon, teilweise überdacht –, es gibt eine Menge Erinnerungen. Und auf ihre Matratze scheint nachts der Mond. Warum sollte man hier nicht leben können? Hauptsache allein. Nicht die Küche mit Fremden teilen müssen, nicht Schlange stehen am Wasserhahn, nicht guten Morgen sagen müssen, wenn man es nicht meint.

Gleichmütig stochert sie in den Trümmern des Treppenhauses. Einstürzen kann hier wohl nichts mehr! Dann tritt sie ins Freie. Der Garten ist ein Schutthaufen. Das Stiefmütterchenbeet begraben unter Glasscherben und zersplittertem Holz. Wahrscheinlich die Haustür. In der Angel hängen nur noch Fragmente. Sie hockt sich auf die eingestürzte Gartenmauer, sucht in ihrer Jackentasche nach Zigaretten, Chesterfields nun, zündet sich eine an, inhaliert genußvoll und läßt dabei den Blick schweifen.

Auf dem Nachbargrundstück sind die Aufräumungsarbeiten in vollem Gange; Steine werden geklopft und der Größe nach sortiert, das Pappdach des merkwürdigerweise unversehrt gebliebenen Kaninchenstalles sichert als eine Art Vorhangtür den Eingang, und wo früher Tüllgardinen und Samtportieren

vom gediegenen Wohlstand der Bewohner Zeugnis ablegten, hängen nun feldgraue Wolldecken.
Den nachbarlichen Bautrupp aber scheint das alles nicht zu stören. Es wird gelacht und gescherzt. Wiederaufbau macht Spaß!
»Zum Kotzen!« sagt Irmgard Keun laut und vernehmlich und schwingt die Beine von der Mauer. »Das ist ja nicht mit anzusehen!«
Schon im Zentrum war ihr der Anblick der sich durch die Trümmer wühlenden Menschen – Frauen vor allem – unangenehm gewesen, hier draußen ist er ihr vollends unerträglich. Als wäre das alles ein Kinderspiel! Sie hat nichts zerstört. Warum sollte sie wieder aufbauen? Lieber ewig in Trümmern leben, als auch nur einen Tag vergessen, was war. Ist es Kälte oder Ekel, was sie schaudern läßt?
Die Arme fest über der Brust verschränkt, steht sie aufrecht im Winterwind und mustert mit bösem Blick die Nachbarschaft. *Die Leute haben so glücklich konstruierte Gedächtnisse:* Gestern noch »Heil Hitler!« – und heute heißt es schon wieder »Gott befohlen«, und wo das Führerporträt hing, hängt jetzt ein Kruzifix . . . Und natürlich war keiner Nazi, jedenfalls nicht so richtig, und von den »Auswüchsen« haben sie auch nichts gewußt – von denen wußte ja nicht einmal Hitler etwas! Hat sie gestern gehört, Ehrenwort. Und nun geht das Leben weiter, und schade ist eigentlich nur, daß Deutschland den Krieg verloren hat . . .
»Diese Schweine!«
Sie muß weg hier. Das ist nicht ihr Land. Der Boden ist noch getränkt von Blut, aber die Kirchen sind schon wieder voll, und wer nicht gerade baut, betet. Und wer nicht betet, klaut. Und alles ohne Herz und Verstand. Die deutsche Dämlichkeit. Die deutsche Angst vorm Denken. Wie sie das alles haßt!

Aber wohin könnte sie gehen? Nach Amerika? Alkohol und Zigaretten im Überfluß! In New York Landshoff und Kesten mit all ihren Verlagskontakten. Und in Norfolk Arnold.
Es kann nicht sein, daß er sie vergessen hat. Keiner kann sie vergessen. Nicht einmal Tralow, ihr Hanni. Sie muß ihm unbedingt schreiben. Er scheint sich in Bayern etabliert zu haben. Hat irgend etwas mit Entnazifizierung zu tun – und hat bestimmt gute Beziehungen. Und sie braucht Schuhe und einen neuen Mantel. So wie sie im Augenblick aussieht, ließe man sie ja gar nicht rein in Amerika, mit diesen abgelaufenen Schuhen, deren Oberleder mehrfach geplatzt ist, den zerlöcherten Strümpfen und in diesem viel zu langen und viel zu weiten blankgewetzten Gabardinerock – das einzig Gute daran ist, daß er bei jeder Bewegung verrät, wie dünn sie geworden ist.
Endlich ist sie so schlank, wie sie immer sein wollte! So schlank wie ›Gilgi‹ und wie ›Doris‹. Und so schlank wie diese amerikanischen Hühner, zu denen Arnold sie ein paarmal mitgeschleppt hat . . .
Leben in Amerika?
Aber was wird dann aus den Eltern? Und was wird aus ihr – ohne die Eltern? Es gibt Tage, da traut sie sich alles zu, und andere – und diese anderen werden immer häufiger. Dann hat sie Angst, tiefe Angst. Diese *Angst, von der man nicht weiß, wovor man sie hat. – Jeder Mensch wird geboren mit einer Angst, die mit ihm wächst. Kein Mensch kann einem die ewige Angst nehmen, so wenig wie er einem das Herz nehmen kann, ohne einen zu töten.* Das sind die Tage, an denen sie zu sich selbst spricht – oder mit ihrer Kladde:
Sprich mit mir.
Ich zu mir.
Warum bist du heute so traurig?

Heute?
Ja, heute besonders.
Aber ich war und bin immer besonders traurig.
Nicht immer.
Nein, nicht immer! Sie strafft die Schultern, sie fährt sich mit der Hand über den flachen Bauch. Unter ihren Fingernägeln sitzt dick der Dreck. Es ist ihr gleich. Wo ist nur ihre Eitelkeit geblieben? Ihr ist kalt. Jetzt hätte sie gern einen Mann, der ihr für Momente die Schmerzen der Angst nähme.
Oder etwas zu trinken. Oder beides.
Sie wird in die Stadt gehen, vorbei an den toten Häusern mit den Kreideinschriften: Wo bist du, Vater? Ich lebe jetzt bei Tante Hanna. Sie wird einen englischen Offizier kennenlernen – Köln gehört zur britischen Besatzungszone – oder einen begabten, großzügigen Schwarzmarkthändler. Sie werden zusammen trinken. Dann wird man weitersehen. Sie will ins Warme.
». . . zu jenem langsamen Untergang entschlossen, zu dem Trinker immer bereit sind – Nüchterne werden das nie erfahren! –, begab sich Andreas wieder an die Ufer der Seine, unter die Brücken.« Das hat sie bei Joseph Roth gelesen, in seiner letzten, 1939 nach seinem Tod erschienenen ›Legende vom heiligen Trinker‹. Sie geht ins Haus, holt ihre Tasche und ein Tuch. Ein Seidentuch, das sie schon in Belgien hatte. Dann macht sie sich auf den Weg.

Am 12. Januar 1946 wird Irmgard Keun ins Landeskrankenhaus Bonn eingeliefert. Sie ist schwer betrunken in der Kölner Innenstadt zusammengebrochen; Passanten haben die Polizei gerufen. Die Ärzte behalten sie zwei Tage zur Ausnüchterung in der Klinik. Sie liegt im Frauentrakt der geschlossenen Anstalt und kann sich nicht erinnern, wie sie dort hingekommen ist. Sie will so schnell wie möglich wieder heraus.

Die Ärzte entlassen sie widerstrebend, ihr Gesundheitszustand ist besorgniserregend, aber sie können sie gegen ihren Willen nicht festhalten.
Bevor sie entlassen wird, badet sie. In dem Badezimmer ist ein großer Spiegel. Es ist das erste Mal seit Monaten, daß sie sich in Ruhe betrachtet. Sie erschrickt. Es ist nicht gut, die eigene Verkommenheit zu sehen. Schon lange lebt sie nur noch mit der Erinnerung an ihren *Glanz*. Im Spiegel nun sieht sie ein zerstörtes Gesicht und einen traurigen Körper, dessen bleiche Haut zu welken beginnt. In drei Wochen wird sie einundvierzig Jahre alt. Roth ist mit vierundvierzig gestorben. Sie hat noch Lucy Strauss' Stimme im Ohr: »Er hat sich totgetrunken.« Diese Verachtung. Diese Überlegenheit. Als hätte Roth die Wahl gehabt . . .
Und sie? Welche bleibt ihr?
»Nein!« schreit sie wütend. Sie ist noch nicht am Ende. Ihre Stimme hallt hart durch den gekachelten Raum. Sie lebt!
Lächelnd tritt sie ganz nahe an den Spiegel heran – lächelnd gefällt sie sich besser.
- Schreib wieder, Irmgard!
- Und was?
- Mach deinen Text über Ostende fertig.
- Und dann?
- Dann schreib einen Roman. Stoff hast du genug. Du mußt dich nur umsehen.
Sie hat wieder Pläne. Alles Weitere wird sich finden.

»Eine provisorische Existenz«
Vom Überleben in der Nachkriegszeit

Das berühmte DDR-Schriftstellerheim am Schielowsee in Petzow b. Werder, in dem Irmgard Keun Mitte der fünfziger Jahre zweimal Ferien machte.
Vorderseite: Irmgard Keun, Mitte der fünfziger Jahre

Es fand sich Lutz Kuessner, von 1946 an bis Januar 1948 Leiter und bis 1950 freier Mitarbeiter der Abteilung Kabarett und Varieté beim NWDR, dem 1945 von den Engländern gegründeten Nordwestdeutschen Rundfunk. Und Lutz Kuessner fand sie: »Der damalige *civilian officer*, den wir hatten, ein jüdischer Regisseur und Schauspieler von früher, Edward Rothe, der kam eines Tages zu mir und sagte: ›Wissen Sie eigentlich, daß Irmgard Keun hier lebt?‹ – Ich sagte: ›Nee, woher?‹ Also bin ich zu ihr gefahren. Mir ging es darum, Mitarbeiter zu gewinnen. Das war schwierig. Vor der Währungsreform bekam man keine Mitarbeiter, weil die das schlechte Geld nicht nehmen wollten. Irmgard Keun war auch das schlechte Geld recht. Sie hatte zum Geld nie eine sehr freundschaftliche Beziehung. Wenn sie welches hatte, gab sie es aus. Wenn sie keines hatte, gab sie auch welches aus.«

Nach kurzem Zögern sagt Irmgard Keun ihm ihre Mitarbeit zu, und bald darauf geht sie zum erstenmal auf Sendung – mit grotesk überzeichneten Szenen aus dem Nachkriegsdeutschland der Jahre 1946 bis 1948.

Sie erfindet *das vollreife Ehepaar Wolfgang und Agathe*, das alles das ist, was sie als typisch deutsch zutiefst verabscheut: ehemalige überzeugte Parteigenossen, rasch entnazifiziert; selbstherrlich und engstirnig, wehleidig und mitleidlos, angepaßt und tüchtig – und schon wieder auf dem Weg nach oben. Häßliche Deutsche, wie sie sie in ihrem Brief vom 23. November 1947 an Jola Lang vom Solidaritäts-Fonds in New York beschreibt: *Niederdrückend ist die stets wachsende und immer unverhüllter sich zeigende materielle Überlegenheit der National-Sozialisten. Sie riechen einander, sie helfen einander, sie mögen einander, und sie sind die absolute Majorität. Manchmal waren sie Pg.s, manchmal waren sie keine. Etwas Unpopuläreres als ein »Politisch Verfolgter« –*

Irmgard Keun selbst hat sich am 22. Mai 1946 anerkennen lassen – *oder ein ehemaliger Konzentrationslager-Häftling ist kaum denkbar. Erstens sind sie meistens arm, wie sollten sie's nicht sein, und arme Leute sind immer unbeliebt, und außerdem müßte man eigentlich ihnen gegenüber ein schlechtes Gewissen haben, und das erweckt Abwehr und Haß. Im Gegensatz dazu erfreuen sich heimkehrende Kriegsgefangene einer ausgesprochenen, fast demonstrativen Beliebtheit. Weil sie doch so tapfer gekämpft haben, »und ihre Schuld war's nicht, wenn der Krieg verlorenging«. Im ersten Jahr nach dem Krieg konnte man hier und da ganz leichte Schatten einer besseren Einsicht spüren. Und heute? Und hinzu kommen märchenhafte Korruption, wahnwitzige Gerichtsurteile, stinkende Ungerechtigkeiten, absurd und zutiefst unbegreiflich.*

Das ist der Stoff, aus dem ihre Szenen sind. Die Titel: ›Erna hat einen Engländer‹ oder ›Deutsche, sprecht deutsches Deutsch‹.

Etwa anderthalb Jahre lang, bis Anfang 1948, läßt Irmgard Keun alle vierzehn Tage ›Wolfgang und Agathe‹ in dem von Lutz Kuessner geleiteten ›Kabarett der Zeit‹ Zeiterscheinungen kommentieren. Exzellent, wie Lutz Kuessner sich erinnert. Und er erinnert sich auch an die Umstände ihrer Produktion. Er war oft zu Gast in der Eupener Straße, als Freund – und um die alle vierzehn Tage fälligen Manuskripte abzuholen. »Das Regelmäßige ist Irmgard Keun nicht leichtgefallen, aber nur ein einziges Mal hat sie mich draufgesetzt. Die Sendung lief übrigens live, wir hatten ja kaum Bandmaterial, und die Sprecher waren immer – nach kurzer Diskussion – die Theater-Schauspieler Peter René Körner und Magda Hennings. Oft haben wir erst abends um 10 Uhr die Manuskripte von ihr bekommen. Es war nicht selten, daß ich bei ihr saß und ihr Blatt für Blatt wegriß. Aber es geschah auch, daß ich es einen Tag vorher hatte. Je nachdem, wie sie gelaunt war. Und das hing vom Alkohol ab. Sie brauchte merkwürdigerweise den Alkohol zur Stimulation. Es war sehr eigenartig. Es gab einen Punkt, da wußte ich genau, wenn sie jetzt noch einen trinkt, dann ist es aus.«

Dieses Dann bedeutet: Sie hat mehr als eine halbe Flasche Schnaps getrunken, schwarzgebrannten Knollenschnaps, Schnaps aus Kartoffelschalen, reines Gift. Dieses Dann bedeutet: Sie weiß nicht mehr, was sie tut. Sie weiß nicht mehr, was sie schreibt. Sie schreibt nicht mehr.

Vor diesem Dann versucht Lutz Kuessner, sie zu bewahren. Oft mit Erfolg.

Der Erfolg gehört ihr. Der Erfolg ist enorm. Der Erfolg ist ihr unheimlich. Sie braucht ihn, und sie fürchtet ihn. Es ist, als tränke sie gegen ihn an.

In ihrem Brief an Hermann Kesten vom 16. April 1947 steht: *... ich war plötzlich so eine Art »Sonnenstrählchen« für die Hörer geworden. Jetzt macht mir die ganze Arbeit keinen Spaß mehr, weil mich der Gedanke quält, zur Aufheiterung von Nazis und Schiebern zu dienen.*

Kleiner Trost: Sie zwingt die Schieber und Nazis, über sich selbst zu lachen. Mittlerer: das damit verdiente Geld. Und großer Trost, trotz alledem: ihre wiedererstehende Popularität. Sie ist unvergessen. Sie ist gefragt. Es ist fast wie früher.

An Johannes Tralow schreibt sie am 19. Mai 1947: *Im übrigen habe ich viel Arbeit, und wenn ich nicht allzu faul bin, verdiene ich so ziemlich, was ich will. Hier beim Funk.*

Was heißt: Sie braucht ihn nicht mehr. Sie lehnt sein Angebot vom 26. Februar 1947 ab, ihre Bücher bei neuen Verlagen unterzubringen. *Ich will sie zuerst einmal alle in den verschiedenen Zonen durch die Illustrierten laufen lassen – als Erstdruck. Das bringt mehr ein.*

Johannes Tralow hatte die Veröffentlichung von ›Nach Mitternacht‹ in der ›Berliner Illustrierten‹ mitbekommen und ihr – wie gewohnt – weiterhelfen wollen. Als Mitglied der CSU und Vorsitzender der Entnazifizierungsspruchkammer in Starnberg verfügt er in den Westzonen über beste Beziehungen: »Vielleicht bedienst Du Dich meiner. Ich habe in Bayern und auch in der englischen Zone recht gute Bedingungen. Vor allem habe ich einen jungen Münchner Verlag, der m. E. für Dich sehr in Frage käme. Man muß, wie die Dinge liegen, heute *viele* Verlage haben. Jeder hat etwas Papier, und so kommt man in der Summe auf seine Kosten.« Er legt seinem Brief einige soeben erschienene Novellen bei. »Lesen wirst Du sie eines Tages. Darüber bin ich nun wieder nicht im Zweifel.« Er irrt.

Sie braucht ihn wirklich nicht mehr. Und sie will ihn auch nicht mehr. Viel zu spät will sie ihn nicht mehr. Vielleicht ist es das, was sie ihm nie verzeiht. Sie hört auf, ihm zu schreiben. Lieber schreibt sie wieder Geschichten. Eine davon: ›Unterhaltung mit einem Schriftsteller‹, entstanden Anfang der fünfziger Jahre.

Vorgelesen dreißig Jahre später, spätabends – oder ist es schon Nacht?

»Mit Schriftstellern wie Kurt kann man sich mühelos und stundenlang über ihre gesammelten Werke unterhalten, ohne eine Silbe davon zu kennen. Man muß nur ein bißchen von den Spielregeln wissen ...«

Ich lasse das Buch sinken. Stille. Nicht einmal ihren Atem höre ich, dabei hat sie eben noch von ihrem Lungenemphysem gesprochen. Das viele Rauchen. Was sonst? Und weitergeraucht.

Schläft sie? Ich hebe die Stimme: »Dieser Kurt, den Du da beschreibst, ist das Dein Verflossener?«

Sie rührt sich nicht. Ich stoße sie an. »Zigarette?« Sie soll mir nicht einschlafen. Wir sind noch nicht am Ende. Sie reagiert nicht. Sie ist in den Anblick ihrer Schuhspitzen versunken und bleibt es. Die Schuhspitzen wippen. Es wippen mittelbraune Stützstrümpfe und dunkelbraune Laufschuhe, deren oberer Rand sich sichtbar in den Spann drückt. Es wippen geschwollene Füße und geschwollene Beine. Der Rest steht still.

Die Zeit steht still.

Sie könnte sagen: Ja, es war Johannes Tralow. Und sie könnte es genausogut bestreiten, es änderte nichts, Erfahrenes und Erfundenes sind eins. Jede Lüge ist wahr.

Ich lehne mich zurück. Ich bin nicht mehr neugierig. Ich bin müde. Der Weg war weit. Ich beginne, mich zu entfernen. Da richtet sie sich auf. »Kurti?«

»Der eitle Schriftsteller«, antworte ich, »der allen Spott für Lob nimmt und mit bescheidenem *Gott, es ist mir eben gegeben* pariert . . .«

Sie schneidet mir mit einer heftigen Handbewegung das Wort ab und sagt scharf, als hätte ich sie nie danach gefragt: »Tralow! Genau so war Johannes Tralow. Dieses Schwein!«

Plötzlich ist sie hellwach und nicht mehr zu bremsen.

»Wieso Schwein?« Ich frage es eher beiläufig.

Sie blitzt mich an. »Weißt du denn nicht, warum er sich von mir hat scheiden lassen!?« Die Stimme klirrt. Die alte Hasserin.

»Weil du es wolltest, Irmgard. Du hast ihm *Schlafe mit Negern und Juden* telegrafiert, um ihn zur Scheidung zu zwingen.«

»Hab ich das?« fragt sie, offensichtlich irritiert.

»Hast du jedenfalls oft erzählt.«

Vier, fünf Sekunden starrt sie mich blaßblau-verschwommen an, nicht länger, dann spricht sie weiter, mit noch härterer

Stimme, jede Silbe betont: »Wegen meines staatsfeindlichen Verhaltens hat er sich von mir scheiden lassen, und weil er auf die Reichsschrifttumskammer einen guten Eindruck machen wollte.«
»Blieb ihm denn etwas anderes übrig?«
Sie beachtet meinen Einwurf nicht. »Und als es dann aus war mit dem Tausendjährigen Reich, wollte er von nichts mehr was wissen und von nichts was gewußt haben. Da war er plötzlich die ganze Zeit in der inneren Emigration gewesen. Daß ich nicht lache! Zum Vorsitzenden der Entnazifizierungsspruchkammer in Starnberg hat er sich wählen lassen, und im Nachkriegs-PEN war er einer der Aktivsten. Und wir, die Emigranten, die politisch Verfolgten waren ...«
»... Vaterlandsverräter ...«
»Genau!«
»... die ihr Volk in seiner schwersten Stunde allein gelassen hatten. Ich weiß, Irmgard, Adenauer hat einmal gesagt ...«
»Auch so ein Schwein!« Sie ist in ihrem Element. »Adenauer hat im Wahlkampf 1949 auf dem CDU-Parteitag unter großem Beifall verkündet: ›Die neue Bundesregierung wird auch, nach meiner Meinung, Schluß machen müssen mit aller überflüssigen Entnazisiererei.‹ Entnazisiererei! Wortwörtlich!« Sie lacht verächtlich. Sie kennt sich aus. »Erinnere ich noch genau. Und die Leute haben geklatscht wie verrückt. Für die waren wir doch Pinscher und Schmeißfliegen!«
»O-Ton Ludwig Ehrhard, der sogenannte Vater des Wirtschaftswunders ...«
»Schöner Vater«, tönt sie bitter, »ich hab von diesem Wunder nicht viel mitgekriegt.«
Sie kippt den nächsten Korn. »Schenk nach!«
»Wir haben nichts mehr.«
»Dann mußt du noch mal gehen.«

Ich nicke, bleibe aber sitzen. Sie scheint es nicht zu bemerken. Wir haben genug, und das Büdchen an der Ecke gewiß schon geschlossen.
»Warum bist du nicht in die DDR gegangen, Irmgard?« Achselzucken.
»Hätte ich gekonnt. Ich war da berühmt, irgendwie . . .«
Die Stimme, eben noch klar und entschieden, ist plötzlich brüchig. Sätze verwehen. »Aber ich konnte doch meine Eltern nicht allein lassen, im zerstörten Haus . . . Und für einen Umzug waren sie schon zu alt.« Sie lächelt ins Leere. »Älter als ich jetzt . . .« Ihr Blick sucht meinen und versucht, ihn festzuhalten, während sie weiterspricht. »Und irgendwie war da ja auch noch das Kind. Meine Tochter. Fast so alt wie du. Krankenschwester. Ja, Krankenschwester ist sie geworden . . .« Sie schüttelt den Kopf. »So ein schönes Kind. Martina. Hätte alles werden können, aber . . .« Sie stockt. »Ich hab sie allein aufgezogen, irgendwie . . . Ihr Vater war Ausländer. Ein Arzt. Irgendwie paßte er nicht in die Familie. Und ist auch bald gestorben.«
Sie ist immer leiser geworden. Nun schweigt sie. Wir sehen uns an. Da ist es wieder, ihr Irgendwie. Ihr Ausweg, wenn alle Erfindungsgabe versagt.
»1951 ist Martina geboren«, sage ich. »Das Jahr, in dem sich Johannes Tralow zur DDR bekannte.«
Sie schweigt. Was erwartet sie?
Sie weiß doch, was alle wissen: Daß sich ihr geschiedener Mann nach der Spaltung des gesamtdeutschen Nachkriegs-PEN im Jahre 1951 zum ersten Präsidenten des kommunistischen PEN-Zentrum Ost und West wählen ließ, daß er zum erklärten Parteigänger der SED wurde, daß er schließlich von München nach Ost-Berlin übersiedelte, hochgeehrt als verdienter Antifaschist, Friedensfreund und Professor honoris

causa aufgrund seiner Leistungen auf dem Gebiet des historischen Romans, bis er 1968 verstarb.
»Tralow«, setze ich noch einmal an, »soll es ja sehr gut gegangen sein in der DDR. Hatte eine Villa im Köpenicker Stadtteil Hirschgarten, viele Freunde, auch Freundinnen, und jedes Jahr ein Buch auf dem Markt.«
Sie schweigt weiter.
»Hat dich das nicht geärgert?«
Keine Antwort. Kein Blick.
»Andere schon ...«, sage ich trocken.
»Hmmh«, macht es aus der Sofatiefe.
»Den SFB zum Beispiel. Er gratulierte ihm in seiner Sendung ›Hier spricht Berlin‹ am 3. August 1967 mit einer Schimpfrede zu seinem fünfundachtzigsten Geburtstag und zitierte dabei ausführlich aus eurem Scheidungsurteil.«
Immer noch nichts.
»Hast du ihnen das gegeben?«
Endlich reagiert sie. Sie ist empört. »Für wen hältst du mich?«
»Hätte doch sein können«, sage ich.
»Hätte!« faucht sie mich an.
»Und die Geschichte ›Unterhaltung mit einem Schriftsteller‹ ...«
»Was soll mit dieser Geschichte sein?«
»Handelt sie nun von Johannes Tralow oder nicht?«
Unvermittelt lächelt Irmgard Keun. »Ist das denn so wichtig?«
Ich lächle zurück. »Wahrscheinlich nicht. Solche wie Kurti gibt es viele.«
»Viel zu viele.«
Nun lächeln wir beide und lächeln uns an, beide Gewinnerinnen. Und dann lese ich weiter vor: *»Kurti ist ein fleißiger Schriftsteller, der ungeheuer viel von sich hält, aber wahrscheinlich*

erst nach seinem Tode berühmt wird. Vor Jahren hat mich mal eine etwas zermürbende Freundschaft mit Kurti verbunden. Zehn Jahre hatte ich ihn nicht mehr gesehen, als ich ihn neulich zufällig während einer Reise traf. Er war sehr dick und pompös geworden, bestand aber darauf, wie früher, Kurti genannt zu werden. Wir gingen in ein Restaurant, um zusammen eine Flasche Wein zu trinken. Ich versuchte zuerst Konversation zu machen, indem ich von meinen vergangenen Lebensjahren erzählte, bis ich merkte, daß sich Kurti furchtbar langweilte. Ich hatte lange keinen Umgang mehr mit Schriftstellern wie Kurti gehabt und war etwas aus der Übung gekommen. Dein letztes Buch ist übrigens wundervoll, sagte ich. Kurti belebte sich sofort . . .«

Wie alle Schriftsteller sich beleben, wenn die Rede auf ihre Arbeit kommt. Irmgard Keun erging es nicht anders.

1947, eine große Zukunft hinter sich, eine kleine vor sich, müder, aber noch nicht müde . . . Sie schreibe an einem neuen Roman, berichtet sie Johannes Tralow am 19. Mai, der ihr viel Spaß mache, und sie mache politisches Kabarett für den Funk und lese erbauliche Geschichten vor.

Die erbaulichen Geschichten sind Kapitel aus ihrem 1936 im Exil erschienenen Roman ›Das Mädchen, mit dem die anderen Kinder nicht verkehren durften‹, jeden Sonntagmittag vorgetragen zwischen zwei Konzertteilen. Jedesmal ein furchtbares Theater, wie sich Lutz Kuessner erinnert, der Hüter ihrer Flaschen, beauftragt, sie einigermaßen nüchtern ins Studio zu bringen. Aber auch jedesmal ein Erfolg. Die Resonanz ist überwältigend: 85 Prozent der beim NWDR eingehenden Hörerpost gelten ihr. Alle wollen das Buch lesen. Die ›Rheinische Zeitung‹ aus Köln beginnt in ihrer Ausgabe vom 1. September 1948 mit dem Abdruck.

In der Ausgabe vom 30. August, in der Wilfried Koch, der

verantwortliche Redakteur, den Abdruck ankündigt, berichtet er von einem Besuch bei Irmgard Keun.
»Es war sechs Uhr abends. Wir setzten uns an ihren kleinen Tisch und erzählten. Sprachen über Heinrich Mann und zweiteilige Badeanzüge, über Fritz von Unruh und vom Pathetischen, von Bühnenbildern und Gerichtsprozessen, über den Mainzer Philosophen-Kongreß und von abstrakten Beinen, von Ministerpräsident Ehrhard und dem Gang nach Canossa, über kunstlose Kunst und von Jedermann. Dann war es 10 Uhr. Dazwischen tranken wir Wein. Frau Keun aus einer Tasse, ich aus einer Blumenvase. (Frau Keun ist total ausgebombt.) Um elf verabschiedete ich mich von ihr, den Roman in der Tasche. Einen Roman, für den die RZ das Erstveröffentlichungsrecht erhielt. Einen Roman, der während der Emigrationszeit Irmgard Keuns in 14 Sprachen übersetzt wurde und an mehreren ausländischen Sendern mit ungewöhnlichem Erfolg verlesen wurde.«
Wilfried Koch ist beeindruckt. Auf den Gedanken, Irmgard Keuns Angaben zu überprüfen, kommt er nicht.
Sie stimmen nicht.
Was stimmt, ist wichtiger: Irmgard Keun ist wieder wer. Die Schriftstellerin. Eine Frau, die man kennt.
Kaum ein graues Haar, fast keine Falten, und dann dieser große blaue Blick. Sie ist immer noch attraktiv. Schon wieder fülliger, aber gerade so, daß es wirkt. Und wirken muß es, unbedingt. »Die möcht ich sehn«, sollen die Herren sagen. Sie ist eine Menschenfängerin. Sie hat Beziehungen, und sie hat Geld. Sie bekommt, was sie will, und sie gibt gern. Handeln tut sie nie. Sie braucht nicht viel. Hauptsache, sie hat Alkohol und Zigaretten. Die betäuben am besten den Hunger, dieses unhöfliche Gefühl, das die Menschen stärker beschäftigt, als ihrer Würde zuträglich ist. Aber was sind auch

schon 1000 Gramm Brot, 100 Gramm Nudeln, 100 Gramm Fleisch, 32 Gramm Käse, 50 Gramm Margarine und 5 Pfund Kartoffeln, ausgegeben am 27. Mai 1947, die Ration für eine Woche, aufgegessen drei Tage später oder vier oder fünf...
Den Inhalt der Care-Pakete, die Hermann Kesten, Gina Kaus, Jola Lang und andere schicken, teilt sie mit ihren Eltern und irgendwelchen Freunden, und hat sie Geld, gibt sie einen aus. Manchmal verliert sie es auch oder läßt es sich stehlen und merkt es nicht. Die Honorare zerrinnen ihr unter den Fingern. *Jede Liebe erfordert Talent, auch die Liebe zum Geld.* Dieses Talent fehlt ihr. Sie hat sich damit abgefunden. Es ist ihr gleich. Vieles ist ihr jetzt gleich.

Die Unordnung ist ihr Element. Sie fühlt sich in den Trümmern ihrer Welt zu Hause.

Das Haus in der Eupener Straße ist immer noch eine Ruine, daran haben auch die inzwischen aus Hönningen zurückgekehrten Eltern nichts ändern können. Sie hat ihnen ihr geschütztes Souterrainzimmer überlassen und sich in den Resten des Erdgeschosses eingerichtet. In Dreck und Schutt. Mit einem Holztisch und einem Bett und ein paar Kisten für ihre Kleidung. Überall liegen Bücher und Papiere herum, und dazwischen stehen Aschenbecher und Flaschen und Gläser. Drei davon unzerbrechlich, ganz neu, die wirft sie manchmal gegen die Wand und freut sich. Die Wand ist mit Zeitungen tapeziert, Papier ist Papier, und außerdem isoliert es gut. Vor dem Zimmer, fast auf der Straße, ist ihr Waschbecken. Sie braucht es kaum. Dabei ist sie nicht verkommen. Sie hat einfach nur im Laufe der letzten Jahre jedes Gefühl für sauber und unsauber verloren. Sie nimmt Schmutz nicht wahr, eigenen nicht und auch nicht fremden. Es gibt Wichtigeres.

Und außerdem gibt es Lutz Kuessner. Er ist mehr als ihr Redakteur. Er ist ein guter Freund.

»Wollen Sie wirklich so losgehen, Frau Keun?«
»Ja. Warum nicht?«
»Sie haben ja ganz schwarze Füße.«
»Ach.«
»Und Fingernägel auch. Machen Sie sich die mal sauber.«
Das nimmt sie ihm nicht übel. Im Gegenteil: Dafür ist sie ihm dankbar.
Heute besonders. Denn heute hat sie einen Termin bei Hans Hartmann, dem Intendanten des Kölner Senders. Sie will mehr Geld. Sie braucht mehr Geld. 300 Mark für eine Viertelstunde Lesen sind ihr zu wenig. Schließlich liest sie etwas Neues, extra Geschriebenes: ›Ferdinand, der Mann mit dem freundlichen Herzen‹, ihren neuen Roman. Kapitel für Kapitel, Episode für Episode – Trümmerbilder. Aber was für welche! Heiter, unterhaltend und aufbauend. Bitterböse und gallegiftig. Ihr Porträt der nachkriegsdeutschen Schieber- und Schmarotzergesellschaft. So etwas hat seinen Preis, Herr Hartmann! Sie wird ihn anlächeln und sagen: *Ferdinand ist ein Mann unserer Zeit, eine provisorische Existenz, wie wir es ja mehr oder weniger alle sind. Es geht ihm nicht gut, aber es gelingt ihm meistens, heiter zu sein, heiter zu sehen und Heiteres zu erleben. Er ist wohl den allgemeinen Lasten und Belästigungen unserer Zeit unterworfen, aber er vermeidet es mit Glück, sich noch dazu mit sauren Vorurteilen, Bitternissen, Selbstmitleid und anderen Überflüssigkeiten zu beschweren. Er zeigt, daß sogar eine provisorische Existenz ihren Reiz haben kann.*
Das Wort Reiz wird sie wiederholen, einen Ton tiefer und mit Blick ... Und wenn ihr Kuessner hundertmal davon abrät! Er kennt sich aus mit Chefs. Sie kennt sich aus mit Männern.
Und sie behält recht: »Ich erinnere mich, daß nach der Währungsreform (am 20. Juni 1948), im Taumel des neuen knappen Geldes, der Intendant Hans Hartmann mir kategorisch

das Limit von 300 Mark für eine viertelstündige Keun-Lesung setzte. Wenn sie etwa mehr wollte, würde die Lesung sofort abgesetzt. Natürlich wollte sie mehr und verlangte eine Rücksprache mit Hartmann, die ich herbeiführte. ›Lassen Sie sie nur kommen, Kuessner‹, drohte er hinter seiner Zigarre hervor. ›Die wird noch froh sein, wenn sie nachher 250 kriegt.‹ Irmgard Keun ging forsch und alkoholgestärkt ins Allerheiligste. Ich wartete vor der Tür, draußen, wie Wolfgang Borchert. Nach einer halben Stunde erschien ein Bote und brachte eine halbe Flasche Sekt und zwei Gläser. Nach einer weiteren Viertelstunde öffnete sich die schwere Tür, der Herr Intendant verabschiedete Irmgard Keun mit einem Handkuß und befahl mir, die Dame zum Dienstwagen zu geleiten, den er an den Haupteingang bestellt habe. Bevor sie nach Hause fuhr, gestand sie mir, daß Herr Hartmann ihr Honorar auf 750 Mark je Lesung festgesetzt hätte. Natürlich wollte und bekam sie von Stund an auch für das ›Kabarett der Zeit‹ mehr Geld.«

Irmgard Keun verdient gut.
Der Rundfunk zahlt regelmäßig, sie bekommt Geld für die Nachdrucke in Zeitungen, und sie hat wieder einen richtigen Verlagsvertrag.
Nachdem ›Gilgi – eine von uns‹ und ›Das Mädchen, mit dem die anderen Kinder nicht verkehren durften‹ 1948 und 1949, teilweise gekürzt und auf besserem Klosettpapier gedruckt, beim obskuren Düsseldorfer Verlag Komet erschienen waren, verlegt ab 1950 der angesehene Manfred Droste, ebenfalls in Düsseldorf, bis auf ›Nach Mitternacht‹ und ›D-Zug Dritter Klasse‹ alle ihre Romane. Im ersten Jahr ›Ferdinand, der Mann mit dem freundlichen Herzen‹, ihre Bearbeitung der Rundfunk-Serie über den braven Heimkehrer Ferdi-

nand Timpe und seine Freunde, und ihren Exilroman ›Kind aller Länder‹; in den folgenden Jahren die Bücher aus der Zeit vor dem Exil: ›Das kunstseidene Mädchen‹ (1951), ›Das Mädchen, mit dem die anderen Kinder nicht verkehren durften‹ (1954 und 1959) und ›Gilgi – eine von uns‹ (1955). Buchklub- und Taschenbuch-Ausgaben folgen. 1962 erscheint bei Droste ihr letztes Buch: ›Blühende Neurosen. Flimmerkisten-Blüten‹, Satiren aus der Welt des Films.

Ihre übrigen Geschichten bringt sie, nach Verwertung in Rundfunk, Zeitungen und Zeitschriften, bei anderen Verlagen unter. Nur in den seltensten Fällen schreibt sie sie vorher um. Sie ändert höchstens den Titel. Sie zitiert sich selbst, verwertet ihre Texte immer wieder. Aus Romankapiteln werden Kurzgeschichten. Sie ist eine begabte Vielfach-Verwerterin. Sie veröffentlicht mehr, als sie schreibt. Schließlich veröffentlicht sie nur noch.

Im Kölner Verlag Epoche, in dem 1946 bereits ›D-Zug Dritter Klasse‹ erschienen war, von dem Kritiker Hellmut von Cube als Porträt der Nachkriegsgesellschaft mißverstanden!, erscheinen 1947 zusammen mit ›Geschichten und kleine Begebenheiten‹, ihre Ostender Erinnerungen und Gedichte: ›Bilder aus der Emigration‹. Die Geschichten-Sammlung ›Scherzartikel‹ wird 1951 bei Carl Schleicher und Schüll in Einbeck bei Hannover gedruckt. ›Die Läuterung‹, eine Feriengeschichte als Einleitung für das Moselbuch ›Die kleine Reise‹, erscheint 1953 im Walter Franz-Verlag in Köln. Der Progress-Verlag in Düsseldorf bringt 1954 ein weiteres Mal ›Kleine Begebenheiten, Erinnerungen und Geschichten‹ heraus, nun unter dem Titel ›Wenn wir alle gut wären‹. Der Verlag der Nation in Ost-Berlin übernimmt diese Ausgabe 1956 und 1957. 1956 ist dort bereits ›Nach Mitternacht‹ erschienen, ihre Abrechnung mit Nazi-Deutschland, deren

erste bundesrepublikanische Ausgabe erst 1961 folgt, beim Fackelträger Verlag in Hannover.
Noch einmal, ein letztes Mal, ist Irmgard Keun ein kleiner *Glanz*. Daß unter Literaten ihre Arbeiten nur wenig Beachtung finden und daß sie von der seriösen Literaturkritik weitgehend ignoriert werden, trübt ihn kaum. Anderes zählt: Droste zahlt gute Vorschüsse; und Wirtschaftswunder-Journale für frühe Automobilisten wie Fiat- und Ford-Revue rechnen es sich als Ehre an, wenn sie ihnen kleinere Texte zur Veröffentlichung überläßt.
Sie kann es sich leisten, einen Sommer in München zu verbringen. 1950, in einer teuren Pension in der Widenmayerstraße. Leben im Hotel – das liebt sie. Die Unverbindlichkeit der Reisenden. Zu Hause in fremden Zimmern. Eine Schriftstellerin unterwegs. Sie empfängt Redakteure und läßt ihnen Cognac zum Frühstück servieren. Laßt doch die Leute reden! Spießer. Sie kann sich alles erlauben.
Sie wird gelesen. Und sie wird gekauft. Eine vertraute Stimme. Das Radio trägt dazu bei. Das Publikum ist treu. So sind nun einmal die Zeiten.
Das Neue ist das Fremde, dem Neuen ist mit Vorsicht zu begegnen. Das Bedürfnis nach ausländischer Literatur muß nach über zehn »völkischen Jahren« erst noch geweckt werden, und der Realismus der jungen deutschen Literatur erschreckt die Betroffenen mehr, als daß er sie erbaut.
Heinrich Böll schreibt 1952 über die ersten schriftstellerischen Versuche seiner Generation: »Tatsächlich, die Menschen, von denen wir schrieben, lebten in Trümmern, sie kamen aus dem Krieg, Männer wie Frauen im gleichen Maße verletzt, auch Kinder, (...) und wir als Schreibende fühlten uns ihnen so nahe, daß wir uns mit ihnen identifizierten. Mit Schwarzhändlern und den Opfern der Schwarzhändler, mit

Flüchtlingen und all denen, die auf andere Weise heimatlos geworden waren, vor allem natürlich mit der Generation, der wir angehörten, und die sich zu einem großen Teil in einer merk- und denkwürdigen Situation befand: Sie kehrte heim. (. . .) Wir schrieben also vom Krieg und von der Heimkehr und von dem, was wir im Krieg gesehen hatten und bei der Heimkehr vorfanden: von Trümmern. Das ergab die drei Schlagworte, die der jungen Literatur angehängt wurden: Kriegs-, Heimkehr- und Trümmerliteratur.« Schlagworte, die für Tristesse und Nachdenklichkeit stehen, für Existenz- und Selbstzweifel: nicht die beliebtesten Werte in der westdeutschen Nachkriegsgesellschaft.

Irmgard Keuns ›Ferdinand, der Mann mit dem freundlichen Herzen‹ ist anders. Zwar auch ein Stück Heimkehrliteratur, aber von der satirischen Art, nicht larmoyant, sondern bissig und böse: *. . . das Wort »Heimkehrer« widersteht mir. Es hat was von einer Markenbezeichnung für Teppichkehrmaschinen oder Staubsauger. Kehrer! Der ideale Heimkehrer.*

Ihr idealer Heimkehrer heißt Ferdinand Timpe. Im Grunde ein Mann ohne Eigenschaften. Aber zu allem bereit, denn er *kann nicht gut »nein« sagen, wenn man ihn um etwas bittet.* Die Erfüllung fremder Wünsche bringt ihn in die absonderlichsten Situationen: Er wird Bräutigam und ›freudiger Ratgeber‹ für beladene Seelen, er versucht sich als Schieber und als Schriftsteller – und bleibt dabei doch immer, was er endlich nicht mehr sein will: Das, was andere wollen.

Um ihn herum gruppiert sich ein bunter Haufen erfinderischer Kleinexistenzen: Schwarzhändler und Hellseher, Militaristen und Löwenbändiger, Überlebenskünstler und Weltuntergangspropheten sind seine Gefährten, und das Gebot der Stunde heißt Improvisation und Flexibilität.

Das ist scharf beobachtet und mit viel Witz erzählt, vor allem,

wo es um die ewigen Mitläufer und ihre Anpassungsfähigkeit geht, aber oft geht der Witz auch auf Kosten der Betroffenen, der Schwachen. Irmgard Keun differenziert nicht mehr, sie karikiert. Sie wird geschwätzig.
Ihren Ferdinand läßt sie sagen: *Allmählich wurde mein Redestrom zum Redefluß, mein Redefluß zum Redebach, mein Redebach zum Rederinnsal. Und eines guten Abends versiegte auch das Rinnsal, meine Zunge war trocken geworden, und mein Geist erlag einem Zwang zur Besinnung.*

Aber noch hat Irmgard Keun Verträge zu erfüllen. Der Droste-Verlag drängt. Kapitel für Kapitel muß ihr der neue Text abgerungen werden, die Überarbeitung und Ergänzung der Rundfunkfassung vom ›Ferdinand‹. Lutz Kuessner ist oft dabei, wenn der Verlagsleiter sie in der Eupener Straße besucht. »Eine Sache war gespenstisch. Immer, wenn Dr. Korte kam, brachte er Geld mit, und dafür bekam er dann soundso viele Seiten. Aber einmal, da hatte sie nichts gemacht und hatte in einen großen Umschlag, der aber nicht zugeklebt war, so einen Stapel blankes Papier reingelegt. Korte kam. – ›Haben Sie Geld mit?‹ – ›Ja.‹ Und nun tat er etwas, das ihr gar nicht paßte: Er wollte reingucken. Und sie, blitzschnell – ›Ach, ich hab's mir überlegt!‹ – riß es ihm aus der Hand. ›Ich muß es noch einmal umarbeiten. Es gefällt mir alles nicht mehr.‹ – Er wußte aus Erfahrung: Wenn sie es wirklich umarbeiten würde, würde es noch Monate dauern. Er hielt also das Manuskriptpapier fest und rief: ›Nein, nein, nein, Frau Keun!‹ – Nun hatte es also jeder in der Hand und zog auf seiner Seite. Und ich dachte: Ich bin mal gespannt, wie das ausgeht. – Er hat dann schließlich gewonnen, riß das Manuskript an sich, schmiß ihr das Geld auf den Tisch und rannte weg. Kam dann in Düsseldorf an im Verlag mit soundsoviel Blatt leerem Papier. Aber er hat ihr das nicht übelgenommen. Er war ein ausgesprochen feiner Mann, ein Herr in seiner Art; nur wurde er mit ihr nicht fertig.«

Irmgard Keun leidet an den Verhältnissen: *Die ehemalige deutsche Diktatur hat sich, nach Art niederer Lebewesen, durch Spaltung fortgepflanzt und heißt jetzt Demokratie.*
Sie trinkt: *Jeder Mensch, der trinkt, will sich oder seine Sicht der Welt ändern, was ja aufs selbe rauskommt.*
Aber die Welt ändert sich nicht: *Deutschland soll jetzt umerzogen werden zur Demokratie. Wann hätte je Erziehung ein gewünschtes Resultat gehabt?*
Die Restauration marschiert. Sie bleibt zurück. Das Provisorium war ihre letzte Chance. Der Wille zum Wiederaufbau fehlt ihr. Jeden Sieg Konrad Adenauers empfindet sie als eine persönliche Niederlage. Mit dem Sieg jeder anderen Partei würde es ihr genauso gehen. Immer sieht sie die Vergangenheit über die Zukunft siegen: Überall sieht sie braune Bonzen. Aber sie engagiert sich nicht.
Sie hat sich nie engagiert. Nur geschrieben. Beobachtet und geschrieben.
Nun hört sie auf zu schreiben. Ihr Blick trübt sich. Jeder Satz fällt ihr schwer, kaum ein Satz ist neu. Und sie ist *leider nicht dumm und besessen genug,* auch nur einen *für einmalig und notwendig zu halten.* Ferdinand Timpes schriftstellernder Bruder spricht das Nachwort: *... schriftstellern sei der widerwärtigste Beruf, den er sich nach seinen bisherigen Erfahrungen vorstellen könne. Um finanziell auf dem laufenden zu bleiben, müsse er auch dann schreiben, wenn ihm nichts Gescheites einfalle und er keine Lust habe.*
Sie hat keine Lust mehr. Und auch nicht mehr die Kraft. Einfälle gehen ihr verloren. Sie kann sich nicht mehr konzen-

trieren. Der Alkohol ist schuld, sie weiß es. Sie trinkt ihn oft aus der Kaffeetasse. »Da seh ich nicht, was ich trinke«, sagt sie zu Ria Hans, der Freundin von früher.

Die ist erschrocken – wie andere Freunde auch. »Warum trinkst du, Irmgard?«

»Es ist die Sehnsucht nach Rausch.«

Rausch bedeutet: Alle Grenzen überschreiten. Nicht mehr denken. Vergessen. *Den Unberauschten scheinen alle Berauschten verzweifelt ähnlich, ohne Unterscheidungsmerkmale. Sie lehnen den Berauschten ab oder beugen sich ihm, wie man sich einer Naturgewalt beugt.* Der Berauschte fasziniert und erschöpft.

So erlebt es Irmgard Keun.

Sie erlebt, wie die alten Freunde sich nach und nach von ihr abwenden. »Arschlöcher« ruft sie ihnen verzweifelt hinterher, aber noch findet sie neue Freunde. Immer wieder findet sie neue, aber nie mehr für länger, und nur noch selten in Redaktionen, sondern jetzt in Kneipen und Taxis. Sie liebt es, chauffiert zu werden. Manchmal liebt sie auch die Chauffeure. *Ich will einen Mann für mich und nicht für andere Leute.*

Bei Droste steht bald nach Erscheinen des ›Ferdinand‹ fest, daß nicht mehr viel Staat mit ihr zu machen ist. Sie ist unzuverlässig. Sie schickt Betteltelegramme. Man muß sie in Wirtschaften auslösen. Und immer, wenn sie in den Verlag kommt, hat sie zerrissene Strümpfe an. Es ist niemand mehr da, der auf sie achtet: Die Eltern sind alt, und Lutz Kuessner ist fort.

Ende 1949 ist es zum Bruch zwischen ihnen gekommen: Sie hatte ihn eines Nachts holen lassen, ihrem Vater sei etwas passiert. »Ich mit Karacho runter, ins Auto, zur Keun in die Eupener Straße – und finde sie neben einer fast leeren Schnapsflasche, quietschvergnügt. ›So, Kuessner‹, lallte sie, ›setzen Sie sich erst mal, und nehmen Sie auch einen!‹ – Ich fragte ziemlich konsterniert, was denn mit dem alten Herrn passiert sei? Ob ich einen Arzt holen solle? Oder was sonst zu helfen sei? – Gar nichts, erfuhr ich. Der Vater sei schon vor zwei Stunden ins Bett gegangen, wie üblich. – Aber warum sie mich dann hätte holen lassen? – ›Ich wollte mich ein bißchen mit Ihnen unterhalten, und da dachte ich, vielleicht haben Sie keine Lust zu kommen. Und da habe ich das mit dem Vater gesagt.‹ Ich, der ich als Vollwaise aufgewachsen war, fand es so ungeheuerlich geschmacklos, mit der Gesundheit oder gar dem Leben des Vaters Theater zu spielen, nur um einer besoffenen Laune willen, daß ich damals wortlos ohne Gruß gegangen bin.«

Irmgard Keun versucht noch einmal, Verbindung mit Lutz Kuessner aufzunehmen, allerdings unter der Voraussetzung, daß er sich bei ihr für seinen unmöglichen Abgang entschuldige. Er tut es nicht. 1952 sehen sie sich ein letztes Mal, am Krankenbett seiner Schwester. »Neben dem Stuhl, auf dem sie saß, standen wohlgezählte fünf Flaschen, in denen vor kurzem noch Bier gewesen war. Als sie mich erkannte, erhob sie sich und sagte: ›Nun, Traute, jetzt hast du ja neue Gesellschaft. Da kann ich gehen.‹ Sie tat dies bis zur Tür. Dort blieb sie, die Klinke in der Hand, stehen, sah mich durchdringend an und fragte, nicht ohne eine gewisse Hoheit in der Stimme: ›Wollen Sie mich nicht hinuntergeleiten?‹ Im Hinblick auf die fünf Bierflaschen, die ohne den geringsten Zweifel einige höherprozentige Vorgänger gehabt hatten, entschuldigte ich meine mangelnde Kavaliersbereitschaft mit der Begründung, daß ich ja schließlich meiner kranken Schwester einen Besuch machen wollte. Da richtete sich Irmgard Keun zu voller Größe auf und sagte laut und deutlich: ›Na, dann nicht, Sie Arschloch!‹ Hinter ihr fiel die Tür ins Schloß.«

Wieder einmal war eingetroffen, was sie immer fürchtete:

Krankheiten fürchte ich und den Verlust von Menschen, die in meinem Herzen Wurzeln schlugen. Und manchmal fürchte ich, mein Herz sei unfruchtbarer Boden geworden, in dem nichts und niemand mehr Wurzeln schlagen kann.

Lutz Kuessner war das für Momente gelungen. Er war ihr Vertrauter, soweit sie Vertrauen zuließ. Immer per Sie und mit Respekt. Das Du war für Bekannte. Es gab Zeiten, da sahen sie sich fast täglich. Er begleitete sie bei den verhaßten Behördengängen und war Zeuge ihrer furchtlosen Auftritte dort; er leistete ihr Gesellschaft im Bordell in der Mariagartenstraße, wenn sie mit Prostituierten reden wollte; er sorgte dafür, daß sie rechtzeitig ins Studio kam und nach der Sendung heil nach Hause. Das war nicht nur anstrengend, das war oft auch anregend und amüsant. An guten Tagen war sie faszinierend, an manchen schlechten auch.

Er erlebte, wie sie einen Busfahrer, der ins Depot wollte, dazu brachte, sie nach Hause zu fahren – »Aber nicht, indem sie flirtete, sondern indem sie Befehle gab!« Und er war dabei, als sie eines Abends mit der Faust an die Tür einer englischen Garage hämmerte, weil sie einen Dienstwagen wollte . . .

»Ein Mann machte auf und kuckte sie an. Sie sagte im absoluten Befehlston: ›Ich brauche sofort einen Wagen nach Braunsfeld.‹ Ich weiß nicht, was der Mann gedacht hat, der zuckte nur zusammen. Ich stand daneben und hatte irrsinnige Angst, denn mit den Engländern war nicht gut Kirschen essen. Da sagte er: ›Hier. Wollen Sie in dem da Platz nehmen?‹ Sie sagte: ›Nein, in dem.‹ Das war ein großer, der stand hinten und hatte einen Ständer dran. Wahrscheinlich hat ihr das gut gefallen. Der Mann verschwand und ließ uns stehen. Nach kurzer Zeit kam er mit einem zweiten Mann wieder. Ich fürchtete schon das Schlimmste. Aber der zweite setzte sich nur in den anderen Wagen und rangierte ihn raus. Sie stieg ein

und befahl mir, auch einzusteigen. ›Los, setzen Sie sich hierhin!‹ Der Mann fuhr uns dann nach Braunsfeld. Sie sagte nur: ›Danke schön.‹ Fertig. Aus.«
Lutz Kuessner geht 1950 zum Südwestfunk nach Baden-Baden. Mehr als drei Jahre hat er teilgehabt an Irmgard Keuns Leben. Dem Alltagsleben und dem erfundenen. Er plauderte mit dem Vater über seine Kaufmannsvergangenheit – »ein gebildeter Mann« – und staunte über die Arglosigkeit der Mutter – »eine einfache Frau« –, beides reizende Leute, wie er fand, die ihre Tochter liebten, hilflos liebten. Meistens aber waren Irmgard Keun und Lutz Kuessner allein gewesen. Dann hatten sie sich nächtelang die Köpfe heiß geredet über Literatur und Politik, über Kafka und alte Nazis. Irmgard Keun wußte viel, und Lutz Kuessner war ein guter Zuhörer. Manchmal erzählte sie auch von ihren Begegnungen im Exil, von Kesten und Kuh. Von Joseph Roth nur selten, und dann in einem anderen Ton. Er sei in ihren Armen gestorben. Und auch der gemeinsame Sohn, in Frankreich geboren, sei tot. Sie habe ihn nach dem Einmarsch der Deutschen in Holland in Pflege geben müssen, das habe er nicht überlebt. Und dies alles nicht ohne Schwermut vorgetragen, vielleicht hatte sie sogar geseufzt.
Irmgard Keun, Witwe.
Irmgard Keun, Mutter eines Sohnes von Joseph Roth.
Träume. Sie waren ihre Wirklichkeit. *Sie hätte gern ein niedliches kleines Kind gehabt und ein braves ordentliches Leben.* Und das Talent dazu.

1948 läßt Irmgard Keun im katholischen Krankenhaus Anna-Kloster in Köln eine Abtreibung vornehmen. Lutz Kuessner besucht sie am Krankenbett: »Ich hab mich noch gewundert. Ausgerechnet bei den Nonnen. Die haben's wahrscheinlich gemacht, weil sie evangelisch war.«

Zwei Jahre später ist Irmgard Keun wieder schwanger. Zu ihrer Mutter sagt sie: »Schämst du dich denn gar nicht, ein uneheliches Enkelkind zu bekommen? In deinem Alter!«
Am 16. Mai 1951 kommt ihre Tochter Martina im Anna-Kloster zur Welt. Vater unbekannt. Die Mutter läßt in der Kölner Presse Anzeigen einrücken: Die Geburt meines ersten Kindes zeige ich hocherfreut an. Irmgard Keun.
Sie ist 46 Jahre alt.
Sie ist Mutter.
Schriftstellerin ist sie nicht mehr.

»Mein schönstes Kind der Welt«
Die Jahre des Niedergangs

Irmgard Keun mit ihrer Tochter Martina, Anfang der siebziger Jahre
und Mai 1962 (Vorderseite)

»Sie hat das Kind bestimmt gewollt. Sie hätte es doch sonst abtreiben lassen können.« Lutz Kuessner, der Freund.

»Sie hat niemanden gefunden. Sie ist von Pontius zu Pilatus gelaufen. Sie hat viele Demütigungen einstecken müssen. Ihre Mutter hat es mir selbst erzählt.«

Renate Kruse, die Verlobte Gerd Keuns.

»Mein bestes Werk ist meine Tochter.«

Irmgard Keun, die Mutter.

Sie liebt das Kind. Das Kind soll es schön haben. Das Zimmer im Erdgeschoß wird umgeräumt. Es bekommt ein Gitterbettchen. Durch die Stäbe sieht es der Mutter beim Arbeiten zu. Wenn es stört, bindet die Mutter es fest. Es stört oft.

Wenn es zu oft stört, geht die Mutter aus. Tags in eine Wirtschaft in der Aachener Straße, »auf die Aachener«, sagt sie immer, abends in die Künstlerkneipe Kleine Glocke, die sie noch aus Vorkriegszeiten kennt, oder in den Kreis Tabu, eine Gründung des Gastronomen Daddy Blatzheim. Dort trifft sich alle Welt, alle Theaterwelt. Wer eine Woche nicht dort war, ist desinformiert. Dort sitzt sie gern bei dem freundlichen Arno Kürten, einem promovierten Physiker, der als Theaterfotograf arbeitet. Eine stille Trinkerin, die selbst stockbetrunken noch den Eindruck geistiger Präsenz macht. Manchmal zieht sie anschließend allein weiter, manchmal muß Arno Kürten sie irgendwo auslösen, in den übelsten Kaschemmen. Wenn er sie findet, sagt sie: »Bleib bei mir, bleib bei mir.« Sie hat das Unglück, unbeschützt zu sein.

Und – sie ist immer noch anziehend.

Geldsorgen hat sie nicht.

Sie hat knapp zwei Monate vor Martinas Geburt Wiedergutmachung beantragt. Sie ist als politisch Verfolgte seit dem

22. Mai 1946 von der Hilfsstelle für politisch Verfolgte der Stadt Köln anerkannt: Am 16. Mai 1951 hat sie Haftentschädigung verlangt und eine Entschädigungszahlung für ihren durch das Schreibverbot entstandenen Verdienstausfall. Sie sei 1934 vorübergehend von der Gestapo verhaftet gewesen. Auf Grund ihrer Weigerung, der Reichsschrifttumskammer beizutreten, habe sie völliges Schreibverbot bekommen. Ihr Einkommen beziffert sie wie folgt: 1931: 50 000 Reichsmark, 1932: 70 000 Reichsmark, 1933: 15 000 Reichsmark (bis April), 1933 bis 1936: kein Einkommen, 1936: 1500 Gulden (April–Dezember), 1937: 2500 Gulden, 1938: 2500 Gulden, 1939: 2000 Gulden, 1940: 500 Gulden (bis Mai). Die Auflagenhöhen von ›Gilgi‹ und dem ›Kunstseidenen Mädchen‹ gibt sie mit je 100 000 Exemplaren an. 1953 erhält sie eine einmalige Abfindung nach dem Bundesergänzungsgesetz zur Entschädigung für Opfer der NS-Verfolgungen: 82 300 DM. Davon lebt sie.

Hinzu kommen die Honorare für ihre wiederaufgelegten Bücher und dann und wann ein kleinerer Betrag für eine veröffentlichte Geschichte. Meistens eine Überarbeitung. Selten etwas Neues.

Das Neue ist das Kind.

Es ist sehr süß. Und ich möchte es am liebsten von morgens bis abends selbst besorgen. Bisher habe ich das fast auch immer selbst gemacht, aber nun geht's doch nicht länger so, weil ich mit der Arbeit einfach nicht länger zurechtkomme. Irmgard Keun 1953 an Anni Wagner-Warburg, die Herausgeberin der Ford- und der Fiat-Revue.

Anni Wagner-Warburg hatte Irmgard Keun im Sommer 1950 in München kennengelernt. Sie war begeistert von ihr: Die berühmte Keun, eine so nette Person, und sofort per du. »So wie sie schrieb, so redete sie auch. Amüsant und frech. Sie war eine geistreiche, schlagfertige Frau. Du, hab ich gesagt, du bist ja ein herrlicher Mensch. Wir waren richtig fidel zusammen. Und ich hab gedacht: Wie die morgens um neun den Cognac runtertrinkt und verträgt, das ist ja doll!«

Sie bat sie um Beiträge für die Ford-Revue. Irmgard Keun sagte zu. Die Ford-Werke fühlten sich geehrt. Sie zahlten ihr statt der üblichen dreißig Mark Honorar pro Seite neunzig Mark. Dafür schrieb sie ihnen bis 1954 vor allem Szenen aus dem ›Ferdinand‹ um. Neu waren ›Bernsteinaugen und Rosenwangen‹, ›Wovon wird man eigentlich betrunken?‹, ›Schwarze Mamba, Fakire und Bambushaare‹, ›Das veredelnde Auto‹ (identisch mit ›Läuterung‹, erschienen in ›Die kleine Reise‹), ›Ach, die Sterne‹ und ›Das schönste Kind der Welt‹.

Irmgard Keuns nächster Besuch in München war ein Fiasko. Die geplante Lesung im Presseclub, von Anni Wagner-Warburg vermittelt, geriet wegen Trunkenheit der Autorin zum Skandal.

Ihr *schönstes Kind der Welt*, Martina, wird immer häufiger von Freunden versorgt.

»Das arme Würmchen. Nachmittags um vier klatschnaß in seinem Bett, und die gute Annemarie Böll hat es dann gerettet.« Angelika Kürten, eine Kollegin vom Rundfunk.

Angelika Kürten ist verheiratet mit Arno Kürten. Er hat sie mit Irmgard Keun bekannt gemacht. Seine Frau brauchte Hilfe bei ihren ersten Rundfunktexten, und Irmgard Keun half ihr.

»Zack, zack, so wird's gemacht. Dieser Satz ist zu lang, der ist zu kurz. Redigieren konnte sie noch. Aber sonst . . .«

Aber sonst kann Irmgard Keun nur noch wenig. Sie ist men-

schenmüde. *Ich möchte einen Baumstamm streicheln.* Aber sie streichelt nicht einmal ihr Kind. Sie liebt es, aber sie weiß nicht viel mit ihm anzufangen. Vielleicht wird es besser, wenn es erst größer ist.
Mit drei Jahren gibt sie es in den Kindergarten der Klagenbach-Kirchengemeinde. Der Kindergärtnerin Christa Gehring ist Martina als »kleines geduldiges Lämmchen« in Erinnerung, nach Kindergärtnerinnenvorstellungen ungepflegt. Ein stilles, verhuschtes Mädchen. Manchmal ungekämmt, manchmal ungewaschen. »Kein Wunder bei der Mutter!«
Köpfe werden zusammengesteckt: Dieses Auftreten, dieses Aussehen, dieser Alkoholgeruch! Keine der Weißschürzen möchte mit ihr zu tun haben.
Bis auf Christa Gehring. Sie mag Irmgard Keun: Ihr nacktes klares Gesicht, ihre großen blauen Augen, diese Mischung von hungrig und traurig im Blick. Sie spürt: »Das ist keine 08/15-Frau.«
Abends sitzen sie manchmal zusammen auf der Aachener in einem Straßencafé und trinken Kölsch. »Meinem Gefühl nach hat sie ein bißchen in der Isolation gelebt, und sie hatte ein Bedürfnis nach Erleben, also habe ich erzählt. Und das hat mich an Frau Keun fasziniert: Sie hat sich so in das Erleben hineingesteigert, in das fremde, daß sie Teil der Ereignisse wurde. Sie hat nie die Grenzen gewußt. Besonders gern hörte sie Geschichten von Kindern. Kinder interessierten sie.«

Liebe ist: Kinder mit Gefühl zu umhüllen. Keine Frage der Ernährung, der Ordnung, des geregelten Alltags. Irmgard Keun.
Die Freunde sind anderer Meinung. Zu den Freunden zählt seit einiger Zeit auch die Familie Böll. Sie wohnt keine fünf Minuten zu Fuß von Irmgard Keun entfernt, in der Belvede-

restraße in Müngersdorf. Manchmal gibt Irmgard Keun Martina bei ihnen ab. Ihre Mutter ist inzwischen zu alt, um sich ständig um das Kind zu kümmern, und der Vater ist an den Folgen eines Unfalls gestorben, 1955: Ein Radfahrer hatte ihn angefahren.

Jetzt bin ich das Oberhaupt der Familie, hatte sie gedacht, als die Nachricht von seinem Tod kam; und sich betrunken. Kein Mann mehr im Haus. Kein Mann für das Kind. Und nun? Das Kind sieht zu dir auf wie zu einem Vater. Du arbeitest, du beschützt es, du wirst automatisch die väterliche Autorität. Was für ein widerliches Wort! Sie haßt Autoritäten. Der Gedanke hatte sie zutiefst erschrocken. Väterliche Autorität. Lüge, alles Lüge. Wann hatte sie zum letztenmal »Ich bin eine Frau« gesagt?

Sie ist jetzt fünfzig Jahre alt.

Sie ist alt.

Heinrich Böll ist neben ihr ein junger Mann. Jahrgang 1917. Preisträger der Gruppe 47. Ein kritischer Realist, ein Beobachter und Beschreiber. Drei Romane, einige Erzählungen, darunter ›Haus ohne Hüter‹ und die Satire ›Nicht nur zur Weihnachtszeit‹. Verheiratet mit der Lehrerin und Übersetzerin Annemarie Çech. Drei Söhne, Raimund, René und Vincent.

Mit denen darf Martina manchmal spielen, während die Erwachsenen beisammensitzen und sich die Köpfe heiß reden über das geteilte Deutschland und die Gefahren von Wirtschaftswunder, Wiederaufrüstung und Kaltem Krieg. Tilla ist dabei, Heinrich Bölls Schwester, die gut mit Irmgard Keun befreundet ist, und oft auch Gunhild Kunz, eine Freundin des Hauses.

Heinrich Böll predigt Wachsamkeit. Irmgard Keun gibt ihm recht. Aber sie ist müde, viel zu müde. Heinrich Böll spricht

von Verantwortung für die Zukunft, Irmgard Keun immer häufiger von der Vergangenheit. Von der Emigration. Von Roth. Auch von Arnold Strauss. Er sei ein toller Mann gewesen. Von da aus leitet sie über zu ihrem Lieblingsthema: ihrem intellektuellen Erfolg bei Männern. Oder sie beschimpft Johannes Tralow. Oder macht Witze. Über alles. Gelegentlich schaukeln sie und Böll sich gegenseitig hoch. Ihr Material hat sie aus der Zeitung. Sie ist eine leidenschaftliche Zeitungsleserin. Je trivialer, desto besser.
Sie erzählt phantastisch. Bis zum fünften Glas. Sie trinkt immer mehr als fünf. Die Abende sind lang. Sie geht nicht.
»Denk an das Kind, Irmgard.«
»Das Kind?« Jetzt fällt es ihr wieder ein: Ihr *schönstes Kind der Welt*. Sie hatte doch extra etwas mit ihm einstudiert.
»Komm her, Martinchen, mein Popänzchen, sing!«
Und Martina singt, ein kleines blasses Mädchen mit rotgeränderten Augen: »Auf der Mauer, auf der Lauer, sitzt ein kleiner Adenauer.«
Schweigen.
»So«, sagt Irmgard Keun trocken, »das war's.«

»Sie liebte Martina, war aber hemmungslos, wenn es um ihr Vergnügen ging.« Gunhild Kunz.
Gunhild Kunz ist literarische Agentin für Kurz-Prosa. Sie arbeitet für Heinrich Böll. Sie versucht auch, für Irmgard Keun zu arbeiten.
»Man müßte sie wieder zum Schreiben bringen«, ist stehende Rede im Kreis der Freunde. Wenn sie wieder so schriebe, wie sie noch erzählt – vor dem sechsten Glas: druckreif –, vielleicht würde noch einmal alles gut.
Die Freunde kennen sie nicht.
Schließlich überredet Heinrich Böll Irmgard Keun zu einem

›Briefwechsel für die Nachwelt‹, einem satirischen Kommentar auf ihr Alltagsleben. Zu ihrer Agentin ernennen sie Gunhild Kunz.
Von Oktober bis Dezember 1955 entstehen acht Briefe. »Mein lieber junger Freund . . ., verehrte Freundin . . ., mein Allerwertester . . ., über alles verehrte Gefährtin . . ., mein lieber Freund und Feuergeist . . ., über alles verehrte Denkmalbaugenossin . . ., lieber Freund und Meister der Feder . . ., liebe und verehrte Freundin . . .«
Acht Briefe, in denen vor allem eines gefeiert wird: die *menschliche Fähigkeit, mit vielen Worten nichts zu sagen.* Aber weil es für die Nachwelt ist, schreiben sie weiter, plaudern und witzeln. Über fehlendes Geld und die Friedensliebe des Kanzlers, über Schönheits- und andere Königinnen und Könige, über Schulbuch- und Denkmalkunst, über Heilkräuter und Rohkost, über Otto John und Maria Stuart, über Schottenmuster und schottischen Whiskey, über Müllmänner und Geldbriefträger. Selten bissig und funkelnd, häufig albern und manieriert. Irmgard Keun bricht schließlich die Korrespondenz ab. Die Beziehung zu den Bölls hält noch einige Jahre.
Schlechte Jahre für Irmgard Keun.

»Sie fand immer Leute, die ihr halfen. Aber nach einiger Zeit konnten sie nicht mehr . . .«. Annemarie Böll.
Irmgard Keun ist nicht mehr zu helfen.
Ihre Tage beginnen und enden mit Cognac. Zwischendurch trinkt sie Sekt. Den braucht sie zum Arbeiten, aber sie arbeitet nicht. Gegessen wird kaum, für Martina sind Salzstangen im Haus. Das Haus ist immer noch eine Ruine, alles klebt, der Kamm liegt bei der Butter. Sie wischt ihn mit einer Handbewegung vom Tisch: »So, nun ist es doch schön.« Und manchmal ist es wirklich noch schön bei ihr. Dann erzählt sie.

Aber sie kann kein Ende finden, und die Freunde fliehen schließlich erschöpft.
Das macht sie böse.
Auch davor fliehen die Freunde. Vor den ewigen Lügen, den ewigen Umarmungen, den Versuchen, sie anzupumpen.
Bölls gehen, Kürtens gehen, Ria Hans, Martinas Patin, geht.
Ihre Mutter ist ohne jeden Einfluß auf sie, an manchen Tagen eine Hilfe, an anderen eine Last. Sie versucht, der Tochter den Haushalt zu führen, aber viel zu führen ist da nicht. Die Wohnung in der Eupener Straße ist verwahrlost. In regelmäßigen Abständen steht die Fürsorgerin vor der Tür. Irmgard Keun hat Martina nicht eingeschult. Sie will nicht, daß dieser Staat ihr Kind erzieht. »Das, was sie wissen muß, kann ich ihr schon selbst beibringen.«
Als die Polizei kommt, um Martina zu holen, verbarrikadiert sie sich. Die Polizei zieht unverrichteter Dinge ab. Martina wird erst als Zehnjährige eingeschult, nach einem schweren Unfall.

»Ein liebes Kind. Aber so zurück für sein Alter.« Berta Waterstradt.
Berta Waterstradt ist Autorin. Sie lebt in Ost-Berlin. Sie hat Irmgard Keun kennengelernt, weil sie eine Reportage für die DDR-Illustrierte ›Magazin‹ über sie schreiben sollte. ›Nach Mitternacht‹ war in der DDR erschienen und ein vielbesprochener Erfolg: »eine antifaschistische Schriftstellerin« war neu zu entdecken.
Irmgard Keun verbringt die Sommer 1956 und 1957 in der DDR. Sie finanziert ihre Aufenthalte mit den dort verdienten Honoraren. Sie macht Anschaffungen. Sie kauft einen Herd und einen Kühlschrank, läßt beides aber nie nach Köln transportieren.

Einmal wohnt sie drei Wochen bei Berta Waterstradt; die steckt sie zur Begrüßung in die Badewanne. Ein anstrengender Besuch.

Wenn sie einen Kater hat, will sie Weißbier und gepflegt werden. Wenn sie keinen Kater hat, will sie Sekt. Sie liest nicht, sie geht nicht ins Theater, sie dominiert jede Gesellschaft. Sie fasziniert und stößt ab.

Kurze Zeit spielt Irmgard Keun mit dem Gedanken, in die DDR überzusiedeln. Johannes R. Becher gibt ihr zu Ehren einen Abend, und mit Egon Erwin Kischs Witwe schwelgt sie in Erinnerungen ans Exil. Es ist fast wie früher. Aber fast ist zu wenig. Sie hält Hof im Hotel Adlon, bezahlt aber die Rechnung nicht. Sie ernährt sich von Kaviar und Cognac.

Zweimal macht sie Ferien im Schriftstellerheim Friedrich Wolf am Schielowsee im Havelland, einmal mit Martina, einmal mit Martina und ihrer Mutter. Das billigste Zimmer dort kostet 7,50 Mark am Tag, die übrigen Kosten übernimmt der Schriftstellerverband der DDR. Geboten werden dafür: Vollpension, Seeblick und die Gesellschaft von Kollegen.

Vor den Kollegen residierten in diesem deutschen Haus Marika Rökk, die SS und die Russen: in dieser Reihenfolge. Die Russen haben die alten Möbel mitgenommen, die Genossen neue volkseigene hingestellt. Aber der Park ist geblieben, der Badeplatz und die Nachen.

Irmgard Keun gefällt es. Sie bestellt Sekt. »Auf die Ankunft!«

Die erste Flasche leert sie noch im Treppenhaus. Ein Auftritt. Eine Dame im Pelz, mit Schmuck behängt. Daneben das blasse Kind und die graue Mutter. Die Kollegen staunen. Zum Abendessen wirft sie sich ein Pelzcape über.

Es ist Sommer. Es ist heiß. Sie zieht sich aus und schwimmt

nackt im See. Was ist dabei? Eine Irmgard Keun kann sich das leisten. Sie redet von ihrem Leben, als hätte sie alle Probleme spielend gelöst. Sie sei ein begehrtes Weib gewesen; die Männer hätten sich um sie gerissen; sie habe alle um den Finger gewickelt.

Sie möchte auch hier alle um den Finger wickeln. »Verwirren«, wie sie es nennt.

Die Kollegen ziehen sich zurück.

»Wenn wir über sie geredet haben«, sagt der Lyriker Heinz Kahlau, »dann haben wir alle bedauert, daß sie schon so zerfleddert war. Sie war gebildet und belesen, das merkte man noch immer. Aber sie war am Ende. Sie dachte nicht mehr nach. Sie machte nur noch Witze. Und sie konnte auch nicht mehr arbeiten.«

Sie will aber arbeiten. Alle arbeiten hier.

»Komm her«, befiehlt sie Heinz Kahlau, »wir machen zusammen ein Gedicht.«

Sie weiß auch welches. Sie hat es bereits geschrieben. ›Der Hofnarr‹. Sie rezitiert es, er schreibt mit, dann basteln sie gemeinsam daran herum.

Mitten im strengsten Dienst verlor ein Hofnarr sein Lachen.
Da gefroren die Tränen in seinen Augen zu Eis vor Schreck.
Und er konnte nicht mehr schlafen, aus Angst zu erwachen.

Der König reichte ihm einen Scheck
Und sagte: nun geh, du bist langweilig geworden.

Der Narr nahm den Scheck nicht und bekam keinen Orden.
War er nun kein Narr mehr, oder war er erst jetzt einer geworden?

Sie lacht. Gelungen.

»Komm her, Martinchen«, befiehlt sie dem Kind, das verloren am Fenster steht. »Hör zu.«

Die Mutter. Die Schriftstellerin.
Sie hat Sehnsucht nach Zärtlichkeit. Sie sagt: »Mein Seidenschwänzchen.«

»Irmgard Keun liebte Seidentücher. Sie streichelte Martina mit den Seidentüchern, damit das Kind einen Sinn für Werte bekommt.« Dr. Gerlind Fiebig, Kinderärztin.
Aber langsam werden die Seidentücher knapp. Die Wiedergutmachungsgelder sind ausgegeben, vom Erbe des Vaters ist kaum noch etwas da, und Droste zögert mit weiteren Zahlungen. Julien Duviviers Verfilmung vom ›Kunstseidenen Mädchen‹ im Jahre 1959 mit Giulietta Masina in der Hauptrolle war ein Flop, und die ›Flimmerkisten-Blüten‹ sind kein Erfolg.
Es ist still geworden um Irmgard Keun. Nun ist sie Mutter.
»Martina, tu die Fransen aus der Stirn. Du bist noch nicht reif für den Schah.«
Martina lacht. Sie ist ein liebes, lustiges, motorisches Kind. Daß ihre Mutter Schriftstellerin ist, weiß sie. Sie ist stolz darauf. Sonst gibt es nur wenig, worauf sie stolz sein kann. Sie muß sich alles erfinden. Sie erfindet sich eine Jugend. Gerlind Fiebig ist ihre Kinderärztin.
»Doc«, nennt Irmgard Keun sie, »Hallo Doc«, und Doc läßt sich von ihr über Jahre in Anspruch nehmen, wie sonst wohl kaum ein Mensch in dieser Zeit. Fast jeden Mittag geht Gerlind Fiebig bei Irmgard Keun vorbei, um nach dem Rechten zu sehen.
Angefangen hat es mit einem Hilferuf der alten Frau Keun. Ihre Tochter war betrunken aus dem Bett gestürzt, und es gelang ihr nicht, sie von dem kalten Steinfußboden wieder aufzuheben. Die Ärztin und ihre Sprechstundenhilfe Jutta Stübing müssen helfen. Sie sind erschrocken, als sie sehen, in

welchem Chaos Martina und ihre Mutter leben. Sie wissen, wer Irmgard Keun einmal war. Sie wissen, wie Irmgard Keun immer noch sein kann. Sie helfen weiterhin. Sie helfen, so gut sie können.

Die Entwicklung aufhalten können sie nicht. Am 13. Juli 1962 wird Irmgard Keun in das Landeskrankenhaus Düren eingeliefert. Sie wird dort bis zum 5. Dezember 1962 »verwahrt«. Es tut ihr gut. Sie wird »körperlich und räumlich versorgt« und vom Alkohol ferngehalten. Eine spezielle Behandlung bekommt sie nicht. Alkoholismus ist Anfang der sechziger Jahre noch nicht als Krankheit anerkannt.

Während ihres Aufenthalts in Düren stirbt ihre Mutter an Altersschwäche.

»Am schönsten war es mit meiner Mutter, wenn wir allein waren und wenn sie nichts getrunken hatte.« Martina Keun-Geburtig.

Sie sind nun häufiger allein als früher. Irmgard Keun hat mehr Zeit für Martina. Martina ist glücklich. Es ist eine große Liebe zwischen Mutter und Kind. Sie sind eine verschworene Gemeinschaft. Gegen alle und alles.

Ein Neuanfang. Für jeden Tag, an dem sie nicht trinkt, macht Irmgard Keun einen Strich an die Wand. 1963 beschließt sie, ihr Elternhaus endlich wieder aufzubauen. Für die Dauer des Umbaus zieht sie mit Martina in ein Gastzimmer des Gilgenbräus in der Aachener Straße. Die Arbeiten ziehen sich hin, nichts klappt, das Geld reicht nicht. Die Sache mit den Strichen gibt sie wieder auf – es waren einfach zu wenige.

Nach einem halben Jahr muß sie das Zimmer im Gilgenbräu verlassen. Sie nimmt sich mit Martina ein Untermietzimmer in der Eifelstraße. Die Schulden wachsen ihr über den Kopf. Sie merkt es nicht. Sie trinkt soviel wie noch nie in ihrem Leben.

Am 31. März 1966 wird die Zwangsversteigerung des Hauses in der Eupener Straße gerichtlich angeordnet. Die Käufer sichern Irmgard Keun eine Leibrente von 300 Mark monatlich und – nach dem Umbau – lebenslängliches Wohnrecht im Souterrain zu. Sie nimmt es nicht in Anspruch. Sie läßt sich auszahlen. Rechnen konnte sie noch nie.
Am 22. August 1966 wird Irmgard Keun aufgegriffen und in das Landeskrankenhaus Bonn eingewiesen. Diagnose: Geistesstörung infolge Sucht. Ein Vormund wird für sie bestellt. Martina kommt zuerst in ein Waisenhaus, dann in ein Kinderheim. Die Kosten übernimmt das Sozialamt Köln.
Über sechs Jahre lang bleibt Irmgard Keun in der Bonner Anstalt. Ein Jahr lang wird sie behandelt, fünf Jahre lang »aus sozialen Gründen verwahrt«. Man weiß nicht, wohin mit ihr, und sie selber weiß es auch nicht. Wenn sie die Anstalt verlassen will, verläßt sie sie; wenn sie wiederkommen will, kommt sie wieder. Manchmal wirft sie sich nur schnell ihren Kamelhaarmantel übers Nachthemd. So rauscht sie am Pförtner vorbei. »Na, seh ich nun nicht wie eine Dame aus? Echt Kamelhaar. Damit kann ich doch jeden Mann kriegen.«
Draußen trinkt sie. Sie weiß schnell, wo das Glas Mosel nur 1,80 Mark kostet. Ihr Arzt, Dr. Geller, läßt sie gewähren. Sie lebt wie in einer Pension. Ihr Zimmer teilt sie mit zwei Schizophrenen. Unter ihrem Bett hortet sie alte Zeitungen. Fremdes Leben. Eines Tages will sie wieder schreiben. Manchmal macht sie Konzentrationsübungen; schreibt die Namen aller Straßen auf, die sie kennt, alphabetisch geordnet, dann Vornamen, dann Städtenamen; und einmal macht sie ein Gedicht auf eine scheidende Schwester.

Leben Sie wohl, Schwester Gertrud, und bleiben Sie brav.
Es dankt Ihnen heut noch das schwärzeste Schaf.

Sie ist eine Einzelgängerin. Sie scheint nichts zu vermissen, nur Martina.
Am 23. Dezember 1972 wird Irmgard Keun aus dem Landeskrankenhaus Bonn entlassen, eine arme, auf Spenden angewiesene Frau. Sie hat noch neuneinhalb Jahre zu leben.

»Mein Leben – ein Fest
Begräbnis auf
Raten«

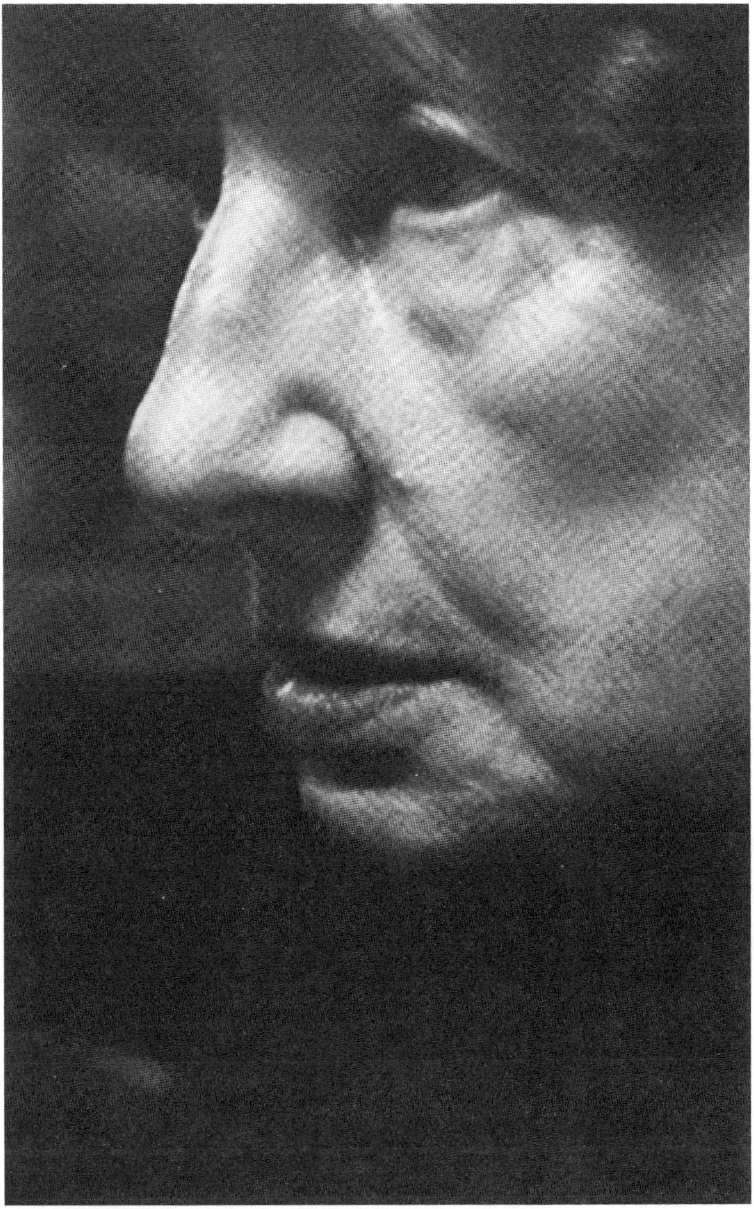

Irmgard Keun, Köln, 1981
Vorderseite: Irmgard Keun beim Verlassen des Landeskrankenhaus Bonn, 1972

Am 5. Mai 1982 ist Irmgard Keun in Köln gestorben: betrauert als bedeutende Tochter der Stadt, als »verbrannte Dichterin« und kritische Zeitgenossin. Wiederentdeckt in den späten Siebzigern, hatte sie vor ihrem Tod noch drei Jahre des Erfolgs erlebt. Ihre Bücher wurden neu aufgelegt, man suchte ihre Gesellschaft, sie hatte wieder Geld. Für die Vorschüsse auf die Zukunft kaufte sie sich neue Pelze.
Noch einmal war sie ein *Glanz.*
Bedrängt, ihre Memoiren zu schreiben, sagte sie, lieber schriebe sie noch einen Roman, denn die Wahrheit würde ihr sowieso keiner glauben.
Denn ich habe Augenblicke, da habe ich einen Hunger, nichts zu lügen. Aber das rächt sich natürlich.

Ihre Augen spotten.
Die Wahrheit?
»Aber Irmgard«, sage ich, »was man glaubt, gibt es.«
Sie schüttelt den Kopf. »Du weißt schon viel zuviel.«
»Gut«, antworte ich, »dann will ich jetzt gehen und es aufschreiben.«

Bibliographie

Werke von Irmgard Keun

Romane

Gilgi – Eine von uns
Ausgaben:
Berlin: Universitas 1931
Düsseldorf: Komet 1948
(gekürzte Ausgabe)
Hannover: Lehning 1954
(gekürzte Ausgabe)
Düsseldorf: Droste 1955
Düsseldorf: claassen 1979

Taschenbuchausgaben:
Bergisch-Gladbach: Bastei Lübbe 1982
München: dtv 1989

Übersetzungen in das Französische (1933), Dänische (1934), Italienische (1934), Schwedische (1934), Rumänische (1934), Ungarische (1934) und Polnische (1936)

Rezensionen (Auswahl):
Block, Hertha [o.T.] In: Das Wort, 5. Jg., Heft 3–4 (1931)
Fallada, Hans: Fünf Frauen schreiben. In: Die Literatur, Heft 34 (1931–32)
Brentano, Bernhard: Keine von uns. Ein Wort an die Leser des Vorwärts. In: Die Linkskurve, Heft 4 (1932)
Panter, Peter (d. i. Kurt Tucholsky): Auf dem Nachttisch. In: Die Weltbühne, 28. Jg. (1932)
Wedekind, Kadidja: Gilgi – eine von uns. In: Querschnitt, Heft 12 (1932)

Verfilmung:
Eine von uns (Paris 1932), bei Paramount mit Brigitte Helm, Gustav Diessl, Jessie Vihrog und Ernst Busch nach einem Drehbuch von Irma von Cube unter der Regie von Johannes Meyer.

Zitate aus *Gilgi – Eine von uns* finden sich in den Kapiteln S. 27ff., S. 57ff. und S. 139ff.

Das kunstseidene Mädchen
Ausgaben:
Berlin: Universitas 1932
Düsseldorf: Droste 1951
Gütersloh: Bertelsmann 1960
Düsseldorf: claassen 1979

Taschenbuchausgaben:
Frankfurt a. M.: Fischer 1964
Bergisch-Gladbach: Bastei Lübbe 1980
München: dtv 1989

Übersetzungen in insgesamt 16 Sprachen, u. a. ins Dänische (1933), Englische (1933), Französische (1933), Russische (1933), Ungarische (1933), Polnische (1934) und Spanische (1965)

Rezensionen (Auswahl):
Ball, Kurt Herwarth: [o.T.] In: Der Hammer, 31. Jg. (1932)
Blei, Franz: [o.T.] In: Der Querschnitt, 12. Jg. (1932)
Scheele, Meta: Die Frau in der Gegenwart. Neue Frauenbücher. In: Berliner Börsenzeitung, Nr. 391 (21. 8. 1932)
Tucholsky, Kurt [o.T.] In: Gewerkschaftsarchiv, Heft 17 (1932)
Weissinger, Friedrich: [o.T.] In: Die Literarische Welt, Heft 8 (1932)

Verfilmung:
1959 (Berlin) mit Giulietta Masina, Gerd Fröbe, Gustav Knuth und Ingrid van Bergen unter der Regie von Julien Duvivier nach dem Drehbuch von R. A. Stemmle, René Barjaval und Julien Duvivier.

Bühnenbearbeitungen:
Das kunstseidene Mädchen. Eine Revue von Charles Lang. 1973 in Bremen aufgeführt.
1985 kam Gottfried Greiffenhagens Bühnenbearbeitung in Bonn zur Aufführung.
1988 wurde die Bühnenfassung von Michaela Hansen und Peter Neinhardt in Hannover und Berlin aufgeführt.

Zitate aus *Das kunstseidene Mädchen* finden sich in den Kapiteln S. 57 ff., S. 77 ff., S. 95 ff., S. 119 ff. und S. 275 ff.

Das Mädchen, mit dem die anderen Kinder nicht verkehren durften
Ausgaben:
Amsterdam: Allert de Lange 1936
Düsseldorf: Komet 1949 (gekürzte Ausgabe)
Düsseldorf: Droste 1954 (gekürzte Ausgabe)
Düsseldorf: Droste 1959
Wien: Österreichische Buchgemeinschaft 1956
Gütersloh: Bertelsmann 1966
Düsseldorf: claassen 1980

Taschenbuchausgaben:
Frankfurt a. M.: Fischer 1970
Bergisch-Gladbach: Bastei Lübbe 1982
München: dtv 1989
Reinbek bei Hamburg: rororo-Rotfuchs 1989 (u. d. T. *Die feinen Leute und die Pferdeäpfel* zwei Geschichten aus dem Roman)

Übersetzungen ins Englische (1955), Russische (1958 und 1972), Estnische (1959) und Ukrainische (1970)

Rezension (Auswahl):
Koch, Wilfried: [o.T.] In: Rheinische Zeitung, Köln, Hauptausgabe Nr. 74 (30. 8. 1948)

Zitate aus *Das Mädchen, mit dem die anderen Kinder nicht verkehren durften* finden sich in den Kapiteln S. 11 ff. und S. 27 ff.

Nach Mitternacht
Ausgaben:
Amsterdam: Querido 1937
Berlin (DDR): Verlag der Nation 1956
Hannover: Fackelträger 1961
Düsseldorf: claassen 1981

Taschenbuchausgaben:
Frankfurt a. M.: Fischer 1965
Bergisch-Gladbach: Bastei Lübbe 1981
München: dtv 1989

Übersetzungen in das Holländische (1937), Dänische (1937), Englische (1938), Norwegische (1938), Russische (1938) und Französische (1939)

Rezensionen (Auswahl):
Erpenbeck, Fritz: Eine Frau tritt in die Front. In: Internationale Literatur, Deutsche Blätter, 7. Jg., Heft 6 (1937)
Mann, Klaus: Deutsche Wirklichkeit. In: Die Neue Weltbühne, Heft 17 (1937)
Marcuse, Ludwig: Fünf Blicke auf Deutschland. In: Das Wort, Heft 7 (Juni 1937)

Blum, Klara: Irmgard Keun. In: Internationale Literatur, Deutsche Blätter, 9. Jg., Heft 6 (1939)
Die Sowjetpresse über Irmgard Keuns Roman *Nach Mitternacht.* [Gez. R. H.] In: Internationale Literatur, Heft 3 (1939)
Schreck, Irmtraud: Nacht ohne Hoffnung. In: Neue deutsche Literatur, Heft 4 (1957)
Hees, Werner: Das Mädchen Sanna und die Nazis. In: Kölner Stadtanzeiger, Nr. 246 (21. 6. 1961)

Verfilmung:
1981 (Berlin) verfilmte Wolf Gremm den Roman nach einem Drehbuch von sich und Annette Regnier mit Désirée Nosbusch, Wolfgang Jörg, Nicole Heesters und Hermann Lause in den Hauptrollen.

Bühnenbearbeitung:
Yaak Karsunke bearbeitete *Nach Mitternacht* für das Theater. Das Stück wurde 1982 in Osnabrück aufgeführt. Buchfassung: Frankfurt am Main: Verlag der Autoren 1979

Zitate aus *Nach Mitternacht* finden sich in den Kapiteln S. 119 ff., S. 161 ff. und S. 177 ff.

D-Zug Dritter Klasse
Ausgaben:
Amsterdam: Querido 1938
Köln: Epoche 1946
Düsseldorf: claassen 1983

Taschenbuchausgaben:
Bergisch-Gladbach: Bastei Lübbe 1984
München: dtv 1990

Übersetzung ins Dänische (1938)

Rezension (Auswahl):
Blum, Klara: Irmgard Keun. a. a. O.

Zitate aus *D-Zug Dritter Klasse* finden sich in den Kapiteln S. 177 ff., S. 203 ff. und S. 249 ff.

Kind aller Länder
Ausgaben:
Amsterdam: Querido 1938
Düsseldorf: Droste 1950
Düsseldorf: claassen 1981

Taschenbuchausgaben:
Bergisch-Gladbach: Bastei Lübbe 1983
München: dtv 1989

Übersetzung ins Holländische (1939)

Rezensionen (Auswahl):
Blum, Klara: Irmgard Keun. a. a. O.
Erpenbeck, Fritz: Manchmal habe ich Heimweh. In: Das Wort, 4. Jg., Heft 3 (1939)

Zitate aus *Kind aller Länder* finden sich im Kapitel S. 161 ff.

Ferdinand, der Mann mit dem freundlichen Herzen
Ausgaben:
Mit einem Vorwort von Hermann Kesten. Düsseldorf: Droste 1950
Gütersloh: Bertelsmann 1960
Düsseldorf: claassen 1981

Taschenbuchausgaben:
Bergisch-Gladbach: Bastei Lübbe 1982
München: dtv 1990

Übersetzungen ins Dänische (1953), Holländische (1953) und Französische (1954)

Zitate aus *Ferdinand, der Mann . . .* finden sich in den Kapiteln S. 233 ff., S. 249 ff. und S. 275 ff.

Erinnerungen, Betrachtungen, Gedichte und Szenen

Bilder und Gedichte aus der Emigration. Köln: Epoche 1947
Scherzartikel. Einbek: Schleicher & Schüll 1951
Die kleine Reise. Eine Sammlung von Moselgeschichten. Köln: Walter Franz Verlag 1954. Darin enthalten von Irmgard Keun: *Die Läuterung.* (U. d. T. *Das veredelnde Auto* zuerst in der Ford-Revue abgedruckt.)
Wenn wir alle gut wären. Düsseldorf: Progress 1954 und Berlin (DDR): Verlag der Nation 1956 und 1957. Darin enthalten: *Bilder und Gedichte aus der Emigration.*
Blühende Neurosen. Flimmerkistenblüten. Düsseldorf: Droste 1962
Wenn wir alle gut wären. Satiren, Autobiographisches, Szenen und Betrachtungen aus der Nachkriegszeit. Hg. und mit einem Nachwort von Wilhelm Unger. Köln: Kiepenheuer & Witsch 1983 (Nur z. T. identisch mit der Ausgabe von 1954)
Zitate finden sich in den Kapiteln S. 41ff., S. 161ff., S. 177ff., S. 233ff., S. 249ff. und S. 275ff.

Briefe

Ich lebe in einem wilden Wirbel. Briefe an Arnold Strauss 1933 bis 1947. Hg. von Gabriele Kreis und Marjory S. Strauss. Düsseldorf: claassen 1988 und München: dtv 1990
Funkbearbeitung:
1988 von Gabriele Kreis: *Ich hab' ein wildes buntes Bilderbuch erlebt.* Regie: Otto Düben. In der Hauptrolle: Ingrid van Bergen. DLF/NDR/SDR
Zitate finden sich in den Kapiteln S. 119ff., S. 139ff., S. 161ff., S. 177ff. und S. 203ff.
Irmgard Keuns Briefe aus der Nachkriegszeit an Hermann Kesten sind abgedruckt in: Hermann Kesten (Hg.): Deutsche Literatur im Exil. Briefe europäischer Autoren 1933–1949. Frankfurt am Main: S. Fischer 1973 und in: *Wenn wir alle gut wären.* Hg. von Wilhelm Unger. Köln: Kiepenheuer & Witsch 1983
Zitate aus diesen Briefen finden sich im Kapitel S. 233ff.

Interviews mit Irmgard Keun

Woanders hin! Mich hält nichts fest. Irmgard Keun im Gespräch mit Klaus Antes. In: die horen 27 (1982)
Einmal ist genug. Aus Gesprächen der Schriftstellerin Irmgard Keun mit Klaus Antes. Extrablatt vom 2. Februar 1982
Maerder, Christa: *Als die ersten Bomben fielen, atmete ich auf.* Irmgard Keun – verdrängt und vergessen. Feature des DLF vom 3. Mai 1983
Scherer, Marie-Luise: Ihr *Kunstseidenes Mädchen* sah sie nicht. Interview mit Irmgard Keun. In: Westfälische Rundschau vom 12. April 1960
Gespräche mit Walter Unger. Mitschnitt einer privaten Geburtstagsfeier 1980 (Sammlung Irmgard Keun im Historischen Archiv der Stadt Köln)
Außerdem in: Bronson, David: Joseph Roth. Eine Biographie. Köln: Kiepenheuer & Witsch 1974

Literatur zu Irmgard Keun

Eichmann-Leutenegger, Beatrice: Eine Art Heimweh. Leben und Werk der Irmgard Keun. In: Neue Zürcher Zeitung vom 14./15. 11. 1981

Emonts, Martina: Die frühen Romane Irmgard Keuns – oder – den Zeitgeist erfühlen. Schriftliche Hausarbeit im Rahmen der ersten Staatsprüfung für das Lehramt an der Sekundarstufe 2. Bonn: 1982 (Unveröffentlicht)

Jelinek, Elfriede: Weil sie heimlich weinen muß, lacht sie über Zeitgenossen. Über Irmgard Keun. In: die horen 25 (1980)

Dies.: Über Irmgard Keun. Manuskript eines Vortrags, gehalten im März 1980 in der Zentralbibliothek Köln (Sammlung Irmgard Keun im Historischen Archiv der Stadt Köln)

Kesten, Hermann: Irmgard Keun. In: Meine Freunde, die Poeten. München: Desch 1959

Klapdor, Heike: Genießt den Krieg, der Frieden wird fürchterlich. Eine Textmontage zum Kalten Krieg. In: Jacobsen, Wolfgang (Hg.): Kalter Krieg. Retrospektive 1991. Internationale Filmfestspiele Berlin. Berlin: 1991

Klotz, Volker: Forcierte Prosa: Stilbeobachtungen an Bildern und Romanen der Neuen Sachlichkeit. In: Dialog. Festgabe für Josef Kunz. Hg. von Rainer Schönhaar. Berlin: Schmidt 1973

Krechel, Ursula: Irmgard Keun. Die Zerstörung der kalten Ordnung. Auch ein Versuch über das Vergessen weiblicher Kulturleistungen. In: Literaturmagazin 10. Reinbek bei Hamburg: Rowohlt 1979

Kreis, Gabriele: Frauen im Exil. Dichtung und Wirklichkeit. Düsseldorf: claassen 1984 und Darmstadt: Sammlung Luchterhand 1988

Loriska, Irene: Frauendarstellungen bei Irmgard Keun und Anna Seghers. Frankfurt a. M.: Haag & Herchen 1985

Neumann, Robert: Karrieren. Zwei Romane. München: Desch 1966

Nürnberger, Helmuth: Joseph Roth. Reinbek bei Hamburg: Rowohlt 1987

Roloff, Gerd: Irmgard Keun. Vorläufiges zu Leben und Werk. In: Amsterdamer Beiträge zur neueren Germanistik 6 (1977)

Sautermeister, Gert: Irmgard Keuns Exilroman *Nach Mitternacht*. In: die horen 27 (1982)

Schröter, Klaus: Heinrich Böll. Reinbek bei Hamburg: Rowohlt 1988

Serke, Jürgen: Irmgard Keun. In: Serke, Jürgen: Die verbrannten Dichter. Weinheim: Beltz & Gelberg 1977

Tucholsky, Kurt: Ausgewählte Werke. Reinbek bei Hamburg: Rowohlt 1962. Darin: Brief an Irmgard Keun vom 16. 7. 1932

Walter, Hans Albert: Das Bild Deutschlands im Exilroman. In: Neue Rundschau 77/3 (1966)

Ders.: Deutsche Exilliteratur 1933–1950. Band 3: Internierung, Flucht und Lebensbedingungen im Zweiten Weltkrieg. Stuttgart: Metzler 1988

Weitere Quellen

Archive

Bundesarchiv, Koblenz: Gestapoakten und Unterlagen zur Arbeit der Reichsschrifttumskammer. Zitiert auf S. 135 folgende Akten: R 56 V/70 und 70a sowie R 58-914-37/38/39/41/45/47/49/52/54 und 57

Deutsche Bibliothek, Frankfurt a. M.: Deutsches Exilarchiv 1933–1945. Unterlagen des American Guild for Cultural Freedom (AmGuild)

Deutsches Literaturarchiv, Marbach a. N.: Sammlungen zur Exilliteratur, Zeitgenössische Rezensionen

Deutsche Staatsbibliothek, Johannes Tralow-Archiv, Berlin-Ost: Briefe von Johannes Tralow und Irmgard Keun. Autobiographisches (J. T.)

Historsiches Archiv, Sammlung Irmgard Keun, Köln: Irmgard Keuns Briefe an Arnold Strauss, Nachkriegsrezensionen, Kassetten der Gespräche, die Wilhelm Unger mit Irmgard Keun führte.

Universitätsbibliothek München, Sammlung Johannes Tralow: Gedicht von Irmgard Keun für J. T. Autobiographisches (J. T.)

Zeitungsarchive

Geheimes Staatsarchiv, Berlin

Landesarchiv, Berlin

Ullstein-Archiv, Axel-Springer Verlag, Berlin

Nachlässe

Der private Nachlaß Irmgard Keuns liegt bei ihrer Tochter Martina Keun-Geburtig in Mainz und bei ihrer Nachlaßverwalterin, Rechtsanwältin Freifrau Gisela von der Recke in Köln. Den Nachlaß von Arnold Strauss verwaltet seine Witwe Marjory S. Strauss in Norfolk/Va., USA. Diese Nachlässe sind der Öffentlichkeit nicht zugänglich.

Eine Kopie des Briefwechsels zwischen Irmgard Keun und Heinrich Böll überließ mir Gunhild Kunz aus Gelsenkirchen zur Einsichtnahme.

Quellennachweis

S. 136, 149–152, 190, 228/229 aus: Keun, Irmgard: Ich lebe in einem wilden Wirbel. © 1988 by claassen Verlag GmbH, Düsseldorf

S. 219/220 aus: Keun, Irmgard: Kind aller Länder. © 1981 by claassen Verlag GmbH, Düsseldorf

S. 164/165, 175 aus: Keun, Irmgard: Nach Mitternacht. © 1980 by claassen Verlag GmbH, Düsseldorf

S. 163, 179/180, 184, 258/259, 286 aus: Keun, Irmgard: Wenn wir alle gut wären. Hg. von Wilhelm Unger. © 1983 by Verlag Kiepenheuer & Witsch, Köln

S. 200 aus: Roth, Joseph: Beichte eines Mörders, erzählt in einer Nacht. © 1951 by Verlag Kiepenheuer & Witsch, Köln

S. 105/106/107 aus: Tucholsky, Kurt:

Ausgewählte Werke. © 1962 by Rowohlt Verlag GmbH, Reinbek bei Hamburg.
Diverse Einzelzitate vgl. Bibliographie.
Außerdem Zitate aus:
Roth, Joseph: Rast angesichts der Zerstörung. In: Das neue Tagebuch 6 (Paris), 1938
Ders.: 1894–1939, Katalog der Ausstellung der Deutschen Bibliothek. Hg. von Brita Eckert und Werner Berthold. Frankfurt a. M. 1979 (Sonderveröffentlichung der Deutschen Bibliothek, Band 7)
Wir danken allen Rechteinhabern für die freundliche Genehmigung zum Abdruck.

Danksagung

Verloren geglaubte Briefe wurden für mich wiedergefunden und vergessene Tagebücher noch einmal durchgesehen. Ich konnte in alten Fotos wühlen und bekam Hinweise auf unbekanntes Archivmaterial. Mir wurden Korrespondenzen überlassen und Behördenakten zugänglich gemacht. Und das Wichtigste: Ich durfte fragen, und mir wurde geantwortet.
Ich danke allen, die mir bei meiner Arbeit geholfen haben. Es sind mehr, als hier genannt werden können – und wollen.
Dr. Gerlind Fiebig (Köln), Martina Keuns Kinderärztin, wußte viel zu sagen über Irmgard Keuns schwieriges Leben nach der Geburt der Tochter. Ruth Gassner-Hirsch (München), Vertraute und langjährige Mitarbeiterin von Johannes Tralow, trug mit Erklärungen zur Person Tralows bei und machte mir neues Archivmaterial zugänglich. Christa Gehring (Celle), Martina Keuns Kindergärtnerin und kurze Zeit Freundin des Hauses, erinnerte sich für mich an Irmgard Keun als Mutter. Dr. Walter Geller (Bonn), Irmgard Keuns Arzt im Landeskrankenhaus in Bonn, erzählte mir von seiner besonderen Patientin. Franz Gülden (Bad Hönningen), Erbe des Hotels Gülden, erlebte als junger Mann Irmgard Keun in der Zeit, in der sie illegal in Deutschland lebte. Ria Hans (München), eine Kollegin von Irmgard Keun und lange Jahre ihre Freundin, wußte viel über ihre Anfänge als Schauspielerin und Schriftstellerin zu berichten. Ich sprach mit ihr anläßlich der Herausgabe der Briefe Irmgard Keuns an Arnold Strauss. Rolf Hillen (Köln), Besitzer des Büdchens, in dem Irmgard Keun in ihren letzten Jahren oft saß und trank, führte mich bei ihren Nachbarn und Straßenbekanntschaften ein. Heinz Kahlau (Berlin), Lyriker, erlebte Irmgard Keun zwei Sommer lang im Schriftstellerheim Friedrich Wolf in der ehemaligen DDR. Martina Keun-Geburtig (Mainz), Krankenschwester, war immer bereit, mit mir über ihre Mutter Irmgard Keun zu sprechen, und vertraute mir ihre persönlichen Unterlagen zur Durchsicht an. Renate Kruse (Berlin), Grafikerin und Gerd Keuns Verlobte, berichtete mir vom Familienleben der Keuns. Lutz Kuessner (Ham-

burg), der Redakteur, der Irmgard Keun nach Kriegsende zum Rundfunk brachte, war bis Anfang der fünfziger Jahre ihr Vertrauter. Gunhild Kunz (Gelsenkirchen), die Irmgard Keun bei Heinrich Böll kennenlernte und kurze Zeit ihre literarische Agentin war, machte mir den verschollen geglaubten Briefwechsel »Für die Nachwelt« zugänglich. Angelika Kürten-Neff und ihr Mann Dr. Arno Kürten (Remagen), Journalistin und Fotograf, waren in den fünfziger Jahren mit Irmgard Keun befreundet und manchmal in der Eupener Straße zu Gast. Professor Dr. Joachim Mehlhausen (Tübingen) erlebte als Pfarrer in Bonn Irmgard Keuns Alltag nach der Entlassung aus dem Landeskrankenhaus mit – und versuchte, ihn ihr zu erleichtern. Freifrau Gisela von der Recke (Köln), Rechtsanwältin und Irmgard Keuns Nachlaßverwalterin, überließ mit den Nachlaß zur Auswertung, besorgte mir wichtige Adressen und nahm mich als Gast in ihre Familie auf, wann immer ich in Köln zu tun hatte. Dr. Gerd Roloff (Lippstadt), Angelika Kürten-Neffs Sohn, der als kleiner Junge Irmgard Keun zum erstenmal begegnete und in den siebziger Jahren seine Doktorarbeit über sie schreiben wollte, bevor er sich für ein anderes Thema entschied, stellte mir großzügig sein gesamtes Material zur Verfügung. Helga Schwarz-Stötzer (Berlin), Journalistin und Johannes Tralows letzte Freundin, mit der er viel über seine Beziehung zu Irmgard Keun gesprochen hat, ließ mich seinen Nachlaß durchsehen und erzählte mir von ihm. Marjory S. Strauss (Norfolk/Va.), Arnold Strauss' Witwe und mehrfach meine Gastgeberin, in deren Haus ich umfangreiches Material über die Beziehung ihres Mannes zu Irmgard Keun fand, zeigte mir die Orte in Norfolk und Virginia Beach, die fünfzig Jahre zuvor ihr Mann Irmgard Keun gezeigt hatte, und half mir, den Menschen Arnold Strauss besser zu verstehen. Jutta Stübing (Köln), Sprechstundenhilfe bei Dr. Fiebig, war eine tatkräftige, zuverlässige Helferin für Martina und Irmgard Keun in Zeiten der Not. Richard Stuntz (Moselkern), Erbe des Gasthofs zur Traube, machte mich mit alten Moselkernern bekannt, die sich – wie er – noch gut an Irmgard Keun und Johannes Tralow erinnern konnten. Dr. Anni Wagner-Warburg (München), ehemalige Herausgeberin der Ford- und Fiat-Revue, befreundete sich Anfang der fünfziger Jahre in München mit Irmgard Keun. Berta Waterstradt (Berlin), Autorin, lernte Irmgard Keun Mitte der fünfziger Jahre in Köln kennen, weil sie eine Reportage über sie schreiben mußte, und lud sie in die DDR ein.

Hamburg, Gabriele Kreis
Januar 1991

Bildnachweis

claassen Verlag, Düsseldorf (S. 249); Deutsche Staatsbibliothek, Berlin, Nachlaß Johannes Tralow (S. 96 o. l.); Düsseldorfer Nachrichten (S. 77); Jochen Dziedzic, Köln (S. 291); Gabriele Kreis, Hamburg (S. 178 o. r., 204 u. r., 250); Renate Kruse, Berlin (S. 42, 234); Isolde Ohlbaum, München (S. 7, 8); Privatbesitz, Köln (S. 27, 41, 275); Schiller-Nationalmuseum, Marbach a. N. (S. 178 o. l.); Aus: Serke, Jürgen: Die verbrannten Dichter. Weinheim: Beltz & Gelberg 1977 (S. 276, 292); Marjory S. Strauss, Norfolk (Umschlag, S. 57, 95, 96 o. l., 119, 120, 139, 140, 161, 162, 177, 203, 204 o., 204 u. l.); Waldemar Titzenthaler, 1910. Aus: Frecot, Janos, und Geisert, Helmut: Berlin in frühen Photographien 1857–1913. München: Schirmer & Mosel 1984 (S. 11); Ullstein Bilderdienst (S. 78 u.); Verlag Kiepenheuer & Witsch, Köln (S. 178 u.)

Zur Autorin

Gabriele Kreis, geboren 1947 in Mannheim. Studium der deutschen und französischen Literaturwissenschaft in Hamburg und Paris. Promotion. Lebt als freie Autorin in Hamburg. 1988 Förderpreis der Freien und Hansestadt Hamburg. Veröffentlichte Erzählungen, Features, Reportagen und Drehbücher. Buchveröffentlichungen: *Frauen im Exil. Dichtung und Wirklichkeit* (1984). *Irmgard Keun. Ich lebe in einem wilden Wirbel. Briefe an Arnold Strauss, 1933 – 1947* (Zusammen mit Marjory S. Strauss. 1988). *Es geht mir verflucht durch Kopf und Herz. Vergessene Briefe an unvergessene Frauen* (Zusammen mit Jutta Siegmund-Schultze. 1990)

Rolf Kieser
Benjamin Franklin Wedekind
Die Jahre von 1864–1894
400 S. 38 Abb. Geb.

Schloßjunge, frühreifes Wunderkind, Gründer von Dichterschulen und Geheimbünden, jugendlicher Liebhaber, Werbetexter: Die Geschichte der Kindheit und Jugend Wedekinds auf Schloß Lenzburg in der Schweiz, jener ersten Schaubühne mit malerischer Kulisse und explosiven Konflikten, die dem späteren Dramatiker die Stoffe lieferte, werden erstmals dargestellt anhand unbekannter Texte und Briefe. Ein Schlüssel zu Leben und Werk des großen Dramatikers Frank Wedekind.

Gertrude Stein
Ein Leben in Bildern und Texten
Herausgegeben von Renate Stendhal
288 S. 360 Abb. Geb.

Das erste Bilder-Lese-Buch über die »Mutter und Muse der Avantgarde«. In neun Kapiteln, jeweils eingeleitet durch einen biographischen Abriß, werden die Epochen eines ungewöhnlichen, irritierenden Lebens erzählt. »Überzeugend in der Konzeption, ambitioniert in der Ausstattung, ist es ein rundum gelungenes Buch um Leben um Buch . . .« DIE ZEIT